中国城乡公共住房供给侧改革与结构优化

MEETING CHINA'S PUBLIC HOUSING NEEDS: SUPPLY-SIDE REFORM AND STRUCTURAL OPTIMIZATION

苟兴朝 著

社会科学文献出版社
SOCIAL SCIENCES ACADEMIC PRESS (CHINA)

目　录

导 论

一 研究的缘起

我国城镇住房制度改革的深入推进，改变了城镇住房福利制度所带来的顽疾，城镇居民住房的面积与质量均有较大幅度的提高。但是，随着市场经济的迅速发展和城镇化建设的快速推进，中低收入群体特别是低收入人群的住房问题逐渐成为城市发展中突出的民生问题，城市高房价对一些城镇居民的基本居住需求形成了严峻的挑战。众所周知，安居才能乐业。住房是人们基本的生活资料，是实现小康社会的最低要求，是解决民生问题的重要物质基础。

“十三五”期间，我国城镇居民的住房问题妥善解决，不仅涉及城镇居民小康的实现和幸福指数的提升，而且有助于促进我国城镇居民消费的提档升级，进而促进国民经济的稳健增长。事实上，我国政府一直大力度地解决城镇居民的住房保障问题，并将城镇保障性住房作为惠民生、稳增长、促和谐的重要内容。“十二五”期间，我国计划建设保障性住房3600万套，其中，2011年计划建设1000万套保障房，2012年计划建设700万套，2013年计划建设630万套，2014年计划建设480万套，2015年计划建设790万套。这些目标已经得到很好的实现。同时，中央将保障性住房建设列为考核政府工作的重要指标，使保障性住房建设的重要性更为凸显。2011～2014年，因建设周期的缘故，保障房建设的实际完成率低于计划指标，但实际执行及开工率均高于计划建设的指标。统计显示，“十二五”期末，我国保障房的覆盖面已超过城市人口的20%。

尽管如此，从整体上看，我国城镇住房保障覆盖率仍然偏低，保障水平不高，住房保障领域问题错综复杂、矛盾重重，实现“住有所居”这个目标仍任重道远。具体说来，住房保障领域亟待解决的问题主要有：供给体系不健全，各种类型保障性住房产品比例失调，交叉覆盖现象严重，总量短缺和结构性过剩并存；在供需关系依然紧张的情况下，如何做到适度供给才能既保证社会公平又不伤害经济效率；如何破解保障性住房建设的资金瓶颈，使其资金来源正规化和常态化；空间布局方面，如何解决“边缘化”、“集中化”以及配套设施不完善等问题；供给主体确定方面，地方政府和中央政府相互博弈，社会资本难以进入，供给主体过于单一。

国家统计局数据显示，从城乡结构看，2015 年末我国城镇常住人口 77116 万人，比 2014 年末增加 2200 万人，乡村常住人口 60346 万人，城镇人口占总人口的比重为 56.1%。换言之，我国还有 40% 的人口仍住在农村地区。如果以户籍人口为统计口径，乡村人口比重更高。而据相关研究文献和实地考察结果可知，我国农村地区住房保障制度尚未真正建立，仍停留在宅基地保障的低级阶段。虽然一些农村地区通过“农村安居工程”“农村危房改造工程”等改善了部分贫困农民的住房问题，但是其覆盖范围及力度十分有限，远远不能满足农村住房困难群体的基本居住需求，而且由于没有制度的支持与规范，这些“工程”的可持续性和稳定性无法得到保证。全国第三次农业普查数据显示，我国住房结构以砖混结构为主（57.2%），钢筋混凝土结构住房仅为 12.5%，仍然有 2.8% 的农户居住在竹草土坯结构住房中。竹草土坯结构住房在西部和东北地区部分省份占很大比重，如新疆（54.31%）、西藏（44.15%）、云南（38.87%）、甘肃（36.23%）、青海（36.07%）、黑龙江（33.84%）等地。[①] 2012 年末，砖木结构为 16.35 平方米/人，稍低于钢筋混凝土结构（17.12 平方米/人），虽然钢筋混凝土住房建设力度不断加大，但比例仍有待提高。而且住房结构地区间差异明显，华东、中南地区主要以钢筋混凝土结构为主，东北地区主要以砖木结构为主。[②]

党的十六大提出，“统筹城乡经济社会发展，是全面建设小康社会的重大任务”。这是党中央根据 21 世纪我国经济社会发展的时代特征和主要

---

① 顾杰、徐建春、卢珂：《新农村建设背景下中国农村住房发展：成就与挑战》，《中国人口·资源与环境》2013 年第 9 期。

② 黄玉玺：《我国农村住房发展的主要矛盾及影响因素分析》，《现代经济探讨》2015 年第 7 期。

矛盾，致力于突破城乡二元结构，破解“三农”难题，全面建设小康社会所做出的重大战略决策。统筹城乡发展是科学发展观中五个统筹（统筹城乡发展、统筹区域发展、统筹经济社会发展、统筹人与自然和谐发展、统筹国内发展和对外开放）中的一项内容，就是要更加注重农村的发展，解决好“三农”问题，坚决贯彻工业反哺农业、城市支持农村的方针，逐步改变城乡二元经济结构，逐步缩小城乡发展差距，实现农村经济社会全面发展，实行以城带乡、以工促农、城乡互动、协调发展，实现农业和农村经济的可持续发展。要消除城乡差别、纠正城乡发展失衡，从当前来看，最首要的任务就是必须消除城乡之间在居住、就业等方面的不公平和二元化的政策与制度。因此，统筹城乡住房保障制度发展是统筹城乡发展的题中之意。在城镇住房保障制度已经取得较大程度发展的背景下，关注和重视农村住房保障制度就显得尤为重要。

在 2015 年 11 月 10 日的中央财经工作会议上，习近平总书记提出“要在适度扩大总需求的同时，着力加强供给侧结构性改革，着力提高供给体系质量与效率”。进入“新常态”的中国经济，面临一系列的突出矛盾与问题。这些矛盾与问题表象上是速度问题，本质上看是结构问题，抓住供给侧做文章，是中国经济进入发展新阶段的必然选择。“从供给侧和需求侧的关系来看，两者是相生相伴、相互联系、相互影响，需求侧主要是通过投资、消费和出口“三驾马车”来直接刺激经济增长，而供给侧是从劳动力、土地、资本和创新四个要素来进行改革，满足潜在的新需求，进而刺激潜在的经济增长，最后结果也是引致经济增长。”[①] “十三五”期间，供给侧结构性改革（以下简称供给侧改革）的主要任务“去库存”已是社会各界达成的共识。根据支柱产业的一般标准，我国房地产业一直处于相对稳定的快速发展过程中，房地产业增加值占 GDP 的比重日益增加，已发展成为我国国民经济的支柱产业。作为住房市场的重要组成部分，当前我国住房保障领域的乱象固然有需求端的致因，但问题的根本主要在供给侧，具体表现为结构性失衡，包括产品供给结构失衡、区域供给结构失衡、城乡供给结构失衡。因此，住房保障市场供给侧改革也刻不容缓。

① 余呈先：《我国房地产市场供给侧管理的动因与对策》，《宏观经济研究》2016 年第 5 期。

二 相关概念界定

（一）住房保障和公共保障性住房

“住房保障是社会保障的重要组成部分。它指的是一个国家或地区政府和社会为满足中低收入家庭的基本居住需要而采取的特殊政策，包括供应、分配、补贴、协调机制等的总称。”① 显然，住房保障是为解决中低收入阶层的住房困难问题、满足其基本居住需求的一系列社会保障制度。住房保障是绝大多数国家在经济发展、城市化进程中不可回避的一个现实问题，它不但具有现实的政治意义，而且具有很强的社会意义和经济意义。实行住房保障不仅是为了保护低收入阶层的利益，也是促进社会公平、和谐发展的关键。人人享有适当的住房是全民性的社会生存权利。② 住房保障主要是通过政府行为来实现。住房保障制度则是“国家或政府在住房领域实施社会保障职能，对城镇居民中住房困难的中低收入家庭进行扶持和救助的一系列住房政策措施总和。它是一种在住房领域实行的社会保障制度，其实质是政府利用国家和社会的力量，通过行政手段为住房困难家庭提供适当住房，解决其住房问题”。③

公共住房与社会保障体制、社会福利制度紧密相连。一般说来，通过住房保障制度提供的住房被称为保障性住房。由于这类住房传统上是由政府拨款建造，相对于私营部门供给的商品房，是一种排他性的公共物品或准公共物品，英文中称为 public housing，因而国内学者将其译为公共住房。根据田东海（1998）的研究，“公共住房可以从狭义和广义上区分。狭义上讲，公共住房是由中央政府或地方政府大规模投资建造的出租住房，如欧洲国家在两次世界大战以后大规模建设的出租给居民居住的住房。而广义的公共住房所包括的范围要宽泛得多，例如，19 世纪末经济发达国家出现的工厂主为其雇佣工人所建造的‘雇佣住房’，

① 褚超孚：《城镇住房保障模式及其在浙江省的应用研究》，博士学位论文，浙江大学，2005。

② 张赟：《我国加快政府保障性住房建设的金融对策研究》，硕士学位论文，上海财经大学，2009。

③ 郭玉坤：《中国城镇住房保障制度研究》，博士学位论文，西南财经大学，2006。

工人阶级自发联合建造的‘合作住房’；20 世纪 80 年代以前以政府为主、民间住房合作社部分参与建造的‘工人住房’和‘低收入者住房’；目前以民间非营利住房机构为主、由政府提供一定补贴、仅针对所谓社会福利家庭的社会住房等等”。

就制度变迁历程来看，与经济体制相适应，我国城镇住房制度先后经历了福利住房制度阶段（1949～1978 年）、住房制度改革与探索阶段（1979～1990 年）、住房制度全面改革与推进阶段（1991～1997 年）和住房制度改革深化与完善阶段（1998～2008 年）。[①] 在福利住房制度阶段，从建设投资制度看，住房投资主要是由国家和企事业单位统包；从住房分配制度来看，采用无偿的实物分配福利制，分房标准主要以工龄、家庭人口结构等非经济性因素为依据，同职工的劳动贡献相脱离，游离于工资分配以外；从住房经营机制看，排除市场交换和市场机制的调节，实行低租金使用；从住房管理体制看，住房管理行政化，企事业单位的管理部门作为行政科室，只管分房、修房，不讲经济核算、经济效益。[②] 可以看出，在 1998 年住房制度改革深化与完善之前，我国住房制度带有较明显的社会福利性质，具有较浓厚的计划经济体制色彩。从狭义上讲，这一时期政府提供的住房即可称为“公共住房”。福利住房制度是以政府为主体实施的住房分配制度，将住房作为生活必需品而不是商品，由政府按照一定的标准和秩序在社会成员之间进行分配，分配面积大小、先后顺序一般依据职务高低、工龄长短、专业技术水平来确定。而自 1998 年住房制度市场化取向改革以来，我国住房制度开始实行“双轨制”：中高收入群体主要依靠市场机制解决住房问题，而中低收入群体居住问题主要依靠政府解决。显然，虽然福利分房阶段的“公共住房”与双轨制时期的“公共住房”都是政府所建或者提供补助建造，但二者建设投资、分配办法、经营机制以及供给对象有根本上的不同。为了区别于福利制度下的“公共住房”，本研究将目前政府为中低收入群体提供的住房命名为公共保障性住房，其定义

---

① 张丽凤：《中国城镇住房制度变迁中政府行为目标的逻辑演进（1949－2008）》，博士学位论文，辽宁大学，2009。

② 陈龙乾：《我国城镇住房制度改革的历程与进展》，《中国矿业大学学报》（社会科学版）2002 年第 3 期。

为：为了解决中低收入阶层居民的居住问题，由政府直接投资建造或由政府以一定方式对建房机构提供补助，由建房机构建设并以较低价格或租金向中低收入家庭出售或出租的住房。

综上所述，公共保障性住房具有以下基本特征。第一，政府的干预性。从供给角度来看，公共保障性住房是指以政府投资为主，由政府或其委托机构建造的住房；也可以是非营利的私营企业或居民团体接受政府补贴建设，向中低收入群体出租或出售的住房。政府的干预性是公共保障性住房的重要特征之一。第二，供给对象的有限性。我国公共保障性住房的供给对象局限于中低收入群体。此处的“中低收入群体”指其收入水平在全社会收入水平四分法的最低的1/4层中的群体。第三，经营目的的非营利性。公共保障性住房建设和经营的原则是回收成本、不以营利为目的，其目的是保障中低收入群体的基本居住权。第四，分配标准的复杂性。公共保障性住房分配主要以家庭收入、人口数量、已有资产及其现有居住状况为主要依据，而普通商品房主要依靠市场机制完成分配。第五，廉价性。公共保障性住房的租售价格均低于市场价格，其差价主要源于政府在土地供应、房租和税收等方面的政策性补贴。

（二）住房保障制度

住房保障制度是指政府或单位在住房领域实施社会保障职能，对住房弱势群体进行扶持和救助的各种住房政策措施的总和。建立住房保障制度，解决中低收入家庭尤其是最低收入家庭的住房问题，是社会保障制度不可缺少的有机组成部分。住房保障即公共住房问题是绝大多数国家在经济发展、城市化进程中不可回避的一个现实问题。

建立住房保障制度是对住房市场机制的必要补充，也是国家社会政策与社会保障制度的重要组成部分。住房保障是政府为公民居住提供的不同程度上的福利，它应当遵循以下几项原则。第一，商品性和福利性相结合的原则。住房既具有商品性，又具有福利性。如何把二者结合起来，是住房保障制度发展与完善的关键。政府作为国民经济的宏观调控者，肩负着促进社会全面发展和保障人民基本权利的职责，是构建住房保障体制的主体。因此，政府必须处理好市场与保障的关系，才能保证住房商品性和福利性的有机结合。第二，公平性与效率性相结合的原则。住房保障的实质是政府承担住房市场价格与居民支付能力之间的差距，以解决部分居民住房支付能力不足的问题。由于保障对象的住房支付能力是千差万别的，因此住房保障必须保证公平性，必须建立严格的收入划分标准和资格审查制度，合理划分不同收入标准所能享受到的保障待遇。与之相适应，也要确保住房保障的效率性，提供不同的保障手段，适应不同保障对象的具体要求和保障待遇。第三，可持续发展的原则。建立住房保障制度，必须充分考虑本国、本地区居民的住房供求关系状况，住房保障需求及财政支持能力。住房保障还需要从长期发展和长期需要的角度出发，将人口年龄结构、人口数量发展趋势、城市发展规划、城乡发展规划等因素综合考虑进来，以确保国家住房保障制度的可持续发展。

（三）供给侧改革

“供给侧”这一理念来自新供给学派，是国家注重从供给方面进行宏观调控的经济理论用语。供给学派主张用供给管理政策取代凯恩斯主义的需求管理政策，他们所倡导的供给管理政策主要有：通过减税、加速折旧刺激投资和资本形成，奖励技术创新，以此促进生产率的提高；进行结构性调整，促进资源（包括人力资源）从衰退部门向增长部门转移，促进资源由消费转向投资；降低政府支出在国民生产总值中的比重，把资源由政府部门转移到民间部门；取消对特定行业和部门的过度保护，提高市场的竞争程度；消除劳动市场和产品市场的刚性，提高这些市场的流动性和竞争性。供给学派的一个基本思想是：是生产而不是消费产生收入，没有生产就不可能有消费；在供给和需求的关系问题上，供给是“因”，需求是“果”，供给决定需求而不是相反。因此，经济学和政府政策的重点应当放在供给一方而不是需求一方。

2014 年 4 月 16 日，国务院常务会议形成共识，要“着力增加有效供给”。其新的表述立刻引起舆论关注。习近平总书记在 2015 年 11 月 10 日中央财经领导小组第 11 次会议上强调：“在适度扩大总需求的同时，着力加强供给侧结构性改革，着力提高供给体系质量和效率。”供给侧改革，就是指从供给角度出发，通过制度变革、结构优化、要素升级这“三大发动机”，提高资源配置效率，增加有效供给。[①] 供给侧改革标志着我国经济管理重心由需求调控转向供给调控，供给侧改革也将逐渐进入经济管理和政策制定的诸多领域。我国供给侧改革实际上是结构性改革，包括生产要素结构、产业结构、供给主体结构等，而不是简单地调节供给总量。[②]

（四）城乡统筹发展

《现代汉语大辞典》中，“统筹”意味着“通盘筹划”，是一种系统的、科学的方法论。城乡统筹发展，是站在国民经济和社会发展的全局上通盘筹划城乡的经济社会发展，统筹研究解决城乡之间存在的问题及相互关系。统筹城乡发展的关键是转变城乡经济的二元结构，构建和谐的城乡关系，最终实现城乡一体化的目的。[③]

2003 年，十六届三中全会明确提出以“统筹城乡发展”为首的“五个统筹”的战略思路，标志着我国进入城乡统筹发展的探索阶段。统筹城乡发展正是干预主义经济政策应用于调节城乡经济关系的表现和基本思路，其本质是国家依靠一定的政策机制，按照社会主义市场经济的发展要求，对整个社会管理框架和社会利益格局进行宏观调控，以改变城乡二元结构，实现一体化管理。从城乡之间的关系来看，统筹城乡发展主要包括四个特征。（1）平等的城乡地位。统筹城乡发展是在保留各自基本区域特征的基础上，构建一种平等统一的新型城乡关系。换句话说，就是要实现城乡之间真正意义上的平等，承担相应的义务，享有平等的权利和发展机会。（2）开放的城乡市场。城乡之间分割的界限消除，城乡建立起统一的商品和生产要素市场，劳动力和各种资源要素在城乡之间自由流动和配置，城乡资源的利用效率大大提高。（3）互补的城乡优势。城市和农村相互取长补短，互为资源、互为补充，使各自的优势更加突出，不足得以改变，进一步缩小城乡之间的差别。（4）协调的城乡关系。在城乡地位平等的基础上，城乡之间产业发展、资源配置、居民权利、公共服务等关系不

---

① 叶双瑜：《关于供给侧结构性改革的几点思考》，《发展研究》2015 年第 12 期。

② 邓磊、杜爽：《我国供给侧结构性改革：新动力与新挑战》，《价格理论与实践》2015 年第 12 期。

③ 周琳琅：《统筹城乡发展理论与实践》，中国经济出版社，2005。

断协调发展，实现城乡共同繁荣、共同发展。①

三　研究的主要内容

导论：研究的缘起。提出本书研究的问题、研究背景、研究的主要内容，介绍研究的重点和难点，界定相关概念。

第一章：研究基础。国内外研究文献综述。本章首先对国内外住房保障研究文献进行评述，再对城乡统筹发展和供给侧结构性改革相关文献进行分析。同时，分析本研究的相关理论以及我国城乡公共住房保障供给侧改革十大关系。

第二章：我国房地产业供给侧改革的问题与措施。本章第一节首先分析了保障性住房和商品房两类市场的辩证关系，然后分别探讨两类市场供给侧存在的主要问题；第二节从房价租金比视角分析了我国房地产市场供给侧存在的主要问题，探讨了不合理租价比形成的原因；第三节从宏观调控角度和租价比角度分析了当前我国房地产市场供给侧改革的路径。

第三章：我国公共保障性住房供给产品结构优化。本章首先分析当前我国公共保障性住房的供给类型，包括廉租房、经济适用房、公共租赁房、限价商品房以及棚户区改造的还原房。然后分析当前公共保障性住房供给产品结构现状及存在的问题——供给结构不统一、供给机制不协调、“重售轻租”现象明显。在此基础上探讨我国公共保障性住房供给结构优化路径：“十三五”时期按照“因地制宜、动态调整”的原则，优化供给产品结构，实现应保尽保目标；整合住房保障制度，逐步建立起以公共租赁房为主的“主辅”供给结构，实现产权型保障住房逐步退出市场的目标。

第四章：我国公共保障性住房供给城乡结构优化。本章第一节首先分析了当前我国住房保障供给城乡结构现状、存在的问题及其原因。第二节分析了城乡住房问题之间的辩证关系，重点分析了“四化”与城乡住房保障制度之间的耦合关系。在此基础上第三节设计了“四化”与城乡住房保障制度耦合关系的实证指标体系，并进行了实证分析。本章最后一节分析

① 鞠正江、张益刚、房清波：《论统筹城乡经济社会发展的丰富内涵和对策措施》，《中共济南市委党校学报》2003 年第 3 期。

我国保障性住房供给城乡结构优化的指导思想及其路径，指出重构住房保障制度、建立覆盖城乡的住房保障制度、改革现有的户籍制度和住房保障土地供给制度、重点推进农村住房保障体系的构建是优化当前城乡住房保障供给结构的重要路径。

第五章：我国公共保障性住房供给区域结构优化。本章首先分析我国公共保障性住房供给区域结构现状及其成因；第二节对我国城镇住房保障供给水平区域结构失衡进行实证分析；第三节分析在当前经济社会发展"新常态"背景下的我国公共保障性住房供给区域结构优化路径。

第六章：我国公共保障性住房建设资金供给主体选择。本章首先探讨保障性住房的产品属性，分析我国保障性住房供给主体现状及存在的问题。在此基础上，以"四化"同步发展为视角，考察政府、用工企事业单位、社会资本以及农村集体经济组织作为住房保障资金供给主体的必然性，然后分析当前为实现住房保障主体多元化目标必须进行的相关制度创新。

第七章：我国公共保障性住房建设用地来源。本章首先分析"四化"与城乡建设用地问题的辩证关系，然后探讨当前保障性住房建设用地来源及存在的问题。在此基础上分析"四化"同步发展视角下保障性住房建设用地来源问题之对策。第四节探讨城乡建设用地增减挂钩中农民合法权益的保障问题。

第八章：我国农村住房保障制度发展。本章首先分析我国农村居民住房现状、存在的问题及住房保障制度现状，然后分析农村住房保障制度国内外实践情况，最后探讨我国农村住房保障制度建构遵循的基本原则和具体路径。

四　研究思路、主要框架结构和研究方法

（一）研究的总体思路和主要框架结构

首先在科学界定公共保障性住房的基本内涵的基础上，对目前国内外现有相关研究成果和相关理论进行梳理，以奠定本书的研究基础；然后，分别从我国城乡公共保障住房供给现状及存在的问题、城镇住房保障制度

与农村住房保障制度耦合关系以及基于供给侧视角的我国公共住房保障制度发展对策等方面进行深入研究。

下面是本书的框架结构图。

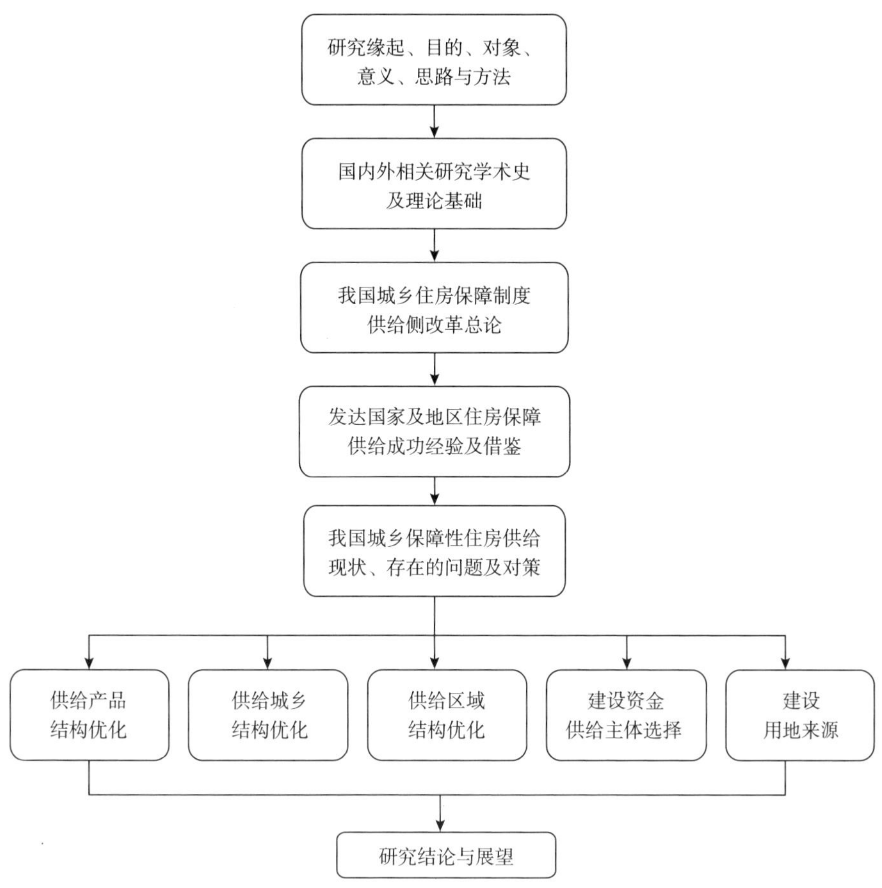

（二）研究方法

在研究方法上，本书主要运用经济学原理，采用系统分析法、理论研究与实际工作相结合、规范分析和实证分析相结合等研究方法。

第一，系统分析法。公共保障性住房供给涵盖的内容较为宽泛，包括供给结构、供给主体、供给数量、资金供给、土地来源等方面的内容，其中供给结构又包括供给产品结构、供给区域结构、供给城乡结构等。本书将把这些不同方面的内容作为供给系统的一个子系统分别予以分析，以期从整体上阐释当前住房保障制度供给侧结构性改革。

第二，理论研究与实际工作相结合。城乡住房保障制度研究是一项应用性和时效性较强的课题。经过多年的努力，城镇住房保障制度雏形初现，而农村住房保障制度仍是一片空白，因此，需要从理论和实践双重层面进行大胆的创新与探索，特别是以城乡统筹发展为视角探讨当前我国城乡住房保障制度。再者，以供给侧结构性改革为视角探讨城乡住房保障制度也符合当前我国经济社会发展中的主要任务——供给侧结构性改革的要求，而供给侧结构性改革也需要从理论和实践两个维度整体推进。

第三，规范分析和实证分析相结合。对于我国当前住房保障制度供给中存在的各种问题，本书将采用规范分析和实证分析相结合的方法，既考察当前我国城乡公共保障性住房供给现状，又探讨我国城乡公共保障性住房制度如何统筹发展的问题。

第一章　研究基础

第一节　文献综述

一　公共保障性住房供给研究

（一）国外相关研究

1. 保障性住房供给模式

哈劳通过对以英国、联邦德国、荷兰、丹麦和美国为代表的欧美工业化国家公共住房政策的分析，提出了作为住房保障制度主要内容的公共住房供应的三种模式，即补充型、大量型和工人合作型模式。补充型公共住房供应模式是指政府以穷人为政策目标的住房供应计划，最初在实施中与贫民窟改造相联系。所谓“补充”，是指这种供应方式是对以私有企业为主的住房供应的补充，即对无力通过市场方式解决住居问题的中低收入阶层供应公共住房。大量型供应模式则是指采取大规模供应公共住房，此种计划除直接针对穷人外，还面向中产阶级和工人阶层。工人合作型供应模式是社会主义改良者提出的、有组织的工人阶层互助性的住房供应模式，是把住房作为非商品的尝试。[①]

Mayo（1986）对美国公共住房评估时进行了一项深远的计算，他指出，公共部门直接提供住房的整体效率为37%，而对需求方补贴整体效率约为90%，从而得出需求方补贴更有效率的结论。但Malpezzi（2007）则认为，Mayo的评估针对的是具有代表性的消费者，从整体市场效果的角度看，住房补贴形式的有效性需根据地方住房供给弹性的大小而定。Malpezzi

① 杜文：《我国城镇住房保障制度研究》，博士学位论文，四川大学，2006。

和 Vandell（2002）通过建立不同州之间的截面数据模型，定量估计了美国的低收入住房税收返还政策是否因为对开发商形成了良好的激励而促进低收入住房供给的增加，其研究结果表明，低收入家庭住房税收返还政策从整体上并没有引发低收入住房供应的增加，这可能是由于这种资助性的住房对之前无自主性住房供应的替代效应。Wood、Watson 和 Flatau（2006）研究了澳大利亚低收入租赁住房税收返还政策的市场效应，发现该政策在一定程度上降低了市场租金，使低收入租房者获益。但该政策带来的效益并没有被低收入租赁者完全获取，高收入租赁者也从中获益。

2. 保障性住房供给区位

20 世纪 90 年代以来，随着城镇保障性住房制度实施，保障房与城市空间关系的研究日益受到社会学、规划学和地理学等学科的重视。特别是在“二战”后就大规模实施公共住房制度的国家，对该问题的研究成果十分丰硕。

从保障房制度的角度对保障性住区进行的相关研究中，研究的空间层面包括微观空间和宏观空间。“对保障性住区这一微观空间实体研究，核心内容包括社区犯罪、住区贫困、居住满意度等。关于社区犯罪，西方保障性住区通常被视为滋生犯罪和其他社会病态的温床，其自身所衍生的社会问题广为诟病，犯罪学家将美国公共住区视为大量不愉快行为发生的平台。”① 加拿大公共住区犯罪率的研究表明，妇女遭受性暴力的犯罪率很高（Raphael，2001）。英国 1998 年的犯罪调查数据表明居住在地方政府所属公共住区的居民可能被盗的概率是那些拥有住宅的家庭的两倍（DeFrances 和 Smith，1995）。在公共住房特有的区位问题上，国外许多学者都指出，公共住房社区的大量兴建加重了居住区的社会分层（Webster，2002；Jacob，2004；Blinnikow，2006）。萨扎马（Sazama，2000）指出目前西方国家在兴建公共住宅时需要考虑如何避免居住区分层可能带来的社会问题。

（二）国内相关研究

1. 住房保障供给体系

在公共保障性住房供给体系研究方面，路红（2006）指出我国住房多

① 马晓亚：《保障性住房制度与城市空间的研究进展》，《建筑学报》2011 年第 8 期。

层次的分类供应体系虽然已经建立，但其加剧了我国部分大中城市住房供应失衡和房价高涨。崔竹（2008）在广泛研究了国外住房分类供应制度后，根据我国收入结构统计标准，设计了适应我国国情的“三层次”住房分类供应体系框架。

詹花秀（2009）认为我国目前形成了由公积金、廉租房、经济适用房、合作建房构成的中低收入阶层住房保障体系，但住房保障制度在运行中仍存在一系列问题：缺乏统一的法规管理，保障水平低；廉租房房源不足；经济适用房供给不足，建筑标准超标。在此基础上提出了完善我国住房保障体系的政策建议：构建制度框架；构建由廉租房、经济适用房、合作建房及住房公积金组成的运作框架；构建技术支持系统，加快保障性住房管理信息化建设。

谢树锋和庞永师（2008）分析了国外住房保障体系建设的成功经验，从完善相关法律体系、建立相关职能部门、完善相应保障基金体系以及多元化住房保障方式、多层次住房保障体系等方面对我国建立和完善住房保障体系提出了一些建议。

陈伯庚（2011）确立了住房保障的五个基本原则：保障对象的确定必须遵循双困原则；保障面和保障水平必须遵循可承受原则；保障方式以提供租赁为主的原则；保障目标逐步到位原则；住房保障进入和退出机制动态变化原则。然后确立了建立和完善新型住房保障替代的基本构架：坚持从中国国情出发，建立多层次、多方式、适度保障为主要内容的住房保障体系。

苟兴朝（2013）研究认为，为了提高保障性住房供给效率，更好地解决中低收入群体的居住问题，当前应尽快出台住房保障法律法规以规范供给结构，同时整合现有住房保障产品，建立以租赁型为主、出售型为辅的住房保障体系，实现优化供给结构的目的。

2. 住房保障供给主体

有学者从政府公共职责和社会稳定角度认为政府应当提供住房保障。李萍（2007）认为，解决好公众的住房问题尤其是解决好低收入家庭住房问题，既是政府公共职责和公共服务的一项重要内容，也是构建社会主义和谐社会的基础条件之一。政府既有职责也有能力解决好中低收入家庭的住房问题。也有学者认为政府承担住房保障职责是因为“市场失灵”。贾康和刘军民认为，“中国住房制度改革确立了房地产市场作为住房资源配置的基础机制的导向，但低收入家庭由于支付能力不足难以通过市场自行解决居住问题。因此，住房问题需要政府介入和干预，通过建立住房保障制度，保障低收入居民的基本居住权，解决好住房上的社会公平问题”。

在政府承担住房保障责任的度方面，曾国安和李少伟（2008）研究认为，“在市场经济中，政府应该承担有限的住房社会保障责任，适宜的模式是政府补位模式；政府提供住房保障的方式应该多元化，应该根据经济发展水平等因素确定合理的住房保障水平；政府提供保障性住房不应排斥非政府力量，应该从多种渠道筹集保障资金，并予以合理利用；住房保障应建立以市级政府为主要责任主体，中央政府和省级政府各负相应责任的分级负责体系”。

在政府介入住房保障的具体操作层面上，李辉婕（2009）从补贴方向、保障层次、投入领域及保障目的四种不同视角对住房保障实施手段进行了总结，分析其特点，在此基础上整合出以政府干预力度为核心的三维分析框架，并结合当前的住房保障实施手段，探讨了完善住房保障制度的具体措施。何宏杰（2011）探讨了地方政府在构建保障性住房体系中的应然角色。地方政府在构建保障性住房体系中的角色定位应当遵循系统性、适度性和绩效性的原则，维护社会的公平底线，促进保障性住房体系的形成，完善制度体系，协调金融体系中各方的关系，扩大住房建设资金的来源渠道。

3. 住房保障供给区位

宋伟轩（2011）研究了北京、上海、南京等五大城市保障性住房空间布局特征，指出大城市保障性住房普遍存在空间选择偏僻、大规模集中建设、配套设施不完善等现实问题。他认为大城市保障性住房集中建设在偏远郊区可能导致社会隔离与排斥加剧、出现城市贫民区与贫困文化、贫困代际延续与社会风险加剧等一系列社会问题，因此建议政府出台相应法律法规，重置城市保障性住房的空间分配格局，维护城市空间资源分配公正，建议推行保障性住房配建模式与不同阶层混合居住模式，降低社会转型期的社会风险与转型成本。

周素红、程璐萍和吴志东（2010）从居住—就业区位选择角度出发，以广州市典型保障性住房社区为案例，研究保障性住房居民的居住—就业选择特征及其空间匹配性的群体差异和影响机制。保障性住房的转租和转售在一定程度上产生了政策性福利的再分配，存在一定程度的不公平性；同时，居住—就业空间不匹配对相关居民的生活质量也带来一定的影响。因此，需要进一步研究保障性住房合理的空间布局方案和实施途径，优化城市空间结构，在考虑社会公平的前提下尽量解决各类群体的居住与就业问题。

李培（2010）在对2007年北京市经济适用房住户调查数据进行描述的基础上，"利用多元排序 Probit 模型对影响经济适用房住户居住和生活满意度的主要因素进行了实证检验，结论显示不同群体的住房意向各不相同，由此揭示出政府建立定期住房普查制度，及时掌握居民居住需求并以此为基础来分析制定住房政策的必要性"。

二　城乡统筹发展相关研究

（一）国外城乡发展关系研究

1. 马克思城乡关系论

马克思和恩格斯认为，乡村演变为城市，生产者也随之发生变化，通过生产而改变自身，形成新的观念、需求和语言等。农业是社会分工和其他经济部门独立及城市经济发展的基础，城乡关系的产生是由于农业和工业分工造成的。在城乡关系发展趋势上，马克思、恩格斯认为，城乡关系是沿着"城乡混沌—城乡分离—城乡对立—城乡关联—城乡统筹—城乡融合"的历史发展脉络演进的。城乡关系大致可以概括为三个阶段。第一阶段，即在资本主义社会以前的社会，乡村在社会系统中占据主导地位，城市从乡村中诞生，乡村是城市的摇篮。第二阶段，从工业革命开始，社会化分工不断深化，新的生产方式加速推进城市的发展，城市经济在社会中的主体地位日益突出，城乡经济、社会、文化等的差异也越来越大，开始走向了对立面。第三阶段，生产力和城市的进一步发展加强了城市与乡村的依存度，城市和乡村逐步走向融合。马克思认为，当生产力发展到一定水平时，“城市和乡村之间的对立也会消失，从事农业和工业劳动的将是同样一些人，而不是两个不同的阶级”。恩格斯认为城乡融合是一种必然趋势，“通过消除旧的分工进行生产教育，变换工种，共同享受大家创造出来的福利，以及城乡融合，使全体成员的才能得到全面的发展”。[①]

马克思主义经典文献中蕴含着丰富的城乡协调发展的思想，其对城乡融合的新境界所做的科学性预见是科学社会主义发展史上的宝贵遗产，对于在科学发展观视野下构建城乡一体化发展新格局具有重要的方法论启示。[②]

2. 城乡二元经济结构理论

20 世纪 50 年代以来，发展中国家城乡二元经济结构现象的产生吸引了大批学者的注意，他们从结构变迁、资本积累、技术选择、劳动力转移等不同角度研究探讨了发展中国家二元经济结构的特征、表现形式，提出了多种二元经济结构理论。

伯克是最早运用“二元结构”概念分析经济现象的学者。刘易斯在其《劳动无限供给下的经济发展》中研究认为，发展中国家一般存在着现代工业和传统农业两个性质完全不同的经济部门。两个部门在使用资本的技术、劳动者的工资收入水平等方面差距较大，导致传统农业部门的剩余劳动力向现代工业部门流动转移，这成为二元经济发展的核心问题。

1961 年，费景汉和拉力斯补充和修正了刘易斯的二元结构模型，提出了著名的“刘易斯—费景汉—拉力斯”模型。该模型的最大特点就是将工业和农业同时发展结合了起来。他们认为，只有采取措施提高农业劳动生产率，实现与工业部门劳动生产率的同步提高，才能保证满足越来越多的非农产业劳动力对产品的消费需求，以及为工业部门提供充足的劳动力，使工农业的发展成为二元结构转换的核心。

乔根森提出的乔根森模型，试图在一个纯粹新古典主义框架内探讨工业部门的增长是如何依赖于农业部门的发展的。他认为，农业部门是整个国民经济发展的基础，农业剩余是工业部门产生、增长的前

---

① 《马克思恩格斯选集》（第 1 卷），人民出版社，1995。

② 曾万明：《我国统筹城乡经济发展的理论与实践》，博士学位论文，西南财经大学，2011。

提。正是因为农业剩余的产生，为农业部门劳动力向工业部门转移提供了可能性，而且农业剩余的增长速度决定农业部门劳动力向工业部门转移的速度。[①]

1955 年，法国经济学家弗朗索瓦·佩鲁等人，以赫希曼的不平衡理论为基础，提出“增长极”理论。1961 年，在《二十世纪的经济》中，佩鲁充分阐释了“增长极”理论。他认为，社会是一个异质集合体，支配作用在经济生活中处于主导地位，支配关系是一种普遍的社会现象，各个组织与团体之间都存在着一种支配和被支配的不平等关系。经济发展实质是一个支配与被支配的相互作用的不平等、不平衡的动态过程，因此增长不是同时出现在所有地区，而是首先出现一些“增长极”（中心城市），然后通过扩散带动整个经济发展。

3. 当代城乡统筹发展思想

20 世纪 70 年代以来，为了加强理论与实践的联系，解决发展中国家的二元结构问题，在对二元结构的研究与分析中，西方经济学家引入分工组织、工资制度、市场分割等概念，创新了传统二元结构理论研究方法。

库茨涅兹、利普顿、科布纳基等学者，对城乡发展关系理论进行延伸和发展，重点对二元经济结构出现的原因、“城市偏向”政策等理论进行批评与反思。在对城乡关系批评反思的基础上，以斯多尔、朗迪勒里等为代表的西方学者提出了现代城乡关系发展模式，主要有城乡关系平衡发展模式、城乡一体化发展模式等。斯多尔认为，“自下而上”的以农村为中心的发展模式是解决发展中国家城乡发展不平衡的核心。这种模式不仅直接面对农村的贫困、落后等问题，而且还以自然、人文等资源的最大利用为基础，有利于加快农村发展，实现城乡平衡。而朗迪勒里对“自下而上”的发展模式提出了质疑，他强调城市与农村之间的经济联系，对推进城乡平衡具有极其重要的作用，任何一个农村发展模式，如果脱离了城市，肯定是不会成功的。

1989 年，在对亚洲许多国家和地区长达 30 年研究的基础上，加拿大学者麦基提出了城乡一体化的发展模式。他发现亚洲国家城乡之间的传统

① 毕世杰：《发展经济学》，高等教育出版社，1999。

差别和城乡之间的地域界线日渐模糊。[①] 城乡一体化的发展模式，是一种城乡关系发展的新理论。

纵观西方城乡发展理论研究的历史，我们可以发现，城乡研究从20世纪50年代前期的朴素城乡整体观，到后来影响近30年的城乡分割发展观，再到20世纪80年代以来注重城乡联系的城乡融合发展观的演变，每一个时期的一个新的学派的出现都是从另一个不同的角度来完善城乡发展的研究。[②]

（二）国内统筹城乡发展研究

1. 改革开放后的城乡关系研究

改革开放以来，随着城乡矛盾的日益突出，城乡分离问题的严重性逐渐得到决策层和理论界的重视。在这一阶段，围绕城乡关系协调发展，国内各个专业领域的专家学者从不同角度开展了广泛的理论与实证研究，研究重点主要集中在城乡一体化发展的规划、内容、目标、特征和模式等方面（曾万明，2011）。

1988年，农业部的调研报告《二元社会结构——城乡关系：工业化、城市化》，从制度的角度分析我国城乡二元结构产生形成的原因。报告认为，户籍、教育、就业、保险等制度，把城乡居民划分为农民和市民两个阶层，这两个阶层存在较为突出的矛盾。1991年，郭书田和刘纯彬在《失衡的中国》中，分析二元结构与工业化、城市化的关系。该著作被视为二元社会结构系统研究的起点。1994年，中国科学院国情分析研究小组的研究报告《城市与乡村——中国城乡矛盾与协调发展研究》，探讨分析了城乡矛盾产生的原因、影响后果，以及基本思路。

2. 21世纪初期的城乡统筹发展研究

21世纪以来，中国城乡矛盾关系日益尖锐，严重影响到了和谐社会建设进程。对此，学术界展开了深入的研究与探讨，研究重点在城乡统筹的内涵、意义、途径等方面。

---

① 郝寿义、安虎森：《区域经济学》，经济科学出版社，1999。

② 王华、陈烈：《西方城乡发展理论研究进展》，《经济地理》2006年第26期。

顾益康和邵峰（2003）认为，城乡统筹就是要彻底摒弃计划经济体制，彻底改变城市偏向的一系列政策，摆脱城乡分割、重工轻农、重经济总量增长轻结构优化、重投资轻消费的发展模式，实行城乡一体化的比较优势发展战略。范海燕和李洪山（2005）研究认为，城乡经济发展应当是全方位、宽领域、多形式的。城乡经济互动主体的组合可以在本县的城乡之间，在本市的城乡之间，在全省的城乡之间，也可以在跨省区的城乡之间，甚至在我国和国外的城乡之间，要着力构建我国城乡经济互动的多元主体系统。

田美荣和高吉喜（2009）认为，城乡统筹包含的内容非常广泛，其内涵包含两个方面：一是城乡统筹发展，二是在统筹发展的同时能够保持城乡各自的特色。城乡统筹发展包含四个方面的内容：统筹城乡政治发展、统筹城乡经济发展、统筹城乡社会发展和统筹城乡环境发展。

韩俊（2003）等认为，改革开放以来，随着市场机制的引入，城乡联系显著增强，但城乡关系仍未步入良性循环的轨道，如果不统筹考虑城乡协调发展，对国民经济良性循环和健康发展将形成制约。苏明（2006）等认为，要使现阶段的“三农”问题得到根本解决，必须从体制性和结构性矛盾化解入手，对城乡分治制度进行重点改革，加速农村城镇化进程，发挥城市对农村发展的带动和促进作用，以增加就业机会来实现农民向市民的转移。徐同文（2006）等认为，进入21世纪，我国经济社会发展总体上进入一个新的历史时期，在这个大背景下，我国城乡二元结构总体格局仍然没有根本改变，不合理制度安排依然阻碍着城乡协调发展，同时很多地区在快速增长中又出现不少新的矛盾和问题。要从根本上扭转中国城乡二元结构的局面，必须在城乡经济系统内部构建有利于城乡协调发展的新的动力和保障机制。

韩长赋（2003）认为，统筹城乡必须解决“四大问题”：一是把农业自身问题解决好，加快调整优化农业结构，提高农业的质量、效益和竞争力；二是把农村剩余劳动力转移的问题解决好，积极稳妥地推进城镇化，促进农村劳动力和人口向非农产业和城镇转移；三是把农业投入的问题解决好，调整国民收入分配结构，进一步加大对农业的支持力度；四是把农村改革问题解决好，稳定农村政策，深化农村改革，充分调动和保护农民的积极性。

李佐军（2008）认为，城乡统筹关键在制度，突破也在制度，要在产权、价格、户籍、就业等方面建立城乡统一制度体系，推动城乡实现统筹发展。赵修芳（2006）认为，进一步加强公共财政对我国城乡协调发展的支持力度，建立并完善城乡统一的公共财政制度。汪锋、刘旗和张宗益在经济增长的分析框架内，考察了中国的经济体制改革对城乡差距的影响。他们研究发现，在社会主义市场经济体制改革过程中，农村和城市都获得了长足发展，适当加强政府财政对农村地区的投入可以有效缩小城乡经济发展不平衡的程度。

三 供给侧改革相关研究

（一）供给侧改革的性质与内涵

林卫斌和苏剑（2016）研究认为，供给侧改革意味着我国宏观经济管理政策发展两个方面的重要调整，一是供给管理将成为宏观经济管理的政策重点，二是改变过去行政化的供给管理手段。当前我国经济存在有供给无需求、供给体系低效率并抑制有效需求和有需求无供给三个方面供需失衡问题，这决定了需求管理难以破解当前经济发展中的难题，必然要求推进供给侧结构性改革。实现供给侧改革，一方面要求破解体制机制障碍，使市场在资源配置中起决定性作用，优化生产要素组合；另一方面要求政府在政策引导、监管约束和公共服务三个方面能完善职能，更好发挥政府的作用。

李智和原锦风（2015）从我国经济发展现实出发，通过对需求管理政策边际效应走向的系统评述，为供给侧改革的实施确立了现实依据；通过对我国当前经济运行隐性通胀特征的静态考察和对未来经济运行显性通胀风险的动态预测，明确了供给侧改革实施的合理契机；通过对工业化后期经济体系供需协调机制的分析，定位了供给侧改革攻坚的重点领域和主要着力点；通过对国际经验与国情特征的结合研究，针对供给侧改革的政策组合和时序安排提出了相关建议。

胡鞍钢等（2016）认为，我国的“供给侧结构性改革”与“里根经济学”在政策目标与发展环境诸多方面存在明显的差别。我国的供给侧结构性改革的核心是经济结构的调整和经济发展方式的转变，通过提高供给结构的适应性和灵活性，提高全要素生产率。从短期来看，我国供给侧改革要抓好以“去产能、去库存、去杠杆、降成本、补短板”为核心的五大战略任务，从长期来看，供给侧结构性改革要以转变经济增长方式为目标，特别是要转变发展理念，落实“创新、协调、绿色、开放、共享”的五大发展理念。

（二）供给侧改革的实现方式和要领

沈坤荣（2016）认为，供给侧改革应该从以下五个方面入手。第一，正确处理好供给侧改革与需求管理的关系。推动供给侧改革并不是放弃需求管理，两者并不矛盾。第二，加快淘汰落后产能，化解产能过剩问题。要坚决管住和控制增量，调整和优化存量，深化体制改革和机制创新。第三，在稳定化的宏观政策出台的同时，加快推动市场化改革进程，特别是把握有利时机和社会舆论，对传统的“软预算”约束部门进行改革。第四，积极推进财税改革，建立创新的激励机制。第五，拓展发展的视野，开拓国内和国际发展的新空间。

贾康（2016）认为，“十三五”时期供给侧结构性改革的要领有五个：第一，立即调整人口政策，从控制人口数量转向优化实施人口资本战略；第二，积极审慎地推动土地制度改革，逐步建立城乡统一的土地流转制度；第三，全面实施金融改革，积极解除金融抑制，有效支持实体经济；第四，切实以改革为企业经营创业活动松绑、减负，激发微观经济的活力；第五，实施教育改革和创新驱动战略。

（三）供给侧改革新动力与新挑战

邓磊和杜爽（2015）认为，供给侧改革的动力主要源自三个方面。第一，制度供给动力。供给侧改革涉及广泛的制度变革，包括行政管理制度变革、产权制度变革、土地制度改革、国有企业改革、财税制度改革等。通过制度供给和变革，降低经济发展的制度成本，激发市场主体的创新活力，提高要素的流行性和配置效率，实现市场经济的效率目标。

第二，技术创新动力。通过优化技术创新，为传统企业技术改造提供支持，降低过剩产能和无效产能，提高经济发展的质量和技术含量，弥补劳动力和资本对经济增长贡献力的不足。使企业成为创新的主体，并享有创新带来的市场收益，为技术创新带来持续动力。第三，结构优化动力。产业结构是供给侧改革的重要内容，从供给侧优化市场供给结构和政府供给结构，实现供求良性循环和经济持续发展。同时，我国供给侧结构性改革面临着一系列新挑战。一是短期经济压力。结构性改革可能会抑制投资和生产，也可能会减少消费方面的需求，给短期经济运行造成较大压力。二是财政收支压力。地方财政在去杠杆过程中，必须执行严格的财政紧缩政策，地方财政收支压力不容忽视。三是制度创新阻力。制度创新要求政府行政管理制度做到简政放权、放松管制，无疑会受到较大的阻力。

综观学术界已有研究文献，无论在住房保障供给方面，还是在城乡统筹发展方面，抑或在供给侧结构性改革方面，已有成果在研究数量和研究深度上都取得了较大的成绩，为本著作的进一步研究奠定了坚实基础。然而，毋庸讳言，现有文献在以下两个方面略显不足。第一，在住房保障供给结构上研究不够。特别是对于住房保障产品结构、住房保障供给区域结构以及住房保障供给城乡结构三个方面研究较为薄弱。第二，几乎没有以城乡统筹发展为视角研究城乡住房保障制度的研究成果。城乡住房保障制度统筹发展是城乡统筹发展的题中之意，特别是在城镇住房保障制度已获得较大程度发展的当前，关注和重视农村住房保障制度发展具有重要的经济社会意义。鉴于此，本专著将以供给侧结构性改革为研究视角，探讨当前我国城乡住房保障制度发展问题。

第二节　相关理论

一　住房保障基本理论

（一）庇古的旧福利经济学

庇古（Arthur Cecil Pigou）是新古典经济学派的主要代表人物之一，

也是福利经济学理论的开山鼻祖。庇古福利经济学的主要论点有三个。一是资源最优配置论。他认为资源最优配置的标准是边际私人纯产值和边际社会纯产值相等。一个行业的边际社会纯产值大于边际私人纯产值时，国家可以通过补助金政策扩大这个行业的生产；反之，国家可以通过税收缩小这个行业的生产。二是收入最优分配。其标准是所有社会成员的货币的边际效用相等，当这一目标得到实现时，社会经济福利达到最大化。根据边际效用递减规则，认为收入分配越平均，则货币的边际效应就越大，所以主张通过累进税政策实现收入分配的平均化。三是外部性理论。庇古发挥了马歇尔的外部经济性理论，提出了内部经济性和内部不经济性、外部经济性和外部不经济性等概念。庇古指出，外部效应问题是市场本身无法克服的内在缺陷，如果政府始终恪守传统的“守夜人”职责，它将始终构成市场有效运行的一种威胁。庇古建议，为了实现帕累托最优结果，国家必须越出传统上的规定边界，利用国家拥有的征税权力，对那些制造外部影响的企业和个人征收一个相当于私人与社会边际成本差额的税收或给予同等数量的补贴，使企业和个人自动地按照效率标准提供最优产量。

庇古还认为，收入转移的途径就是由政府向富人征税，补贴给穷人。补贴的办法可以采取建立各种社会服务设施、免费教育、失业保险、医疗保险、房屋供给等。此后，福利经济学和福利国家理论几经演变并广为流传，为中国住房保障制度的建立奠定了理论基础。

（二）凯恩斯经济理论

现代西方经济学的创始人约翰·梅纳德·凯恩斯（John Maynard Keynes）在1936年发表的《就业、利息和货币通论》中提出了一套拯救资本主义经济危机的理论和政策主张。凯恩斯的著作《就业、利息和货币通论》、马克思的《资本论》和斯密的《国富论》被认为是欧洲资本主义世界三大经典经济学理论。凯恩斯的经济学理论认为，宏观的经济趋向会制约个人的特定行为。18世纪晚期以来的“政治经济学”或者“经济学”建立在不断发展生产从而增加经济产出的基础上，而凯恩斯认为对商品总需求的减少是经济衰退的主要原因。由此，他认为维持整体经济活动数据平衡的措施可以在宏观上平衡供给和需求。凯恩斯指出，政府应当积极干预经济，推行扩展性的财政政策。扩大政府支出，除了减税、鼓励投资以外，政府还要兴办公共工程，扩大社会福利开支，扩大总需求并达到充分就业效果。

凯恩斯最根本的理论创新就在于为国家干预经济的合理性提供了一套经济学的证明，这是凯恩斯主义出现以前任何经济学都根本做不到的。凯恩斯提出的政府干预经济、扩大社会福利开支等理论为处于经济危机下的西方资本主义国家建立社会保障制度提供了强有力的理论依据，同时也值得中国在住房保障制度建设中借鉴和研究。

（三）公平效率理论

公平与效率是一对哲学范畴。西方经济学家对公平与效率二者孰先孰后的问题有三种提法。第一种提法是效率优先。美国新自由主义经济学家弗里德曼持这种观点。与此相反，第二种提法是公平优先。受美国哲学家罗尔斯影响的不少新左派学者都持这种观点。介于二者之间的提法是效率与公平兼顾。以研究公平与效率著称的美国学者奥肯是第三种提法的代表。奥肯提出了“公平与效率替换”原理，即分配越是公平，效率就越是难以提高；分配越是不公平，越能提高效率。公平与效率之间存在矛盾。在这三种提法中，效率与公平兼顾的提法已为大多数西方学者所接受。

住房问题本质上看是住房利益分配所衍生的问题。住房利益分配的方式有两种：一是福利分配，二是市场化分配。福利住房制度的出发点是力求在社会成员之间公平合理分配住房资源，其弊端是在实施过程中衍化成平均分配，过多地强调国家和集体的利益，忽视个人利益。市场化配置住房资源，其实质是通过供求关系，影响住房价格，从而达到调整住房供给或需求的目的。市场竞争通过供求调节可以提高住房资源的配置效率，但很难达到住房分配的公平。为解决好这一问题，一些专家对住房利益分配进行了探索性研究，其基本出发点是在住房分配上做到公平、效率、保障三个方面的协调统一，通过住房保障来平衡住房分配效率和公平的矛盾。为解决住房分配不公的问题，通过政府介入来矫正，实施促进公平的政策。

二 城乡统筹发展理论

（一）西方城乡统筹发展理论[①]

1. 城乡统筹理论萌芽

西方城乡统筹发展理论最早可以见之于空想社会主义思想家脑子中，如圣西门的城乡社会平等观、傅立叶的“法郎吉”与“和谐社会”、欧文的“理性的社会制度”与“共产主义新村”都体现了对城乡协调发展的思考。

早期城市规划理论研究者也注意到城乡统筹发展的必要。城市规划理论的重要奠基者霍华德提出了“田园城市”思想；美国著名城市学家芒福德从保护人居系统中的自然环境出发提出城乡关联发展的重要性；赖特的“区域统一体”（Regional Entities）和“广亩城”，都主张城乡发展应采取整体的、有机的、协调的发展模式。[②]

恩格斯是最早提出“城乡融合”概念的人。他说：“通过消除旧的分工，进行生产教育、变换工种、共同享受大家创造出来的福利，以及城乡的融合，使全体成员的才能得到全面的发展。”[③] 列宁和斯大林也曾总结和阐述了社会主义条件下的新型城乡关系——城市与乡村有同等的生活条件，而非城乡差别的消灭。[④]

2. 20世纪五六十年代的城乡协调理论

20世纪50年代后的城乡协调理论主要是围绕城乡发展关系而展开研究的。“刘易斯—拉尼斯—费景汉”模型是这一时段的经典之作。刘易斯把发展中国家的经济结构概括为现代部门与传统部门并存，提出“二元经济”的概念和分析方法，并在此基础上建立了两部门经济发展模型，从而奠定了劳动力无限供给条件下二元经济结构的理论基础。后经拉尼斯和费景汉的发展深化，从而演变成了“刘易斯—拉尼斯—费景汉”模型。该模

① 柳思维、宴国祥、唐红涛：《国外城乡统筹发展理论研究综述》，《财经理论与实践》2007年第6期。

② 郭勇：《发展中国家城乡关系演化：文献与述评》，《经济问题》2005年第7期。

③ 《马克思恩格斯全集》（第3卷），人民出版社，1960。

④ 雪秋：《党的三代领导核心统筹城乡发展思想之演进》，《毛泽东思想研究》2004年第3期。

型认为经济增长和现代化需要“城市—工业”加速增长和向以城市社会为基础的社会转化，需要将剩余劳动力从农村农业部门转移到城市工业部门，因而城市掠夺农村的资源、资金和劳动力应理所当然。①

乔根森对“刘易斯—拉尼斯—费景汉”模型中“劳动力无限供给”等假设进行再思考，指出农业剩余是劳动力从农业部门转移到工业部门的充分与必要条件，认为从一开始就必须保持工业和农业之间的平衡发展。托达罗基于对发展中国家劳动力迁移现象而提出托达罗模型。他认为，发展中国家农业发展相对落后的主要原因是对农业部门的忽视，片面强调对城市工业部门的投资。②

3. 20 世纪 70 年代后期“城市偏向”理论的提出及其批判

20 世纪 70 年代后，利普顿对城乡发展关系理论进行批判，认为以往的关于城乡理论都带“城市偏向”倾向，并指出贫困国家内最主要的冲突是在乡村阶级与城市阶级之间，即本国城乡间的冲突。他认为，发展中国家城乡关系的实质就在于城市人利用自己的政治权力，通过“城市偏向”政策使社会的资源不合理地流入自己利益所在地区，而资源的这种流向很不利于乡村的发展，其结果不仅使穷人更穷，而且还引起农村地区内部的不平等。③

“城市偏向”的发展政策存在主要体现在广大发展中国家工业化政策上，大部分国家通过剥削农业（squezze agriculture）以发展进口替代型工业化的政策。“城市偏向”理论的提出引发了对“自下而上”城乡发展战略的探索。弗里德曼和道格拉斯首次提出了乡村城市发展战略，这一战略主张：通过在地方层面上与城市发展相关联，乡村的发展才可能取得最好的效果，城镇应作为非农业和行政管理功能的主要场所而不是作为一个“增长极”，本地文化应该纳入地区规划的范畴，而行政区是适当的发展单位。④

---

① Graeml, Karin Sylvia and Alexandre Reis Graeml, “Urbanization Solutions of A Third World Country's Metropolis to Its Social Environment Challenges”, *Journal of Urban Economics*, 8 (2004): 36 - 51.

② Temple, Jonathan, “Growth and Wage Inequality in a Dual Economy”, *Bulletin of Economics Research*, 57 (2005): 145 - 149.

③ Tveitdal, Svein, “Urban—Rural Interrlationshhip: Condition for Sustainable Development”, *United Nations Enviroment Programme*, 19 (2004): 145 - 167.

④ Temple, Jonathan, “Growth and Wage Inequality in a Dual Economy”, *Bulletin of Economics Research*, 57 (2005): 145 - 149.

4. 20世纪80年代城乡发展领域各种理论流派的交锋阶段

朗迪勒里提出了“次级城市发展战略”。他认为城市的规模等级高低是决定发展政策成功与否的关键，因此需要建立一个次级城市体系，以支持经济活动和行政功能在城乡间进行必不可少的传播，同时，强调城乡联系作为平衡发展的推动力量。因此，他认为发展中国家政府要获得社会和区域两方面的全面发展，必须分散投资，建立一个完整、分散的次级城市体系，加强城乡联系，特别是“农村和小城市间的联系，较小城市和较大城市间的联系”。①

日本于20世纪80年代中期进行了“第四全综国土规划”，该规划突出点（城镇）、线（网状基础设施）和面（农村域）网络化发展的内容，建立“自然—空间—人类系统”，旨在建立一个城乡融合社会。岸根卓郎将这一规划思想进行了总结，他从系统论角度出发，构建了这种“自然—空间—人类系统”，强调城乡融合发展，他认为“要充分利用城市和农村这一强大的引力，形成融合，破除两者之间的界限，建设一个能够不断向前发展，总体环境优美的美好定居之地”。②

5. 20世纪90年代以来新的城乡发展理论

20世纪末期，麦基在研究亚洲的许多核心城市边缘及其间的交通走廊地带时发现，这种“城市与乡村界限日渐模糊，农业活动与非农业活动紧密联系，“城市用地与乡村用地相互混杂”的空间形态代表了一种特殊的城市化类型，他称之为“desakota”模式。麦基从城乡联系与城乡要素流动的角度，研究社会与经济变迁对区域发展的影响，其着重点不在于城乡差别，而在于空间经济的相互作用及其对聚居形式和经济行为的影响。

道格拉斯从城乡相互依赖角度提出了区域网络发展模型，认为“网络（network）概念是基于许多聚落的簇群（clustering），每一个都有它自己的特征和地方化的内部关联，而不是努力为一个巨大的地区选定单个的大城市作为综合性中心”。他还认为乡村的结构变化和发展通过一系列“流”

---

① Graeml, Karin Sylvia and Alexandre Reis Graeml, “Urbanization Solutions of A Third World Country's Metropolis to Its Social Environment Challenges”, *Journal of urban Economics*, 8 (2004): 36-51.

② 郭建军：《日本城乡统筹发展的背景和经验教训》，《调查研究报告》2006年第11期。

与城市的功能和作用相联系，他划分了五种“流”：人、生产、商品、资金和信息，每一种都有多重要素和效果，它们还体现出不同的空间联系模式和多样的利益趋向特点。为确保均衡发展目标的实现，“流”必须导向一种“城乡联系的良性循环”。[①]

（二）国内城乡关系发展理论[②]

中国城乡关系在经历了农村哺育城市、城市和农村各自发展、城市反哺农村三个阶段后，必然会进入一个理想的城乡关系状态——城乡协调发展阶段。[③]

我国城乡发展关系研究经历了以下四个阶段。（1）新中国成立初期（1949~1957年）处于城乡关系的探索和初显阶段。当时中国政府对城乡发展关系的态度可从《论十大关系》中看出，提出重农业和轻工业才能最终发展重工业的思想[④]，这一阶段国内学者都偏向于“抑农重工”的政策主张。（2）计划经济时期（1958~1978年）处于城乡二元体制格局的形成和运行阶段。该阶段的各项政策与制度形成了城乡隔绝局面[⑤]，活跃在社会学、地理学以及城市规划等专业领域的学者开始了城乡一体化的初步探索。（3）改革开放时期（1979~2002年）处于城乡二元体制格局的变革阶段。随着计划经济体制向市场经济体制的转变，城乡对立的局面被打破，并出现新的趋势，各生产要素开始在城乡间流动，城乡间的各种资源也开始互相整合。但20世纪80年代中后期，乡镇企业的迅速发展，导致城乡关系进入新的失衡状态，农村改革和发展明显滞后，城乡居民收入差距扩大。相关领域的学者们对城乡协调发展展开了较为广泛的理论与实证研究，如《城乡经济结合战略》《城乡改革实践的思考》。（4）2002年至今进入了统筹城乡发展的新时期。十六大以来，我国把统筹城乡发展列为

---

① Fields, Gary S. , “A Welfare Economics Analysis of Labor Market Policies in the Harris Todaro Model”, *Jounal of Development Economics*, 76 (2005): 127 - 146.

② 张志：《国内外城乡协调发展理论与模式研究》，《资源开发与市场》2014年第2期。

③ 李泉：《中外城乡关系问题研究综述》，《甘肃社会科学》2005年第4期。

④ 毛泽东：《论十大关系》（节选），人民出版社，1991。

⑤ 路晓昆：《新中国城乡关系60年——历程、特征与启示》，《中共成都市委党校学报》2009年第5期。

科学发展观“五个统筹”之首，构建新型城乡关系，成为落实科学发展观的重要内容，标志着城乡关系新阶段的开始。纵观本阶段我国学者所做的研究可发现，研究内容更加具体化与系统化，开始围绕统筹城乡发展的内容、动力机制、模式等进行了广泛研究。①

三　供给学派概览、发展脉络及其评介②

（一）供给学派概览

20 世纪 70 年代末 80 年代初，当货币主义和新古典宏观经济学从不同的方向向凯恩斯主义发动进攻的时候，另一个学派也加入了与凯恩斯主义的争斗中，这就是供给经济学（Supply – side Economics）或供给学派。

供给学派产生的背景是美国经济在 20 世纪 70 年代中后期生产率的增长速度只降不升，经济增长缓慢，通货膨胀压力日益加大。与此同时，凯恩斯主义的需求管理政策受到越来越多的怀疑和责难。凯恩斯主义注重总需求分析，强调总需求管理，认为总供给会适应总需求的变化。当时的政策制定者信奉凯恩斯主义。根据凯恩斯主义的教义，当经济增长率下降时政府应当刺激总需求，但是在通货膨胀加速的时候再刺激总需求，无疑是给通货膨胀火上浇油。显然，凯恩斯主义者在当时的经济形势下开出的政策处方是不对症的。而供给学派提出的诊断是，问题不是出在需求一方，而是出在供给一方；凯恩斯主义开错了药方，凯恩斯主义应当对“滞胀”承担责任。

供给学派基本上是由一批当时年龄在 40 岁左右的中青年人组成，其主要代表有：阿瑟·拉弗（1940 年 ~ ）、丘德·万尼斯基（1936 ~ 2005 年）、罗伯特·蒙代尔（1932 年 ~ ）、乔治·吉尔德（1939 年 ~ ）、保罗·罗伯茨（1939 年 ~ ）、马丁·费尔德斯坦（1939 年 ~ ）等。拉弗、万尼斯基、吉尔德、罗伯茨等人自称是供给学派的“正统派”，而费尔德斯坦、埃文斯等人被认为是供给学派中的“非正统派”或“温和派”，蒙代尔则被认

---

① 完世伟：《区域城乡一体化测度与评价研究——以河南省为例》，博士学位论文，天津大学，2006。

② 贾康、苏京春：《供给学派溯源与规律认识》，《全球化》2016 年第 2 期。

为是供给学派经济学的先驱者。供给学派成员的许多思想和观点就出自蒙代尔。与当时其他的经济学派不同，供给学派的代表人物中没有“大师级”的经济学家。供给学派并不认为蒙代尔或费尔德斯坦是他们的领袖人物。

供给学派成员之一的斯蒂芬·恩廷（Stephen J. Entin）认为供给学派经济学具有如下本质特征：“供给学派经济学强调财政政策在决定经济增长和总供给方面的作用。我们的分析直接依赖于古典价格理论。根据供给经济学派的观点，税率对经济的影响主要是通过它对生产要素税后报酬的影响，而非对收入和支出的货币流的影响；税率影响商品的相对价格，进而影响劳动和资本供给。我们的目的是提高劳动、储蓄和投资等经济增长性活动相对于休闲和消费性活动的报酬。分析税收变动对劳动、储蓄或投资收益率的影响，远比关注税收变化对可支配收入货币量的影响更为重要。通过降低对劳动报酬、利率或股息征收的税率，我们可以增进储蓄、投资和经济增长。”①

（二）供给学派发展的历史脉络

迄今为止，“供给侧”学派先后经历了四个发展阶段：从“萨伊定律”到“凯恩斯主义”，从“凯恩斯主义”到“供给学派”，从“供给学派”到“凯恩斯主义复辟”，从“凯恩斯主义复辟”到“供给管理”；并沿着四大阶段的历史发展脉络呈现出清晰的两轮“否定之否定”：第一轮否定之否定的逻辑是“萨伊定律—凯恩斯主义—供给学派”，第二轮否定之否定的逻辑是“供给学派—凯恩斯主义复辟—供给管理”。

1. 第一阶段：从萨伊定律到凯恩斯主义

1803 年，法国经济学家萨伊（J. B. Say）出版了他的代表著作《政治经济学概论》。他在这部著作中指出：由于卖就是买，供给会创造出需求，即使供求短时间出现不等，在自由竞争的影响下价格将发生变化，从而使供给和需求相等。这就是著名的“萨伊定律”。按照“萨伊定律”，供给自行创造需求，供求不会发生严重的失衡。20 世纪 30 年代，主要资本主义

① Entin, Stephen J., “Comments on the Critics”, *Treasury News*, December, 1985.

国家出现了经济大萧条，人们发现供给是不能自行创造出需求的。1936年，英国经济学家凯恩斯（J. M. Keynes）出版了他的专著《就业、利息和货币通论》，他在这部著作中对“萨伊定律”提出了质疑。凯恩斯认为，在边际消费倾向递减、资本边际效率递减以及流动偏好导致利率上升的影响下，总需求出现不足，从而发生经济衰退。因此，要克服经济衰退，政府就要对总需求进行管理，通过扩展性的财政政策和货币政策去刺激总需求。

2. 第二阶段：从“凯恩斯主义”到“供给学派”

“二战”及“二战”后时期，即20世纪40～60年代，凯恩斯主义一直在经济学领域占据主导地位。然而，20世纪70年代，“滞胀”作为一种新的经济危机现象强烈威胁美国并有可能席卷全球。这样一方面导致经济增长放慢至停滞，引起大量失业；另一方面又加剧通货膨胀的新型经济危机，对凯恩斯主义提出了真正的挑战，和实践中凯恩斯主义“干预”操作的手足无措的窘境一起宣告了凯恩斯主义辉煌时代的终结。

经济学界对“滞胀”进行了大量讨论，应运而起的供给学派、货币主义学派、新古典综合学派、新剑桥学派、卡尔多学说等学派，都在自己的理论立场上对“滞胀”的原因和对策进行了探究，供给学派和货币主义学派是最为重要的两大分支。由裘德·万尼斯基命名，以罗伯特·蒙代尔、亚瑟·拉弗等为代表人物的供给学派，否定了凯恩斯主义在宏观调控中以“需求侧”作为主要视角的认识，重新肯定“萨伊定律”着眼于供给的正确性和重要性，认为“供给侧”并非是由需求派生的次要因素，而是更为主要的因素，主张大幅度降低税率来对经济增长进行鼓励。

3. 从“供给学派”到“凯恩斯主义复辟”

尽管里根时代“供给侧”的宏观调控取得明显成效，但也带来明显问题，所以后任美国政府决策者在经济学界凯恩斯主义复辟浪潮中，多采取需求侧调节和供给侧调节双管齐下的过渡性财政政策。一方面虽不否定通过减税来刺激供给；另一方面又注重通过节支来控制需求，从而减少财政赤字不断增长的困扰。特别是一旦滞胀特征淡化，政策主流便迅速重拾总量“反周期”调控的标准化国家干预轨道，这标志着凯恩斯主义复辟浪潮对“供给侧”学派启动了第二次否定。

4. 从“凯恩斯主义复辟”到“供给管理”

在凯恩斯主义复辟浪潮中，最为突出的代表人物就是凯恩斯主义在美国承大统者、新古典综合学派的代表人物保罗·萨缪尔森。萨缪尔森倡导的“逆风向”而行的宏观调控指导思想，不仅在凯恩斯革命时期对美国经济政策产生了重要影响，并且在凯恩斯主义复辟浪潮中对全球经济体尤其是以中国为主的新兴经济体的宏观经济调控产生了广泛、深远的影响。这种主要侧重于需求侧调节的“反周期”思想，可以作为凯恩斯主义自20世纪90年代“复辟”以来最为重要的经济政策思路。

2008年美国金融系统爆发“次贷危机”，并通过迅速传导效应直接引发欧洲诸国陷入严重的主权债务危机，世界经济两足鼎立局面发生巨大动荡，引发全球金融海啸和被格林斯潘称为“百年一遇”的世界金融危机，直接导致经济学界对凯恩斯主义的再次质疑。此次金融危机救市政策中，美国实际上断然摆脱所谓“华盛顿共识”，从“供给侧”进行足以影响全局的“区别对待”的政策操作与结构性调整，明确地对本国宏观经济进行了强有力的“供给管理”，而不限于所谓的货币总量调节或者需求侧调节，标志着“供给侧”调控思想对凯恩斯主义的第二次否定。

（三）对“萨伊定律”和“供给学派”的评介

从历史角度看，“萨伊定律”提出的意义主要有三个。第一，“萨伊定律”为早期经济学家对工业革命中的劳动分工、资本积累、国际贸易的分析以及对商业周期的认识奠定了理论基础。大卫·李嘉图、约翰·斯图尔特·穆勒均对萨伊的经济学认知给予了肯定与发扬。第二，“萨伊定律”开创了“供给侧”学派的先河。我们坚持认为“萨伊定律”确实开创了“供给侧”学派的先河，主要是由于，一方面，“供给学派”的理论基础确实与“萨伊定律”的观察视角和逻辑起点一致；另一方面，迄今为止，学者们对“萨伊定律”的研究与剖析从未停止，尽管对其提炼出的认知看上去见仁见智，但是其启发性所引申出的理论和实践应用一直走在历史发展的道路上，并接受着历史的动态评价。张五常在谈及“供给侧”学派时曾明确表示，“究竟谁是供给学派的开山鼻祖呢？我认为是萨伊（此君一八零三年提出足以历久传世的萨伊定律）。这定律说：供应创造自己的需求”。第三，“萨伊定律”开启了欧洲古典自由主义的时代。亚当·斯密于英国地区开启了经济学时代，而萨伊则受其影响成为在欧洲大陆上传播古典自由主义思想的第一人。

供给学派的主要观点可以归纳为以下四个方面。第一，经济增长的唯一源泉在“供给侧”。需求管理者认为，增加政府支出可以增加就业和产量，从而刺激经济增长。然而，供给学派与之截然不同，认为增加政府支出会抑制储蓄和投资，从而不会增加就业和产量。不仅如此，扩大财政赤字支出还会导致货币供给量过多，物价持续上升，最后酿成恶性通货膨胀，20 世纪 70 年代爆发的“滞胀”危机，根源就是忽视供给而一味强调需求。第二，增加供给的途径是经济刺激和投资。供给学派认为，增加生产和供给必须通过增加投资和劳动来实现，特别是投资的增加。而投资是储蓄的转化，所以产量的增长间接决定于储蓄量的高低。供给学派把美国同其他主要经济体进行对比，证明凡是储蓄率高的国家，其生产率增长和经济发展也相对更快。以此得出结论：储蓄是生产增长的重要因素，并从而认为美国经济增长缓慢在于储蓄率低，而低储蓄率的结果是由凯恩斯主义需求管理政策造成的。还指出，除储蓄之外，决定投资的一个重要因素是企业家精神。第三，增加刺激的主要手段是减税。经济增长决定于供给，供给决定于刺激，刺激决定于政府的各项政策措施，包括征税、规章条例、政府支出、货币供给等。供给学派认为，减税是增加刺激最有效的手段，其刺激经济增长的逻辑是减税可以让劳动者、储蓄者和投资者尽可能地获得最大报酬和利益，这种收入的结果是除去各种纳税和由政府立法所造成的成本费用以后的报酬净额。第四，增加刺激的外部条件是尽量减少政府对经济的干预。供给学派特别强调市场机制作用，反对政府过多干预经济活动：一是反对政府的过大社会福利支出，二是反对过多的规章法令，三是反对国家控制货币发行量。

20 世纪 80 年代，供给学派经济学在西方经济学和里根政府舞台上占据了中心地位。供给学派经济学不但对美国里根政府时期的经济政策和经济产生了很大影响，而且对 80 年代的英国、西欧诸国的经济政策和经济也产生了重要影响。80 年代在西方发达国家掀起的私有化浪潮和放松甚至取消管制浪潮，很大程度上是供给学派和货币主义等新自由主义经济学思潮的影响所致。

从经济学的发展进程来看，供给学派是20世纪西方经济学中的一个短命的、昙花一现的学派。随着里根的卸任，供给学派的影响也逐渐消失。除了拉弗曲线，供给学派后来在经济学工具箱里几乎没留下什么遗产。然而，虽然它是经济学发展史上的匆匆过客，但是它的有些观点和政策建议还是有价值的。我国经济自1998年开始转型，由供给短缺型向供给相对过剩型转变，经济中的总需求不足导致产品过剩和产能过剩，我国政府自1998年以来推行旨在扩大内需的积极的财政政策。实践证明，这种政策对于保证我国经济的持续高增长起到了积极的推动作用。但是，对于我国这样的发展中经济体来说，从供给一方来促进经济增长和经济发展仍然是一项长期的任务。供给学派所倡导的一系列供给管理措施，如改革税制和税率，刺激资本形成，奖励和促进技术创新，进行经济结构调整，降低公共经济在国民经济中的比重，提高竞争程度和降低市场刚性，对我们都有极高的参考意义和应用价值。

第三节　城乡公共住房保障供给侧改革十大关系

为了解决城镇中低收入阶层的住房困难问题，保障住房消费的公平性，克服住房市场失灵的缺陷，借鉴发达国家住房保障实践经验，我国政府于1995年开始启动安居工程。1998年《国务院关于进一步深化城镇住房制度改革加快住房建设的通知》公布实施，宣告了在我国存续多年的福利分房制度的终结和新住房制度的诞生。该文件明确指出：城镇住房制度改革的一个主要目标是“停止住房实物分配，逐步实行住房分配货币化；建立和完善以经济适用房为主的多层次城镇住房保障供应体系”。在这份文件中，明确了政府保障性住房建设的思路和我国住房供应体系：最低收入家庭租赁由政府或单位提供的廉租房；中低收入家庭购买经济适用房；其他高收入阶层购买或租赁市场商品房。通过近二十年的努力，我国已初步建立起了以经济适用房和廉租房为主、以公共租赁房和限价房为补充的城镇住房保障体系。城镇住房保障体系的初步建立，在解决我国城镇中低收入阶层居住问题、维护社会和谐稳定、促进经济社会可持续发展等方面都发挥了巨大作用。然而，尽管我国公共保障性住房建设成绩喜人，愈来愈多的居住弱势群体实现了安居梦，但从整体上看，当前我国住房保障覆盖率较低，保障水平不高，住房保障领域问题错综复杂、矛盾重重，实现“住有所居”的目标仍然任重道远。具体说来，亟待解决的住房保障问题包括：供给体系不健全，各种保障房产品比例失调，交叉覆盖现象严重，总量短缺和结构性过剩并存；在供需关系依然紧张的情况下，如何做到适度供给才能既保证社会公平又不伤及经济效率；如何破解保障性住房供给的资金瓶颈，使其资金来源正规化和常态化；空间布局方面，如何解决“边缘化”“集中化”以及配套设施不完善等问题；供给主体确定方面，地方政府与中央政府之间相互博弈，供给模式过于单一；监督机制缺失，户型面积超标、分配不合理、管理不到位，准入与退出机制不健全，审核力度不够，存在“搭便车”现象；供给模式方面，实物配租和货币配租、“砖头补贴”和“人头补贴”之争尚无定论，严重影响到住房保障制度的实施。

众所周知，保障性住房建设毕竟是一项涉及面较宽、各种关系纷繁复杂的系统工程。总的说来，其牵扯的关系主要包括：住房保障与经济发展的关系、保障性住房建设数量与质量的关系、保障性住房总量与结构的关系、保障性住房建设中地方政府与中央政府的关系、保障性住房建设中政府与市场的关系（即资金供给主体问题）、保障性住房布局与城市发展规划的关系、保障性住房市场与普通商品房市场的关系、保障性住房建设中中央统一要求与地方实际的关系。因此，为了实现保障性住房建设全面协调和可持续的目标，提供住房保障供给效率，有效地满足中低收入群体中的住房困难户的住房需求，我们必须按照科学发展观要求，统筹兼顾处理好保障性住房建设中的若干关系。实际上，本书研究对象正是如何处理好住房保障供给中方方面面的关系。本书从第五章开始从不同角度具体地讨论各种关系，但由于篇幅有限，后面各章无法对所有这些关系都分析得面面俱到。因此，本章先概括性地分析一下当前我国城乡住房保障供给中亟待处理好的各种重要关系，以期对全书特别是后面各章节起到统领作用。

一 住房保障制度建设与经济发展的关系

按照马克思主义剩余价值分配理论，一方面，剩余劳动是社会保障事业发展的物质基础。而国民经济的发展及增长又是剩余劳动的直接体现，因而国民经济的发展对社会保障水平具有决定性作用。[①] 另一方面，社会保障对经济发展具有二重性。与经济发展水平相适应的社会保障制度能促进经济的发展。社会经济的发展离不开健全的社会保障制度，特别是在现代市场经济中，社会保障制度越来越大地发挥着促进经济发展的作用。而与经济发展水平不相适应的社会保障制度的阻碍作用也不可小觑。长期滞后于经济发展水平的社会保障终将成为经济发展的绊脚石。“超度”的社会保障水平同样会给经济发展带来负面影响。20 世纪 70 年代以来，西方工业化国家出现的社会保障“危机”，就是“超度”的社会保障制约经济进一步发展之明证。

作为社会保障重要组成部分的住房保障，客观上也要求与经济发展水平相适应。从整体上看，我国当前住房保障仍处于较低水平，具体表现为保障制度覆盖面小、保障房建设财政支出水平低、保障房供需矛盾仍然突出。实践充分证明，落后的住房保障既在一定程度上影响了社会和谐与稳定，又影响到了经济的可持续发展，因此，我们应该加快保障房建设速度。但是，我们也当以“量入为出”为原则，根据当前经济社会发展水平“适度”供给保障房。要做到“适度”，须根据各地财政承受能力、居民住房消费支付能力、居民居住水平、城镇化发展水平以及土地供应等方面的具体情况确定住房保障供给规模。现阶段，我国住房保障政策目标在于帮助解决居住弱势群体的基本住房需求，同时鼓励其逐步获得“自住其力”的能力，而非长期无条件地将其住房问题大包大揽下来。大包大揽或者“超度”保障，都将对经济社会的发展带来极其不利的影响。其原因之一是“超度”的社会保障造成了“养懒人”现象，使社会保障只起到了“保护”作用，而不具有“激励”功能。[②]

---

① 杨翠英、何文炯：《社会保障水平与经济发展的适应性关系》，《公共管理学报》2004 年第 1 期。

② 穆怀中：《社会保障国际比较》（第二版），中国劳动社会保障出版社，2007。

二　保障性住房建设总量与结构的关系

近年来，尽管各级政府都加大了保障性住房建设投资力度，但与基本满足所有居住弱势群体住房需求的目标尚有相当差距，保障性住房建设任重道远。一方面，从总量上讲，截至目前，我国保障房覆盖率还不足8%。而就廉租房保障来看，2011年全国实际享受过廉租房政策的家庭仅26.8万户，占400万户低保住房困难家庭的6.7%，占低收入住房困难家庭的2.7%，占全国城市家庭的0.15%。[①] 但另一方面，据了解，某些城市保障性住房却出现了弃购或闲置现象。这种现象的致因就是保障房结构不尽合理，已建保障房不完全符合居住弱势群体的住房需求。巴曙松（2011）研究指出，我国保障性住房建设存在着结构性缺失，2011年针对最低收入家庭的廉租房和低收入者的公租房市场需求比较大，建设规模只占30%，而针对中低收入家庭棚户区改造房、经济适用房和限价房合计占比已达到60%以上。由此，我们可以看出，当前保障性住房供给中存在总量短缺与结构性短缺并存的现象。

长期以来，政府较为重视保障房供给数量的扩张，而忽视了对居住弱势群体保障房需求的深层次调研和分析。当前保障性住房保障对象主要包括三个群体：具有本地户口且有一定居住年限的最低收入者和中低收入者、新近就业大学生以及进城农民工。明显地，这些住房保障对象对保障房品种的需求不尽相同。本地的居住弱势群体更看重“有住房”从而偏好购房；新就业大学生的住房困难具有阶段性特征，他们中的大部分人需要租赁保障房作为过渡，待积累一定资金后再进入市场购置商品房；进城农民工由于工作缺乏稳定性，而且部分农民工像候鸟一样往返在城乡之间，因此，他们更倾向于租赁住房。通常说来，新近就业大学生和农民工更倾向于“有房住”。需求的多样性客观上要求供给的多样性。然而，供需之间信息传递和偏好显示机制的缺失、保障房需求统计工作的繁复、部分政府官员的官僚主义作风，政府未能为各需求群体按需提供保障房，从而导致保障房市场“有人无房住、有房无人住”的奇怪现象。结构性缺失必然

① 刘泉：《廉租房制度保障范围扩至城市低收入家庭》，《人民日报》2007年8月31日。

导致供给不足，加剧供需矛盾，或者无效供给增多浪费社会资源。结构性缺失问题与总量短缺问题一样亟待解决。

因此，在未来保障房建设中，我们既要加大住房保障供给力度，提高保障性住房供给总量，同时又要防范结构性缺失问题，尽量满足不同需求者的需求，力争生产卖得出或租得出的保障房。政府保障性住房建设管理部门可以采取诸如保障房需求意向问卷调查、保障房预申请等办法，较为准确地摸清保障房需求状况，以期实现供需基本均衡目标。只有做到保障房数量充足、结构合理，才能使保障房“物尽其用”，才能真正有效解决居住弱势群体的居住问题。

三 保障房建设数量和质量的关系

在“十二五”行将结束和“十三五”开局之际，中央政府要求加大保障性住房建设力度，相继出台“1000万套计划”和“3600万套计划”，对于广大住房困难群体而言，这无疑是一个福音。随着这几千万套保障房计划的逐步落实，保障房供需紧张现状可得以缓解。然而，当保障房数量问题尚未得到有效解决时，质量问题又浮出水面，近年来“墙脆脆”“墙歪歪”“瘦身钢筋”“纸墙”“地基下陷”“楼房漏水”等现象时有发生。保障性住房建设的质量问题既浪费了经济资源，又有损政府的公众形象。

在保障房需求缺口较大的情况下追求数量扩张本无可厚非，但我们不仅需要增加数量，更需要保证质量。质量与数量是辩证统一的，强调质量忽视数量不行，而只强调数量忽视质量更不行。“住有所居”固然需要大量保障房，但若质量存在问题，让住房困难家庭不敢住、没法住，保障房的用途自然不复存在。转变经济发展方式要求是多领域、全方位的，社会保障领域也不例外，也应处理好投入与产出的关系。片面追求数量增长、忽视建设质量的粗放式发展模式，既有损政府形象、浪费大量经济社会资源，又阻碍社会保障事业的可持续健康发展。保障房建设作为政府主导的改善民生的标志性工程，本是一件可赢得民心的好事，如果因为质量不过关，给群众的生命财产安全带来隐患，反而失去民心，影响政府公信力。时任国务院副总理李克强指出：“增加保障性住房数量是重要的，但保证质量才是根本要求。如果住房质量出了问题，轻则财产受损，重则危及生命。”[①]

为此，在保障房建设中我们应坚持“数量与质量并重”的原则，在“恶补”数量的同时，也应高度重视建设质量。提高保障房建设质量可从以下几个方面着手。首先，强化政府监管部门的监理控制。逐步完善政府部门的监管模式；推行参建单位和项目负责人终身责任制；提高监理地位和人员素质，吸收一些施工经验丰富且通晓设计知识的技术人员到监理队伍中。其次，督促施工企业强化技术培训，增强质量意识和企业质量文化；严格监管建材、设备的采购、复试和使用；切实推进住宅工程分户验收制度；加大强制性标准条文的执行力度。最后，启动“保障房质量第三方检测”机制。如北京市已开始试点“保障房质量第三方检测”机制，有六家具备司法鉴定资质的机构介入保障房的质量检测工作，对于不能提供第三方检测报告的工程，政府不予竣工验收。

四 保障性住房建设中地方政府与中央政府的关系

一方面，自分权化改革以来，中央政府与地方政府之间等级规则逐渐松动[②]，地方政府日益成为与中央政府利益不完全一致的相对独立的组织。中央政府代表整体性公共利益和长期利益，而地方政府代表局部利益和短期利益。具体就住房制度而言，建立有效的住房保障体系促进住房制度公平是中央政府目标之一，而地方政府目标为实现地方经济收益最大化和政治利益最大化，以经济发展为直接目标，更关注本地经济社会的中短期发展。由于利益目标不尽相同，二者在保障房建设上的态度就不尽一致。另一方面，财政体制改革后，中央政府与地方政府间财权和事权的不相匹配也是二者在保障性住房建设上博弈的一个重要原因。当前，保障房建设资金主要由中央和地方共同筹集，中央财政安排专项资金补贴后，地方财政提供配套资金，其中地方政府承担部分超过90%。[③] 有关数据也表明，2000～2013年，地方财政收入占财政总收入的比例一直低于48%，而财政

---

① 李克强：《保障房质量比数量更重要》，2011年10月13日，http://www.sina.com.cn。

② 杨瑞龙：《社会主义经济理论》（第二版），中国人民大学出版社，2008。

③ 王炜：《建好保障房建设是政府的一项职责》，《人民日报》2010年6月30日。

支出增幅高达15个百分点，2009年更是达到80%。财权与事权划分的不相匹配大大降低了地方政府社会保障资金供给能力，从而产生博弈中央政府政策的现象。

正是由于具有独立利益、事权大于财权，地方政府常常在保障性住房建设上阳奉阴违，软磨硬抗，敷衍塞责，做官样文章，玩数字游戏，以应付中央政府检查，这种状况极不利于保障房的建设。要解决这一问题，笔者认为，首先要处理好中央集权和地方分权的关系。集权并不与合理的分权相矛盾，二者可以相辅相成、相得益彰，合理集权有利于提高行政效率，合理分权有利于发挥地方积极性。具体到保障房问题上，应该在给地方政府一定的自由裁量权的条件下，适当集权，使地方政府与中央政府形成合力，共同致力于保障房建设。同时，深化财政体制改革，逐步实现上下级政府间事权与财政权范围划分制度化，建立各级政府间规范的转移支付制度，保证事权和财权相匹配；提高事权与财权配置水平，中央财政适当增加住房保障支出，从根本上扭转基层政府财政困难的状况，提高其住房保障供给能力。

五　保障性住房建设中政府与市场的关系

学术界就保障性住房供给主体问题已基本达成共识，即认为政府是保障性住房供给主体。然而，政府的供给主体地位并不意味着政府统包保障性住房供给。公共选择理论表明，政府在提供公共产品时也会出现供给不足或供给过量等资源配置低效率现象。从国内外政府经济管理实践来看，特别是20世纪70~80年代西方新公共管理运动出现以后，各国政府对公共物品供给方式进行了大量探索，公共物品供给私有化、市场化改革风行一时。因此，在我国的保障房建设中也应充分发挥政府和市场的优势，探索保障性住房政府供给和市场供给的有机结合。

长期以来，我国保障性住房建设中资金匮乏是最大的制约瓶颈，是保障性住房建设进展缓慢的主因，而资金匮乏致因之一又是制度创新不够，致使资金来源过于单一。目前，我国保障性住房资金主要依赖住房公积金增值收益和政府财政拨款。金融制度创新滞后直接引致住房建设融资渠道和融资工具的单一化。比如2009年，在全国保障性住房建设中处于领先地位的天津市，廉租房租金补贴资金60%左右依靠财政拨款，一半来自市财政资金，剩下的一半来自公积金增值收益。事实上，如果进行有效制度创新，正确处理市场与政府的关系，鼓励和引导社会资金进入保障房建设，为社会资金进入保障房建设开启方便之门，保障房建设资金紧缺现状或许能得以缓解。例如，美国政府很少直接出资建设保障房，主要针对低收入阶层的公共住房及租金补贴，其余大部分保障房是通过金融手段利用民间资金来完成；英国通过分享式购房计划减轻政府财政负担；香港政府则利用土地批租制度发挥市场机制对资源的配置效用，从而获得巨大财政收益补助保障房建设。我们可以学习借鉴发达国家和地区经验，逐步引导市场资金参与保障房建设。具体说来，可以考虑吸收外资和民间资本组建住宅银行，开办住房储蓄业务，在具体操作上，“可按居民存入该项目的金额、期限等给予不同的优惠政策，吸引居民踊跃存入住房储蓄，并以市场利率吸收配套资金、由政府出专款弥补配套资金的利差，必要时可发放住房专项贷款予以支持”。[①]

六 保障性住房布局与城镇发展规划的关系

作为保障性住房建设的前期工作，保障性住房布局规划的重要性不言而喻。保障房建设规划以保障房建设为工作对象，包括建设总量、空间布局、时序安排等内容，而这些具体内容最终将落实在城市建设用地和规划建设时序上。城市规划是对一定时期内城市的经济和社会发展、土地利用、空间布局以及各项建设的综合部署、具体安排和实施管理。保障性住房建设规划与城市规划工作对象有交叉重叠部分，因此二者关系密切。前者是后者的组成部分，前者的具体内容只有通过后者才能实现。然而，实践中不少地方保障性住房建设选址与城市发展规划相悖离，建设规划与城市发展规划编制不同步，规划年限也不尽相同[②]。二者相悖离具体表现为：选址时随意性较大，缺少科学严谨的项目论证过程；选址时的短视性，未

---

① 罗应光、向春玲等编著《住有所居：中国保障性住房建设的理论与实践》，中共中央党校出版社，2011。

② 王佳文、马赤宇：《住房建设规划与城市规划的衔接机制初探》，《城市发展研究》2006年第6期。

将选址规划与城市更新等有机结合起来。保障性住房选址规划与城市规划相背离将导致保障房居民职住分离，降低生活质量，城市空间异化，阶层矛盾凸显以及城市可持续发展受阻等不良后果。

目前，我国正处于工业化和新型城镇化加速推进时期，如何统筹规划包括保障房在内的住房建设和城镇发展就是一个亟待解决的问题。我们认为，可以从以下两个方面着手。第一，将保障房建设与城镇总体规划目标有效衔接。城镇总体规划应充分预见未来城镇发展中的各种住房需求，确定各类居住用地较为合理的建设标准和空间布局。保障性住房的选址应从城镇整体发展角度综合考虑被保障人群的交通、就业、居住等问题，重视新市区、近郊区与老城区的平衡。第二，在土地规划方面，保障性住房应当在土地利用总体规划确定的城镇建设用地规模内选址，并与城镇总体规划确定的住宅用地范围相一致。[①] 唯有如此，保障房居民才能真正分享到城镇发展所带来的实惠，城镇也才能真正实现可持续协调发展。

七　保障性住房市场与普通商品房市场的关系

近年来，我国保障性住房建设力度不断升级，中央政府相继出台“1000万套计划”和“3600万套计划”。舆论界对此褒贬不一。支持者认为，保障房建设对于解决中低收入阶层居住问题、实现社会和谐稳定意义重大，因此应该增加供给；反对者则认为，大量供给保障性住房将产生“挤出效应”，给普通商品房市场带来巨大冲击，不利于房地产业可持续发展，进而阻碍国民经济发展。舆论界对保障性住房态度迥异，其实质涉及如何正确处理保障性住房与普通商品房关系的问题。

保障性住房与普通商品房同属于住房市场商品形态，它们分别为不同的收入阶层提供住房，被称为“住房市场双轨”。其不同之处在于前者资源配置基础机制是政府计划，而后者基础机制为市场。既然为“住房市场双轨”，那么二者就有并存的合理性，缺少其中之一，住房市场的平稳运行健康发展都将受到影响。从理论上讲，二者之间并非是水火不容的相互

---

① 汪冬宁、汤小橹、金晓斌、周寅康：《基于土地成本和居住品质的保障性住房选址研究——以江苏省南京市为例》，《城市规划》2010年第3期。

排斥关系。首先，保障性住房与普通商品房供给对象有别，前者是中低收入群体，而后者是能“自住其力”的中高收入阶层；其次，二者建设资金来源不同，普通商品房资金主要来源于资本市场，而保障房资金主要来源于政府财政拨款；最后，二者所用土地获得方式各异，普通商品房建设用地通过招拍挂获得，而保障性住房用地是政府行政划拨所得。因此，从这几个方面看，“挤出效应”一说是站不住脚的。非但如此，根据“住房过滤理论”，从长期来看，保障房的建设对普通商品房市场还有一定的“挤入效应”，在一定程度上还能促进商品房市场的发展。①

然而，上述推论是基于保障性住房与普通商品房必须是“双轨”并行这一假设前提的，即保障性住房与普通商品房市场互不干扰。如果两个市场交叉重叠现象严重，那么保障房市场给普通商品房市场带来负面冲击就不可避免。从政策初衷看，中央政府的“两个计划”一方面是出于解决民生问题的目的，加大供给力度是为了偿还过去累积下来的历史账；另一方面政府又给保障房赋予了政策功能，增加保障性住房供给平抑当前居高不下的房价。但如果保障性住房过度供给，保障对象泛化，将一部分本应“自住其力”的居民“吸引”到保障房市场，商品房市场份额必将锐减，那么最终就会形成“挤出效应”。因此，如何协调保障与市场“双轨”、实现“住有所居”和房地产业平稳发展目标，考验着执政当局的智慧与能力。总体上讲，要处理好保障房与普通商品房的关系，必须在坚持“效率优先、兼顾公平”原则下，从经济社会发展水平、中低收入阶层的居住现状和需求状况出发，实现保障性住房的适度供给。具体而言，严格保障房市场准入制度，坚持住房保障对象遴选的收入和现有住房面积标准，提高住房保障资源违法使用者的违法成本，防止中高收入群体染指稀缺的住房保障资源。

八 中央统一要求与地方实际的关系

当前，保障性住房制度是在中央政府主导下地方政府具体贯彻落实

① 苟兴朝：《挤出还是挤入：公共财政投资对私人投资影响分析——兼论我国公共保障性住房政策效应》，《求实》2011 年第 9 期。

的。中央政府是住房保障制度的制定者，地方政府主要负责政策的实施。这种制度实施模式虽然具有行动统一、行政效率较高之优势，但也不可避免地会降低政策效果。其原因在于，在我国东中西部经济社会发展程度区域性差距明显、各地现有居住水平参差不齐、居住习惯不尽相同的情况下，实行“一刀切式”的住房制度既会因与当地实际情况不完全相符而导致政策实施过程中的针对性不强，又有可能因提供了供需不对口的保障性住房从而出现保障房闲置弃购等资源浪费现象。因此，要求我们在保障性住房建设中既坚持中央的统一部署，又要在保证中央政策不走样、不变味的前提下给地方政府一定自由裁量权，即坚持中央统一要求和地方实际相结合，使地方政府灵活地实施符合当地实际的政策。

具体而言，各地方政府在贯彻落实住房保障制度过程中，可根据当地具体情况变通执行（此处的“变通执行”不是“折扣执行”或“偷梁换柱”）。例如，在保障性住房产品内部结构方面，因各地实际情况不同，不宜做统一要求。比如沿海城市相对于内地而言，农民工较多，流动人口数量较大，那么就应更多地供给公租房；而内地城市保障性住房需求主要来源于常住人口，因此应多供给廉租房。再如，某些老工业基地面临旧城区改造实现城市更新的任务，其保障房的被动需求较大，因此该地可更多启动棚改房或安置房计划。当然，中央政府在给地方政府留有较大自由空间的同时，应该制定一个诸如住房保障覆盖率的统一标准来考核地方政府保障性住房政策执行落实情况。总之，在保障房建设中，中央政府负责大政方针的制定以及提供配套资金和监督落实等工作，同时充分发挥地方政府积极性和创造性。唯有如此，中央和地方统一步调，才能高效地推进保障房建设工作。

九　城市住房保障与农村住房保障的关系

从本质上讲，城镇住房问题和农村住房问题是同一个问题的两个不同侧面，二者既相互联系又相互区别，统一于一个国家或地区的住房问题中，二者之间是互为因果关系的。从整体上看，一方面，城镇住房问题和农村住房问题之间仅存在着地域不同，其本质上都是居民因支付能力不足不能自住其力，需要政府和社会施以援手。而且，从农村转移出来的劳动人口往往在其户籍地的居住条件较差，其原因是要么这部分人口本身就没有较好的住房，要么虽有住房但年久失修无法继续居住。城镇化过程是农村人口不断向城镇转移的过程，与城镇化相伴而生的是城镇住房问题。从这一角度讲，农村住房问题是城镇住房问题形成的原因。另一方面，由于城市政府受困于有限资源，能为居住困难家庭提供的住房数量也十分有限，不能满足所有居民的居住需求。未能在城镇解决居住问题的农民工和其他外来人员在其流出地必将形成大量的住房需求，然而农村地区的住房保障制度十分落后，基本处于宅基地保障的初级阶段，农民住房建设得到政府和社会的帮助较少，农村住房问题不能得到妥善解决。因此，从这一角度讲，城镇住房问题没有得到有效解决也不利于农村住房问题的解决，或者说，城镇住房问题是农村住房问题的致因。在城乡人口流动加速的背景下，农村住房问题的有效解决有利于城镇住房问题的缓解，反之则反是。由于常年生活在城镇，农村住房质量差加之年久失修，农民工在农村无家可归，因此他们需要城镇为其提供居所，使城镇住房需求猛增，城镇住房问题日益显现。相反，如果农村住房质量较高，农民工即便有住房需求，也大多为租房而非购房需求；同时，如果农村住房质量较高且居住环境较好，家庭化的人口流动较少，相应地城镇住房问题压力就小得多。反之，城镇住房问题的缓解有利于促进农村住房问题的解决。有效解决城镇住房问题，为进城农民工、经商者等提供更多更好的住所，城镇化进程加快，更多的农民定居城镇后，农村居民数量减少，有利于农民集中居住，从而有利于更好地为农村居住困难群体提供住房保障。再者，城镇住房问题的有效解决吸引更多的农民定居城镇，有利于促进城乡建设用地增减挂钩工作，进而有利于农村住房保障建设资金的筹集。

在当前举国上下共同致力于建设小康社会的时代背景下，统筹解决城乡住房问题、优化住房保障供给城乡结构、在住房保障政策设计及制定上加大向农村地区倾斜和覆盖的力度就显得尤为重要。具体说来，处理好城市住房保障和农村住房保障需从以下几个方面入手：重构住房保障制度，建立覆盖城乡的住房保障制度，尽快建立统一的城乡住房保障管理体系，规范现行的农村住房保障依靠基层集体管理的现象，城乡住房保障由统一的专门机构统一管理，建立专门的管理城乡住房保障工作的监督委员会，加大对住房保障工作的监督；改革现有的户籍制度和住房保障土地供给制度，若要建立城乡统筹覆盖城乡居民的统一的住房保障制度，必须改革现有的户籍制度，使农民工和外来人口与城镇居民享有同等的住房保障权利；重点推进农村住房保障体系的构建，政府尽快调整住房保障方面的财政支出，城乡统筹分配，取消城镇冗余的保障项目，将资金转移到农村住房保障建设上来，加大对农村住房保障的投资力度；促进和引导农民适度集中居住，为提高农村住房保障资源利用效率和统筹解决城乡住房问题，有必要促进和引导农民适度集中居住。

十　城乡住房保障建设用地与农业生产用地的关系

当前，我国正处于城镇化加速发展阶段。按照现有城镇化速度，每年都有1000多万农村人口涌入城市。如此快速的城镇化势必给城镇住房供给带来巨大压力。一方面，由于城镇化进程加速推进，城镇建设用地需求与日俱增；另一方面，由于我国耕地面积总量有限而且不断减少，城镇建设用地供给瓶颈日益显现。由此，我国城镇建设用地供需矛盾将在未来较长时间内成为亟待破解的难题。要有效解决城镇中低收入群体居住问题，为其提供能保证基本生活需要的住房，必须解决保障性住房建设用地来源问题。

当前，可供包括保障性住房在内的我国城市建设使用的土地来源主要有两个。一是通过城市房屋拆迁等形式形成的存量建设用地。存量土地主要指城市内部的未利用土地、企事业单位内部的低效利用及闲置土地、旧城待拆迁改造土地、污染企业搬迁及产业结构调整置换出来的土地等。二是通过征收农村土地形成的增量建设用地供应。增量土地主要指新征用而来的农村集体土地转化为城市国有土地，然后通过使用权出让或者租赁进入土地市场的土地。根据国土资源部数据，尽管我国当前土地储备总量较大，但住宅建设用地的供应仍然面临着较大瓶颈。首先，新增建设用地来源有限。我国土地总面积居于世界第3位，但人均土地面积仅为0.777公顷，是世界人均土地资源量的1/3，而且可利用土地面积正以前所未有的速度减少。土地的稀缺属性和我国人多地少的基本国情表明，可用作新增建设用地的土地并非取之不尽。而且，总量稀缺的土地资源中可用于农业的耕地数量极为有限（人均耕地面积仅为世界平均水平的40%），加之农业生产力水平较低，若要扩大城市建设土地增量供给，就意味着更多的人口将面临基本生存问题。世界各国都已认识到了耕地保护的重要性，我国政府也提出了“十八亿亩耕地红线”。因此，在“十八亿亩耕地红线”硬杠子下和农业生产力尚无质的飞跃的情况下，大规模地征收农村土地并转化为城市建设用地是极不现实的想法。其次，存量建设用地供给（即挖潜式供给）的“潜力”也十分有限。存量土地必须首先经过整理和储备方能转化成城市建设用地，而土地整理过程本身又充斥着制度风险、财务资金风险和社会风险等大量风险。

尽管目前我国土地总量有限，增量供给日益枯竭，存量挖潜又孕育着各类风险，但是，我们还是可通过优化用地结构、集约节约利用土地、统筹利用城乡建设用地、改革完善现有土地制度等方式为城乡建设筹集用地。一方面，在当前我国经济社会发展各行各业都需要大量土地和坚守“十八亿亩耕地红线”的背景下，应以“四化”同步发展为契机，以土地资源城乡统筹使用为思想指导，在积极拓展新增建设用地来源的同时，还需挖潜存量建设用地，提高土地利用效率，为保障房建设用地“开源”。另一方面，当前我国保障房建设中土地浪费现象较为严重，需加强管理，为保障房建设用地“节流”。具体说来，在新增建设用地方面，不断完善和充分利用“宅基地换房”“增减挂钩”“地票交易”等制度，创新土地管理制度，规范“小产权房”建设，创新“城中村”改造模式，探索住房保障供给新渠道。在挖潜存量土地方面，推进棚户区改造，完善农村宅基地退出机制，推进农民适度集中居住，为住房保障建设赢得用地资源。在“节流”方面，需严格控制保障房面积，适当提高保障房小区容积率。

第二章 我国房地产业供给侧改革的问题与措施*

1998 年市场化取向改革以来，我国房地产业获得了飞速发展，逐步成为国民经济支柱产业。上海易居房地产研究院《2013 年房地产业对财政收入贡献率研究》显示，2013 年房地产税收收入和土地出让收入双双呈现大幅度增长态势，其中房地产税收收入首次超过 2 万亿，土地出让金收入突破 4 万亿，同比增长超四成，全年房地产业对地方财政收入的贡献率再创新高①。然而，毋庸讳言，我国房地产业表面繁荣的背后却乱象丛生，房地产业泡沫随时都有破灭的风险。针对房地产业的乱象，中央政府相继采取了一系列调控措施，诸如“国十六条”、“国八条”、“国六条”、“（新）国十条”、23 号文件、18 号文件等。2008 年美国金融危机后，我国房地产行业跌入低谷，中央政府陆续出台“救市”措施，之后各地楼市相继回暖并步入繁荣期。其后，随着楼市不断升温，房地产经济过热，政府部门又开始实施“打压”政策，随后房地产市场又进入了下一个发展周期。2014 年我国楼市呈现出“复苏”迹象，截至当年 7 月 23 日，全国有 29 个城市，包括南宁、天津、无锡、海口、温州、呼和浩特、济南等在内的城市已取消楼市限购。据 2016 年 2 月 22 日搜狐财经新闻报道，除北上广等一线城市以外，全国多地城市房地产交易环节的契税、营业税征收比例普遍

---

* 众所周知，由于消费群体不同，房地产市场可大致分为普通商品房和保障性住房两大市场。两大市场表面上矛盾对立，实则相辅相成、对立统一。因此，若要分析保障性住房市场供给侧改革问题，必须同时分析与其密切相关的普通商品房市场的供给侧改革问题。故，本书在探讨保障性住房市场供给侧改革之前先对普通商品房市场供给侧存在的问题及所需采取的措施进行分析。

① 《2013 年房地产业对财政收入贡献率研究》，2013 年 6 月 12 日，http：//www. chinairn. com。

降低，已有超过130个城市出台了去库存新政。在短短几年时间内，政府部门对房地产市场的态度发生了几次“180度大转弯”，由“救市”到“打压”再到“救市”，政策变动频率之高实属罕见。更为重要的是，事实业已证明，政府部门的这些调控措施收效甚微，房地产业乱局依旧，“放则乱，收则死”的病根仍在。人们不禁要问，曾被誉为国民经济支柱的房地产业病根到底在哪里？究竟有没有针对房地产市场的釜底抽薪式的宏观调控措施？

房地产市场宏观调控一直是学术界的研究热点。张迁平和周文兴（2008）对房地产业宏观调控措施的有效性进行了分析，认为房地产市场运行明显受到货币供应量、城镇居民可支配收入和城镇人口等宏观基本面的影响，利率政策调控房地产价格的效果不明显，调节货币供应量的政策能在短期内调整房地产投资规模，信贷政策对房地产投资规模有明显的边际影响，土地供给政策显著地影响房地产均价的走势。张伟（2009）研究认为，提高利率和开发商自有资本比例等宏观调控措施的效应是不同的。因此，在实际的运用过程中要根据一个时期宏观调控的目标，考虑各项调控措施之间的抵消作用和叠加效应以及各项措施取得效果的快慢，使调控措施的效果达到最佳。梁鸿和杨小亭（2012）提出保护自住需求、分流投资需求，改单一房价指标的调控目标为购买力指标，建立住房保障担保平台，打包征收房产税与行政事业费，在坚守耕地红线的同时允许省际调用指标，逐步完善优化土地财政，建立科学严谨的长效政策调控体系等观点。综上所述，截至目前，房地产市场宏观调控研究方面存在两方面的不足。第一，重商品房市场而轻保障房市场，将商品房市场混同于房地产市场。众所周知，任何一个房地产市场既包括商品房市场，又包含保障房市场。保障房市场也是由供需双方共同作用形成的，因此，保障房市场也涉及宏观调控问题。第二，研究房地产市场宏观调控的学者要么以供给和需求为视角，要么仅以需求为视角，而以供给侧为主要视角的研究文献为数不多。诚然，房地产市场由供需双方构成，若要分析房地产宏观调控问题，务必既探讨供给侧出现的问题及其对策，又分析需求端的问题及其举措。然而，本书认为，我国房地产市场的乱象主要源于供给侧，而非需求端，要有效整治我国房地产市场的乱局，实现未来几年内去库存的短期目标及房地产市场平稳发展的中长期目标，其政策主要着力点应放在供给侧上。

在2015年11月10日的中央财经工作会议上，习近平总书记提出“要在适度扩大总需求的同时，着力加强供给侧结构性改革，着力提高供给体系质量与效率”。相关研究表明，当前我国房地产市场供给端存在的问题主要表现在两个方面。第一，供大于求，库存持续高位。国家统计局数据显示，2011年至2015年10月，全国房地产市场待售面积分别为2.72亿平方米、3.65亿平方米、4.93亿平方米、6.22亿平方米和6.86亿平方米。第二，供需错位，总量不足、结构性过剩并存。由于一线城市和少数二线城市就业环境好，配套设施及公共服务资源优厚，其吸附流动人口的能力较强，因此，这些地区的住房需求较大，但供给相对不足。而其他二、三线城市由于不注重产城融合，就业难，配套设施及公共服务严重短缺，其人口外流较大，这些地区的住房需求较小，但供给严重过剩。在2015年11月的中央财经工作会议上，中央财经领导小组部署了四项措施，其中之一即化解房地产库存。由此看出，房地产供给侧改革是我国当前供给侧改革的主要战场和重要领域。

鉴于此，本章将以宏观调控为视角研究我国房地产市场供给侧改革问题。本章第一节和第二节将分别以宏观调控和房价租金比为视角对当前我国房地产市场供给侧存在的主要问题及其致因进行分析，第三节提出相应的政策措施。

第一节　我国房地产市场供给侧存在的主要问题

自市场化取向改革以来，我国房地产市场乱象频出，中央政府屡次出台和实施宏观调控政策，但客观地讲，这些调控政策收效甚微。我国房地产市场的乱象既有源于需求端的致因，诸如城镇化加速引致的刚性需求太大、投资渠道狭窄引起的投资性需求过旺、投机性需求过度膨胀等，又有源于供给侧的因素，诸如垄断性市场结构特征、政府垄断土地供给、住房开发信贷资源错配等都决定了房地产市场乱象存在的客观必然性。而且，从整体上看，我国房地产市场更多地表现出卖方市场属性，较之于需求方，供给方对市场的影响和控制尤甚。相应地，供给侧出现的系列问题更迫切需要得到解决。

如前文所讲，既然我国房地产市场是由商品房和保障性住房两类市场组成的，那么，我们在分析房地产市场宏观调控时，就不得不同时分析两类市场各自运行情况及相互关系。因此，本节首先分析保障性住房和商品房两类市场的辩证关系，然后分别探讨两类市场供给侧存在的主要问题。

一　保障性住房市场与商品房市场辩证关系研究

（一）基于公共财政投资与私人投资关系视角[①]

保障房市场与商品房市场是一国或者某地房地产市场的两个不可或缺的重要组成部分。然而，关于保障房与商品房市场的辩证关系学术界的分歧较大。部分学者认为保障房市场发展将对商品房市场形成“挤出效应”。王新（2010）认为，“9000亿元的保障房投入无疑会加重中低收入者持币待购的观望心态，对于处于产业链低端的住房供应造成一定负面影响”；国务院发展研究中心金融研究所范建军博士认为，保障性住房市场份额的增大，势必减少可使用的土地面积，进而影响到商品房的供给，加之其可观的价格优势，最终对商品房市场是一个挤出效应；潘爱民和韩正龙（2012）通过1999～2010年的全国数据分析发现，当经济适用房销售面积增加1%时，会促使房地产价格下降0.4442%。另有社会人士认为，保障性住房市场可以产生“挤入效应”，对商品房市场带来积极的推动作用；住建部副部长齐骥却认为，增加保障性住房的供应不会冲击商品房市场；[②]上海佑威房地产研究中心薛建雄认为廉租房的“扩容”，不会对商住房产生挤出效应，因为廉租房的对象是没有能力购买商住房的群体。理论上的这种巨大分歧，在一定程度上已经影响到了保障性住房制度的发展进程。

本书认为，就住房市场而言，理论界所谓的“挤出效应”大致有三层含义。第一，政府投资保障性住房挤占了私人投资商品房的资金，即“直接挤出效应”。第二，政府筹措巨资用于保障房建设，将使资金借贷市场利率提高，进而提高私人投资商品房的成本，形成对私人资本的挤出，此

① 本部分以《挤出还是挤入：公共财政投资对私人投资影响分析——兼论我国公共保障性住房政策效应》为题发表在《求实》2011年第9期上，发表时略有增减。

② 潘石屹：《限购令影响大半数地产商三年内出局》，北京经济信息网，2011年3月10日。

即“间接挤出效应”。第三，保障房供给量的增加将“抢占”部分商品房市场份额，将部分商品房市场的潜在购买者分流到保障房市场。对此，我们可以借助于公共投资对私人投资的影响相关理论来进行分析（目前，我国住房供给模式保障房建设主要由政府负责，而商品房市场投资者主要为私人部门）。

首先，我国尚未完全实行名义利率的市场化，因此，积极财政政策不会影响名义利率的升降，也就是说4万亿元的投资计划的启动并不会提高资本市场上名义利率，增加私人部门投资成本。而且，据了解，近年来我国商业银行的超额准备金率超过70%，加之约50%的高储蓄率，资金市场上存在较大的存贷差额。在我国资金市场上可供借贷资金相当充裕的情况下，政府不会与私人部门竞争投资资金。受金融危机冲击，我国私人部门投资的商品房市场曾一度低迷，新开工建设同比下降，交易量大幅降低，空置率有增不减，但把这些现象归咎于“9000亿保障性住房计划”显然有失公允。有关专家指出，我国近年来私人部门投资不旺的原因并不是资金瓶颈问题，主要是金融危机的后遗症所致，私人资本对投资的收益率持悲观态度，不愿贸然出手。

其次，在我国房地产市场上，政府所提供的保障性住房特别是廉租房覆盖的群体与商品房供应对象有着明显区分，保障房供给对象为低收入或最低收入群体，即使政府不给他们提供保障性住房，他们在几年内特别是房价不断飙升的情况下也没有能力成为商品房的消费者。因此，保障性住房分流商品房市场份额的论点是站不住脚的。事实上，保障性住房的建设不但对商品房市场没有冲击，反而还会产生一定的“挤入效应”。保障房是准公共产品，主要是为了解决低收入群体住房问题，具有社会保障性质。满足不同层次消费群体的需求是市场健康发展的基本要求，房地产市场供求和结构平衡要求保障房和商品房共存。通过增加保障性住房，政府一方面可以改善居民的住房福利，另一方面可以优化房地产市场结构，进而推动商品房市场又好又快发展。低收入群体具有较高的边际消费倾向，如果大力发展保障性住房，他们得到政府提供的保障性住房后是有提高消费的巨大潜力的。特别是在当前后金融危机背景下，政府旨在拉动内需的投资行为可以发挥良好的示范效应，可以改变私人部门的悲观预期，提升投资信心。

再次，房地产业因其具有很强的关联性，可以带动相关产业的发展。

有关统计资料显示，2008 年新增的 75 亿元廉租房建设投资及其所带动的地方和社会投资，可以拉动钢材消费 65 万吨，水泥消费 50 万吨。近年来房价不断攀升的诱因之一就是建筑成本居高不下。钢材、水泥等建材市场供给增加，降低了私人投资成本，进而促进私人投资，“挤入效应”产生。从投资对经济的拉动作用分析，国家为应对金融危机的影响，正在大力向民生行业转移投资，让投资发挥最大效益正是政府亟待考虑的问题，而廉租房建设正是能大量吸纳资金、大量创造就业机会、大力改善人民生活、带动大批产业发展的一个正确方向。从消费理论上来说，低收入家庭如果能够居住上廉租房，避免陷入购房债务成为房奴或半房奴，必然会有资金转入其他消费，从而有利于经济结构的调整。[①]

最后，根据“住房过滤理论”可知，在住房市场中，最初为较高收入阶层建造的住房，随着时间推移，质量发生老化，这时较高收入阶层为了追求更好的居住条件，会转让或出租现有住房，形成三级住房市场。[②] 市场上过滤下来的这部分旧房被政府采购用作廉租房配给给低收入群体居住，既在一定程度上满足了低收入群体住房需求，又使中高收入群体产生改善性住房需求，有利于他们资金的周转再次进入商品房市场，进而盘活商品房开发商的存货，降低商品房空置率，缓解资金压力，使其进入下一轮投资经营。实际经验也告诉我们，实行房地产二、三级市场联动，是启动住宅市场、形成住房消费热点的有效途径。从这一角度看，政府投资保障房对私人投资商品房也形成了一定的“挤入效应”。

（二）基于房地产市场宏观调控视角

1998 年住房制度市场化取向改革以来，房地产业逐渐成长为我国国民经济支柱产业。然而，在房地产业不断繁荣与发展的同时，随着消费者的刚性需求不断释放、投资者投资热情不断高涨，全国各地特别是一线城市房地产价格不断飙升，房地产业已呈现出非理性发展态势。这种状况不仅

---

① 王新：《可持续发展之住房保障制度研究》，《郑州大学学报》（哲学社会科学版）2010 年第 3 期。

② 刘友平、张丽娟：《住房过滤理论对建立中低收入住房保障制度的借鉴》，《经济体制改革》2008 年第 4 期。

危及房地产业自身的健康发展，而且给整个国民经济协调发展带来了潜在威胁。鉴于此，中央政府审时度势、果断出击，自2003年以来实施了一系列旨在匡正房地产业非理性发展的宏观调控措施。

理论研究表明，房地产市场宏观调控的必要性在于以下几方面。首先，房地产市场失灵客观上要求政府进行宏观调控。房地产市场存在着明显的外部性，并且它具有准公共产品的特征且存在信息严重不对称和垄断问题。这些问题都是导致市场失灵的原因，单靠市场自身的机制是无法解决的，此时需要政府通过“有形的手”来纠偏。其次，从社会稳定的角度看，也需要政府对房地产市场进行干预。住房是居民最基本的生活资料，它是进行一系列生活和生产活动的基础和前提，因此，政府有义务解决居民基本的生活需求。住房问题的复杂性不仅是经济领域的问题，而且同样也是一个重大的社会问题。住房问题是关系人们正常生活的最为基本的问题，只有做到“住有其居”，社会稳定、人民安居乐业才有坚实的基础。①

不仅如此，房地产市场还需要分类调控。房地产市场多层次供给客观上要求房地产市场分类调控。按照收入水平不同，居民被大致分成高收入阶层、中高收入阶层、中低收入阶层和低收入阶层。每一类收入阶层的住房需求各不相同，住房对他们而言所代表的功能也迥异。与此相应，政府和市场就应提供与其需求相匹配的住房类型。通常说来，高收入和中高收入阶层的住房问题主要靠市场机制解决，中低收入和低收入阶层的住房问题主要靠政府或社会力量来解决。具体而言，高收入和中高收入阶层在市场上购买或者租住商品房，而中低收入和低收入阶层租用或者购买保障性住房解决居住问题。住房分类供应制度是解决住房问题的有效途径，也是西方发达国家或地区政府普遍采取的做法。既然针对不同收入阶层提供的住房类别不同，由于保障房和商品房是差异化产品，两者在对应需求层次、楼盘品质、价格、供给主体和渠道以及市场运行机制等方面都有差别，那么，政府对住房市场的调控也就应该分类进行。从现实必要性角度看，实行住房分层次调控，对各类收入层次的

① 王志铭：《中国住房市场分层次调控体系研究》，博士学位论文，江西财经大学，2012。

居民的住房户型、供给数量、房价和房租进行调控，既有利于调节住房供应和平抑房价，也有利于最终实现共同富裕的社会主义目标。从调控手段上看，针对商品房和保障房两种不同市场，政府采用的调控手段也应不同。对于商品房市场，政府应该主要利用市场机制（即价格机制、供求机制以及竞争机制）对其调控；而对于保障性住房市场，政府应该主要利用计划命令机制对其调控。

结合我国经济社会和房地产市场运行形势分析，当前住房市场分类调控政府应从以下两个方面转变调控思路。第一，从需求侧改革为主转变为供给侧改革为主。从对近年来的需求调控政策及其实践进行分析来看，无论是对于刚性需求还是投机性需求，政策效果不甚明显，如果仅单方面采用抑制需求的调控手段，将很难达到预期目标；而且，就我国房地产市场实际来看，虽然需求侧的问题较多亟须解决，但供给侧的问题更多，更迫切地需要对策。第二，从以行政手段和金融管制为主向税收政策调控为主转变。行政干预和金融管制手段的弊端日益显现。比如，提高首付比例和住房按揭利率打击了个人和家庭的正常住房需求，不利于住房市场健康可持续发展。行政干预和金融管制着力点主要在于交易过程，而税收政策既对交易过程又对住房保有环节进行干预，调控效果将更加明显。

进一步地，发展保障性住房市场也有利于宏观调控普通商品房市场。政府建设保障性住房的目的大致有二：一是解决中低收入群体中的住房困难群体的居住问题，构建和谐社会，实现共同富裕的社会目标；二是通过建设保障性住房，分流部分普通商品房市场需求，从而实现宏观调控商品房市场的经济目标。从需求角度看，住房保障制度的实施，使得普通商品房市场中部分需求转移到保障房市场，商品房需求被分流，按照一般供求定理，将导致商品房价格下降。从供给角度看，商品房开发所需的土地供应量会随着保障性住房的大规模建设而减少，从而影响商品房的供应，房地产市场价格将逐渐回归理性。“保障性住房建设投资可以部分替代商品房开发投资，改善住房市场投资结构，从而既可以减少经济繁荣过程中企业投资过热而引发的房地产市场泡沫，又可以抵御经济衰退过程中企业投资不足引发的房地产市场萧条，对房地产周期起到了平抑作用，预防房地产市场发生大的波动。”[①] 与此相应，有效调控普通商品房市场也有利于对保障性住房市场的宏观调控。宏观调控普通商品房市场主要包括供需结构调控、供需数量调控以及供需价格调控。普通商品房市场常常出现供需结构不相匹配的现象，结构性过剩时有发生，政府可利用住房过滤原理，可将部分商品房转化为保障性住房，从而适当缓解住房保障市场供需矛盾问题。再者，政府通过对普通商品房市场价格的宏观调控，实现平抑房价，让更多的居民能在商品房市场上解决居住问题，从而可以减轻保障房市场需求压力，有助于住房保障市场平稳发展。因此，本书认为，在对房地产市场进行宏观调控时，务必兼顾保障性住房和普通商品房两个市场，在制定针对普通商品房市场宏观调控的政策时，应充分考虑到这些政策对保障房市场的影响效应，即这些调控政策在此两个市场上是否兼容；反之亦是。

二　商品房市场供给侧存在的问题分析[②]

（一）垄断性市场结构特征决定了房地产市场供给失灵的客观必然性

新古典经济学根据不同的市场结构特征，将市场划分为完全竞争市场、垄断竞争市场、寡头市场和垄断市场四种类型。其中，寡头垄断市场具备“厂商数目为少数几个”“住房产品有一定的差别”“少数企业在相当程度上控制着市场价格”“进入和退出比较困难”等特征，据此研判，我国房地产市场是寡头垄断市场。学界的实证研究也支持了这一结论。李宏瑾（2005）利用勒纳指数对我国房地产市场垄断程度进行了考察。“无论是面板数据、各年截面数据、房地产市场的历史数据，以及各省市的勒

① 徐通：《住房保障与商品房市场协调发展研究——基于经济适用房建设的视角》，硕士学位论文，暨南大学，2012。

② 本部分在分析商品房市场供给侧存在的问题时主要以不断高涨的房价为研究视角，探讨我国商品房市场房价不断上涨背后的市场结构、土地供给以及住房信贷资源配置三方面原因。长期以来，我国住房市场调控政策主要针对住房买卖市场，而商业地产、工业地产以及住房租赁市场成了宏观调控的“漏网之鱼”。笔者认为，要有效调控我国房地产市场，必须对上述几个市场同时发力，做到多管齐下。由于篇幅原因，本部分主要以房价为视角，在后面章节中笔者将以房价租金比市场为视角对我国房地产市场宏观调控进行进一步的探讨。

纳指数测算都表明，我国房地产市场垄断程度相当高”。江小国（2015）基于2002～2012年全国面板数据和35个大中小城市的截面数据及时间序列数据，对中国房地产市场垄断程度进行静态、动态和比较分析，研究发现中国房地产市场垄断程度较高。胡晨光（2015）基于中国省（市）2005～2012年房地产业面板数据的实证研究发现，中国房地产市场具有超垄断特性。垄断性市场结构特征决定了我国房地产市场供给失灵的客观必然性，而供给失灵又是导致当前房地产市场系列问题的直接原因。当前，我国商品房市场供给失灵主要表现在三个方面：供给总量严重不足或严重过剩、供给结构失衡以及供给价格不断走高。

纵观我国房地产市场的发展与演变历程，不难发现，自实行市场化改革以来，我国商品房市场供给先后经历了总量不足、供需基本均衡、严重不足再到供给严重过剩几个阶段。市场化取向改革伊始，被释放的原计划经济体制下的巨大住房需求形成了强大的市场刚需，而当时我国的房地产业才刚刚起步，房地产企业数量有限，供给规模难以满足迅速膨胀的市场需求。其后，随着房地产市场不断发展，供给数量日益增加，基本能弥补市场需求缺口，供需基本实现均衡。然而，伴随着近年来日益加速的城市化，大量的农村人口涌入城市，商品房市场供需基本均衡状态被打破，供给总量出现了严重不足。为应对这一状况，在政府部门大力扶植和推动下，我国房地产业迎来井喷期，供给数量极度膨胀，加之价格远远超过普通市民的购买能力，商品房市场供给又开始出现严重过剩。事实上，除了改革初期由于市场规模小供给数量有限外，其余时期的房地产市场供给总量不足或者过剩固然有需求冲击的因素，但始作俑者为供给侧的追求垄断利润的房地产企业。它们垄断了住房供给，或囤积居奇、捂盘惜售哄抬房价，或误判市场需求，盲目扩大生产规模。商品房市场供给失灵的另一表现是结构失衡。房地产产品供给结构主要指住房产品类型结构。在超额利润的驱使下，房地产企业竞相开发高品质、高价格和大面积的楼盘，而对适合中低收入家庭的普通楼盘的开发缺乏动力，其结果是商品房市场出现了大量的结构性过剩。再者，商品房市场供给失灵还表现在供给价格偏高。据统计，随着房价不断上涨，房地产利润率明显上升，自2007年之后年均达到30%左右，超出工业整体水平约10个百分点。[①] 房地产企业追求垄断利润的主要手段为抬高供给价格。丁祖昱（2013）的实证研究结果表明，2005～2010年，从四线城市到一线城市，整体上房价收入比呈现出扩大的趋势。一线城市、二线城市房价收入比在6以上，城市居民购房压力较大。房价收入比接近或超过国际警戒线，居民住房可支付能力降低，致使商品房市场库存急剧增加。

（二）地方政府垄断土地供给是房地产价格居高不下的幕后推手

土地供给是住房建设的基础和前提，没有土地供给，就没有住房建设。1982年《宪法》第十条规定“城市市区的土地属于国家所有”；1986年颁布的《土地管理法》以及1998年和2004年修订通过的《土地管理法》进而规定“任何单位和个人进行建设，需要使用土地的，必须依法申请使用国有土地”。这一系列的法律法规表明，任何土地进入一级市场的“合法”途径只有通过国家征收。城市土地自然属于国有，而农村的集体土地也必须被国家征收以后才能转为非农用地。地方政府自此成为集体土地唯一的“买家”，也是工业和商业用地唯一的供应者。[②] 也就是说，政府垄断了城市住房建设用地的供给。而政府垄断住房建设用地供给主要表现在垄断供给数量、供给价格和供给结构三方面。

首先，近年来愈演愈烈的“土地财政”现象不断强化着地方政府对土地供给的垄断行为。现行土地制度赋予了地方政府对土地供给的垄断权利，从而赋予了地方政府通过出让土地获取可支配财力的权利。1998年，我国土地出让金收入占地方财政收入比重为9.07%，而仅过12年后的2010年我国土地出让金收入占地方财政收入比重已高达74.14%。土地出让金已经成为地方政府不可或缺的财政收入来源。数据显示，2000～2010年，我国79个大中城市商品住宅价格累计上涨了86%，同期我国70个大中城市住宅用地价格累计上涨了174%，并主要集中于2005年以来“招拍挂”严格实施以后。进一步的数据显示，2010年全国30个大中城市土地

---

① 王卫国：《我国房地产近五年年均利润率高达百分之三十》，《南方都市报》2012年10月23日。

② 左翔：《土地一级市场垄断与地方公共品供给》，《经济学》（季刊）2013年第1期。

价格占住宅价格的平均比例高达42.4%。[1] 可见，地价上涨是房价上涨的重要致因。而在地方政府垄断城市建设用地一级市场、并将土地出让收入作为其主要财政收入来源的背景下，加之我国建设用地资源本来就十分有限，其后果必将是地价节节攀升、“地王”频出。节节攀升居高不下的地价也就推高了住房价格。

其次，当前我国的土地供给结构也助推着住房价格上涨。供给土地分类对应着房地产产品结构，如别墅、公寓、普通住宅。供给土地对应的房地产产品结构不仅对不同类别的房地产供需平衡产生影响，而且对房地产价格也产生较大的影响。土地供给结构决定了房地产市场各种比例商品房的构成。如果由市场自发调节，由于高档房屋的利润高，而普通商品房和中低价商品房的利润率低，开发商根据市场信号选择房屋开发种类，会提高高档商品房的比例以获取更多收益，这样就削减了普通商品房和中低价商品房的比重。[2] 我国绝大多数房地产开发商偏好于高档商品房的开发建设，其结果是普通商品房和中低价商品房数量有限，导致其市场价格上涨。

最后，土地供给价格也会影响住房市场价格。一般经济学理论认为，是房价决定地价，而不是地价决定房价。梁云芳和高铁梅（2006）通过构建模型分析了我国商品住宅价格波动的成因，发现土地交易价格的变动对住宅价格的变动有较大的正向的影响。在任何条件下，地价与房地产价格之间均为线性正相关关系。[3] 我国房地产价格不断上升的重要原因之一即土地成本上涨较快。相关研究表明，住房用地价格对住房价格有很强的推动作用，用地价格上涨1%，会导致住房价格上涨0.397%。[4]

（三）住房开发信贷规模膨胀和信贷资源错配助推商品房市场价格高位运行

我国房地产业属于典型的资金密集型产业。“从2005年到2011年我国

---

① 高培勇主编《新型城市化背景下的住房保障》，中国财政经济出版社，2012。

② 单志鹏：《在宏观调控中土地政策对房地产市场的影响效果研究》，博士学位论文，吉林大学，2013。

③ 刘琳：《房地产市场互动机理与政策分析》，中国经济出版社，2004。

④ 邓宏乾、贾博麟：《地价、信贷与房价的关联性研究》，《武汉大学学报》（哲学社会科学版）2012年第9期。

房地产开发投资占全社会固定资产投资比重来看，均保持在18%左右；占国内生产总值的比重也不断提高，2007~2011年连续五年增幅均在10%以上”。[①] 而且，我国房地产企业绝大部分开发资金来源于银行贷款，融资结构具有明显的银行贷款依赖型特点，资产负债率平均维持在75%左右。住房开发信贷规模膨胀对房地产市场价格具有明显的正向推动作用。“住房开发贷款对房价影响的不确定性在中国体现为正向推动作用。住房开发贷款同比上涨幅度提高1%，带动城市未来房价偏离程度提高达到0.7%~1.5%”。“贷款占开发商资金来源的比重越高，开发商所追求的利润率越高”。[②] 其原因在于，开发商将贷款利息视为成本支出，因此，它们将提高价格获取较高利润以弥补这部分成本。

在社会生产和消费的相互作用下，银行信贷作用于资金的分配，进而作用于生产要素的配置，最终决定产业结构的变动。近年来住房信贷资源配置结构也助推了我国商品房市场价格。在卖方市场条件下，有银行对开发商进行直接信贷支持，解决开发资金，而开发商又偏好于户型较大、毛利率较高、建造成本相对较低的住房开发。在“羊群效应”影响下，其他开发企业也竞相选择中高档、豪宅、别墅等项目。为获取高额回报，银行受利益驱动，也愿意为这些项目提供信贷，进而开发商最终能以合意的价格销售住房回收资金。[③] 众所周知，近年来我国收入分配呈现出明显的金字塔形格局，少数人群体却拥有着更多的社会财富。银行将更多的住房信贷资源配置到中高档、豪宅和别墅项目建设上来，这些类型的住房价格居高不下，而与占人口大多数的社会中低收入群体购买力相匹配的中低档住房开发数量不足，而且数量有限的中低档住房在市场竞争作用下价格也不断上涨。因此，在住房开发信贷规模日益膨胀和信贷资源错配双因素叠加影响下，我国商品房市场价格不断上涨也就在所难免。

---

① 苟兴朝：《“倒逼”：“刘易斯拐点”来临背景下我国房地产业发展方式的转变》，《乐山师范学院学报》2012年第2期。

② 张宇：《中国住房信贷政策对城市住房价格的影响》，《清华大学学报》（自然科学版）2010年第3期。

③ 谭术魁：《住房信贷对住房市场运行的影响与政策取向》，《学习与实践》2007年第5期。

三　保障性住房市场供给侧存在的问题分析

通过近20年的艰苦努力，我国已初步建立起了以经济适用房和廉租房为主、以公共租赁和限价房为补充的城镇住房保障体系。城镇住房保障体系的初步建立，在解决我国城镇中低收入阶层居住问题、维护社会和谐稳定、促进经济社会可持续发展方面都发挥了极其重要的作用。尽管如此，从整体上看，当前我国住房保障覆盖率较低、保障水平不高，住房保障领域问题错综复杂、矛盾重重，离“住有所居”目标相差甚远。存在的问题主要包括以下几个方面。

（一）供给机制不协调，各类型保障房产品比例失调，总量短缺和结构性过剩并存

按照保障房制度设计，最低收入阶层租住廉租房，低收入和中低收入阶层租住或者购买经济适用房、廉租房、限价房。保障性住房保障对象的确定主要是以“收入标准”来划分的，然而，由于我国诚信体系和居民收入申报制度的缺失，收入水平划分标准本身的可信程度不高，加之各类住房保障制度之间缺乏整体性，以致保障房的供给机制相互独立，相互割裂。其后果有三点。一是“夹心层”的住房问题被忽视，比如超过了廉租房申请标准而又不具有经济适用房购买资格的群体成了住房保障制度的“盲区”。二是相互独立的供给机制在不同收入阶层之间造成了新的社会不公平。廉租房退出管理中带有较明显的强制性，而经济适用房退出机制却更多地具有“自愿”色彩。廉租房的强制退出与经济适用房的自愿退出形成鲜明对比，造成了较高收入群体比最低收入群体享受了更多住房福利，形成了新的社会不公平。三是各种保障房产品之间缺少衔接机制，致使保障房持有者缺少退出激励，也就不能使各种保障房产品得到循环利用。这一状况将带来保障房管理成本上升，以及由于不能在保障房产品之间形成良性的梯度消费机制，造成社会保障资源低效利用和社会福利固化等结果。

在未来新型城镇化进程中，城镇住房需求结构也将发生巨大变化。从需求方式上看，住房租赁需求比重将明显上升。由于进城务工人员是城镇

住房需求的主力军，其工作流动性大，支付能力较低，租赁住房更能满足大部分农民工的需求，因此，城镇住房需求中租房的比例将显著上升。在四类主要保障房产品中，廉租房和公租房主要采取租赁使用模式，而经济适用房和限价房主要采用购买方式。这种保障性住房供给结构本应能够满足不同保障对象的不同住房需求，然而，在实践中，由于“重售轻租”不少地方却出现了各类保障房产品比例失调现象，对廉租房和公共租赁房的重视程度不够，而热衷于经济适用房和限价房的供给。导致这一状况的主要原因如下。一是居民长期以来形成的特有的住房消费偏好。与“有房住”相比，绝大多数居民更倾向于“有住房”。二是地方政府偏好于供给出售型保障房。由于租赁型住房的土地供给实行行政划拨，而且收回租赁房建设成本的周期较长，自然的地方政府对这一类型保障房态度消极；相反，虽然经济适用房也实行“零地价”，但在政府看来，其供给是“一次性的”，建成并出售给保障对象后，不仅可收回部分建设成本且后续管理成本较低，因此比起租赁型保障房，政府更愿意供给出售型保障房。至于限价房，由于实行“竞地价”迎合了地方政府的“土地财政”，地方政府就对限价房的供给表现得很热情。

再者，当前我国保障性住房建设存在总量短缺和结构性过剩并存的问题。中国社会科学院财经战略研究院的研究结果表明，按照 40 平方米/人的改善目标估算，到 2030 年我国城镇住房供求缺口将达到 15.1 亿平方米（见表 2－1）。一方面，根据当前我国居民收入分配结构可知，中低收入群体在我国人口总数中仍占有较大比重。那么，我们可以推断，我国当前和未来一段时间内包括保障性住房在内的住房总量仍处于短缺状态，未来住房市场需求主要来源于中低收入阶层中的住房困难群体。另一方面，近年来许多城市频频出现了保障性住房入住率低、申请遇冷的反常现象。2012 年河南郑州市推出 4002 套经济适用房，当天仅有 60 余位购房者登记选房，并连续几日遇冷，主管部门不得不将选房截止日期由 5 月 6 日延长至 5 月 9 日。然而，截至 5 月 9 日，4002 套房源中还有 866 套剩余。[①] 陕西省住房和城乡建设厅的数据显示，在全省 2014 年竣工的 91 万套保障房中，入住

① 刑华：《保障房多地遭冷遇 制度设计亟待完善》，《中华工商时报》2012 年 5 月 11 日。

率为88%，这意味着还有总数超过10万套保障房没有入住。[①] 相关专家认为，保障性住房申请“遇冷”本质上是由于已建保障性住房并不适合住房困难群体的住房需求，户型或配套设施不能令人满意。

表2-1　2011~2030年我国城镇住房供求缺口测算（按改善目标）

单位：亿平方米

年　份	2017	2018	2019	2020	2021	2022	2023
住房总量缺口	-9.1	-10.4	-11.7	-13	-13.5	-13.9	-14.2
年　份	2024	2025	2026	2027	2028	2029	2030
住房总量缺口	-14.5	-14.8	-14.9	-15.1	-15.2	-15.2	-15.1

资料来源：高培勇主编《新型城市化背景下的住房保障》，中国财政经济出版社，2012，第21页。

（二）城乡供给严重失衡，重城轻乡现象明显，城乡住房保障制度相互割裂

由于长时间以来我国实行的城乡二元经济社会体制，城乡住房保障制度呈现出城镇住房保障制度“一枝独秀”的局面，在城镇住房保障制度得以相当程度发展的同时，农村住房保障制度仍处在低级发展阶段。从保障性住房供给城乡结构角度来讲，当前我国城乡住房保障制度发展严重失衡，农村住房保障水平远远落后于城镇，重城轻乡的现象极为明显。

城乡住房保障制度严重失衡具体表现在以下几个方面。首先，住房保障模式不同。城镇建立起了覆盖全体常住居民的分层次保障体系。根据不同收入水平家庭的住房支付能力，进行分层次保障。与此相应，农村至今尚未建立起相应的住房保障体系，仍停留在宅基地保障的低级阶段。保障模式单一，社会水平低，家庭保障一直处于主导地位。其次，保障水平差异明显。城镇住房保障投入约为农村住房保障的几十倍甚至上百倍。从住房的环境与质量来看，农民的居住情况与城市相比也存在着巨大差距。[②]

① 《多地保障房“遇冷”多地出现空置现象》，2015年9月28日，http://house.qq.com/a/20150928/011717.htm。

② 童伟：《城市化进程中城乡住房保障服务均等化研究——以北京市为例》，《中央财经大学学报》2012年第12期。

最后，从筹资渠道上看，城乡建设保障性住房资金筹集渠道迥异，国家财政补贴不均衡现象较为突出。城镇住房保障制度主要资金来源为财政预算安排的专项建设资金以及国有土地使用权出让金净收益等，而农村住房保障制度资金主要依靠农民自筹，中央及地方财政补助资金较少。[①]

城镇住房保障体系严格限定只有城镇居民（有当地城市户口）才能享受和适用相关的保障性住房的规定。农村进城务工人员要首先申请解决户口问题，才能再申请解决保障性住房问题。[②] 农村住宅制度要求按照以户为单位向村集体申请宅基地，个人利用宅基地进行住房建设。有条件申请宅基地的必须是本村集体的村民，各地根据实际情况规定每户可以申请宅基地的标准。[③] 农村由于实行以宅基地为基础的土地保障，被普遍认为已经具备基本生活资料，一直没有被纳入住房保障范围。[④] 政府长期忽略了农村住房保障制度的建设与管理，农民没有享受到福利分房和针对住房困难家庭的住房保障制度。由此看出，当前我国城乡住房保障制度之间相互割裂，缺乏应有的整体性。

城乡住房保障制度发展严重失衡及相互割裂带来了一系列负面影响。第一，严重阻碍了社会公平的实现。住房保障制度是社会保障制度的重要组成部分，而社会保障制度主要功能之一即实现社会公平。住房保障制度发展城乡失衡及相互割裂必然进一步拉大城乡居民的收入差距。第二，不利于城乡统筹发展。在当前全面建设小康社会背景下，农业农村是最大短板，而农村住房问题又是短板中的短板。显然，住房保障制度发展城乡失衡不利于统筹城乡发展，不利于共同富裕目标的实现。再者，重城轻乡的住房保障制度最终也不利于缓解城镇住房问题。城镇住房问题和农村住房问题是一个国家或地区内部同一个问题的两个不同侧面，二者之间互为因果关系。从整体上看，城镇住房问题和农村住房问题之

---

① 金晓菲：《中国城乡住房保障制度差异及解决路径研究》，硕士学位论文，山东财经大学，2013。

② 近年来，随着我国户口及其相关制度的改革，这一状况正逐步得以改变。

③ 吕萍：《城乡统筹发展中统一住房保障体系的建设》，《城市发展研究》2010 年第 1 期。

④ 洪运：《构建城乡统筹农村住房保障制度的基本思路——以成都市为例》，《中国房地产》2010 年第 8 期。

间仅存在着地域不同，其本质上都是居民因支付能力不足不能自住其力，需要政府和社会施以援手。农村住房问题有效解决有利于缓解城镇住房问题。

（三）住房保障供给区域结构严重失衡，与我国人口流动趋势和住房保障需求区域特点背离

通常说来，住房保障供给水平受经济发展水平影响，经济发展水平越高，住房保障水平也就越高。由于历史和地理区位等因素的影响，我国东部地区经济发展水平明显高于中西部地区，因此，按理说，东部地区住房保障水平也应比中西部地区高。然而，事实表明，我国公共保障性住房供给区域结构失衡，中西部地区住房保障覆盖水平较高，而东部地区住房保障覆盖率较低。

我国住房保障供给区域结构严重失衡有较为复杂的成因，主要有经济社会发展水平差异、中央财政转移支付制度以及人口流动趋势等。中央财政转移支付对中西部地区倾斜是住房保障供给区域结构失衡的主要致因。《中央廉租住房保障专项补助资金实施办法》要求得到专项补助资金的困难地区要将资金配套用于当地廉租房制度建设，因此，中西部地区有更大的经济激励去发展住房保障制度。而对于东部地区而言，虽然自身财政实力较强，但由于保障性住房建设耗资大、建设周期长、成本回收慢，在现行政绩考核标准下保障房建设无助于显示政绩，而且，由于劳动力的流动性较强，住房保障的社会收益并不能被地方政府独享（例如农村移民在某城市获得技能提升后可能迁移到其他城市），这样地方政府的投入和产出就无法实现匹配[①]，东部地区政府就没有相当的经济和政治激励去建设保障性住房。另外，我国东中西部人口比重差异以及人口由中西部向东部地区流动的趋势，也造成了住房保障较大的区域差异。将近40%的人口居住在东部地区，给地方政府住房保障工作带来巨大的压力。加之中西部地区人口不断流向东部地区，导致东部地区人口密度不断提高。在有限财力条

① 郑思齐、符育明、任荣荣：《住房保障的财政成本承担：中央政府还是地方政府?》，《公共行政评论》2009年第6期。

件下东部地区城市住房供给跟不上巨大的需求，东部地区地方政府提供的住房保障覆盖面就十分有限。相应地，中西部地区人口比重本来就比较低，每年都有大量人口流向东部地区，因此，该地的住房保障需求较小，住房保障供给相对水平得以大幅度提高。再者，自2007年起，中央政府开始以转移支付方式向地方政府提供住房保障资金。但是，转移支付的补助资金重点仅面向中西部财政困难地区，而且，在未考虑人口流动因素的情况下，补助资金投入与人口流动趋势之间存在一定的背离。在这几个因素叠加影响下，我国东中西部地区住房保障水平呈现出明显的差异，东部地区住房保障水平明显低于中西部地区。

与住房保障供给城乡结构失衡的影响相似，住房保障供给区域结构失衡也不利于有效配置我国住房保障资源，不利于全面推进小康社会建设进程，不利于住房公平社会目标的实现。当前，我国的住房保障资源极为有限，住房保障供给区域结构失衡造成了东部沿海地区居民居住状况较差，而中西部地区却存在住房保障资源被浪费的现象。中西部地区部分居民居住面积远远超过全国平均水平，而东部沿海地区居民却在为有一块立锥之地犯愁，这种状况有碍于全面推进小康社会建设进程，妨碍了住房公平目标的实现。

（四）供给主体过于单一，政府占据着主体而非主导地位，其他市场主体不能或不愿意参与供给

从供给主体来看，经济适用房和廉租房供给主体均为政府，资金筹集和具体建设均由政府全权负责。公共租赁房的资金来源主要以政府财政投入为主，运用市场机制吸引社会资金的投入，形成了政府、市场和个人共同参与的资金供给模式。限价房带有住房保障性质，但本质上是商品房，由房地产开发企业生产和经营，并在住宅市场上销售。由此可看出，在当前，政府是经济适用房和廉租房唯一的供给主体，公共租赁房供给主体为政府和市场，限价房的供给主体为市场。从四种类型的保障性住房来看，限价房由于更具商品属性，其供给主体为市场，其余三种类型要么以政府为唯一的供给主体，要么以政府为主导。而且，事实上，即便是对于有市场和个人参与的公共租赁房而言，由于投资规模大、收益水平低、只租不售且资金回报周期

长，政府相关制度不完善，吸引投融资较为困难，鲜有市场或者个人愿意参与供给。也就是说，当前我国保障性住房供给主体过于单一，政府主要占据着主体而并非主导地位，其他主体不能或者不愿意参与供给。

供给主体单一的直接后果就是保障性住房建设资金来源单一，仅靠“政府从事保障性住房建设、运营与管理，会因财政压力和经营效率低下等而具有不可持续性”。[①] 从公共产品供给主体选择的公平和效率两大标准来看，当前以政府为主体的保障性住房供给模式既缺乏公平又缺少效率。从公平方面看，政府有限的财政资金投入难以满足庞大的保障性住房需求，致使住房保障制度覆盖率偏低，尚有大量的中低收入家庭仍未享受到政策性住房；从效率方面看，政府为主体的供给模式效率低下，具体表现在供给总量不足且供给结构性过剩、分配中的寻租腐败和高昂的交易费用。

（五）建设用地来源遭遇瓶颈，制约了住房保障制度的顺利推进

当前，可供包括保障性住房在内的我国城市建设使用的土地来源主要有两个。一是通过城市房屋拆迁等形式形成的存量建设用地。按照相关法律规定，存量土地可直接用于城市建设。二是通过征收农村土地形成的增量建设用地供应。根据国土资源部数据，尽管我国当前土地储备总量较大，但住宅建设用地的供应仍然面临着较大瓶颈。首先，新增建设用地来源有限。我国土地总面积居于世界第 3 位，但人均土地面积仅为 0.777 公顷，是世界人均土地资源量的 1/3，而且可利用土地面积正以前所未有的速度减少。其次，存量建设用地供给（即挖潜式供给）的“潜力”也十分有限。存量土地必须首先经过整理和储备方能转化成城市建设用地，而土地整理过程本身又充斥着制度风险、财务资金风险和社会风险等大量风险。

土地供给是住房供给的源头，是影响住房供给的最基础、最根本的一环。无论是廉租房、经济适用房，还是公共租赁房的建设都需要一定的土地作为最基本的前提条件。有限的新增建设用地和存量建设用地必将制约着我国住房保障制度的进一步发展。

---

① 胡金星：《社会资本参与公共租赁房建设、运营与管理：荷兰模式与启示》，《城市发展研究》2013 年第 4 期。

（六）“砖头补贴”与“人头补贴”的供给模式之争尚无定论，缺少针对性的供给模式效率低下，严重影响到了住房保障制度的有效实施

住房保障供给模式适当与否，既影响着保障对象的居住满意度，又决定着住房保障政策效率高低。选择适当的保障模式不仅能更大限度地提高居住弱势群体的居住效用，又能充分利用经济社会资源、提高住房保障政策效率。当前学术界对于保障性住房供给模式选择问题可谓见仁见智，但都有其合理性，关键是分析问题的角度。保障性住房供给模式的选择受到政府财政实力高低、城市建设用地丰缺、住房存量多寡以及城市发展阶段不同等诸多外部约束条件的影响。

作为一项社会公共政策，住房保障政策效率高低又受制于政策环境的约束。也就是说，在不同外部约束条件下，住房保障政策尤其是住房保障供给模式选择也应有所不同。因此，在不同外部约束条件下，应因时而变、因地制宜地选择住房保障供给模式。

第二节　基于房价租金比视角的我国房地产市场供给侧存在的问题[①]

长期以来，无论是普通民众还是官方，在房地产市场和房地产市场宏观调控方面存在两大认识误区：首先，房地产市场就是住房市场，房地产市场调控就是对住房市场调控；其次，房地产市场调控就是调节商品房需求和供给数量。受此观念影响，一方面，居民住房市场成了房地产业宏观调控唯一对象，而且还被进一步地限制在出售市场上，而商业房地产市场和工业房地产市场成为宏观调控的“盲区”。另一方面，房地产市场数量问题被重点“照顾”，结构问题却被忽略。实际上，除了住房市场外，房地产市场还包括商业房地产市场和工业房地产市场两部分，它们又可细分

① 本部分及本章第三节“基于房价租金比视角的我国房地产市场宏观调控”以《我国房地产业宏观调控对策分析——基于房价租金比视角》为题发表在2013年第3期《长白学刊上》，略有改动。

为租赁市场和出售市场。住房市场、商业房地产市场和工业房地产市场三类市场数量问题比较突出，但结构问题也不容忽视，而且，有时结构问题就是数量问题的致因，结构问题的破解有助于数量问题的解决。

房价租金比是衡量租赁市场和出售市场关系协调程度的重要指标。房价租金比是指在相同时期内同一类住房的租赁价格与出售价格之间的比例关系。它是国际上用以判断房产是否具有投资价值和存在泡沫的普遍标准，被业内称为衡量楼市健康与否的晴雨表。实际上，除了能反映居民在商品房市场上的投资结构外，房价租金比还可用来判断商品房市场消费结构合理与否。一般而言，房价租金比 1∶200 到 1∶250 之间意味着区域房产运行良好，而 1∶300 则是警戒线。近年来我国不少大中城市商品房出售价格上涨的同时，租金却涨幅甚微，甚至略有下降，2012 年北京、上海、深圳、杭州等地住房房价租金比均超过了 1∶300 的警戒线。

房地产市场是一个有机整体，不仅包括住房市场，还包括商业房地产和工业房地产市场，每类市场又可细分为租赁和出售市场。因此，我们对房地产市场进行宏观调控时，就应将住房市场、商业房地产市场和工业房地产市场及每类市场的租赁市场和出售市场均纳入调控范围。

近年来，随着国内不少大中城市房价上涨幅度很大，而租金上涨幅度远远小于房价上涨现象的发生，房价与租金的相互关系已引起了学界越来越多的关注。田传浩（2003）研究指出，由于租赁市场需求的真实性，市场均衡状态下的租金往往真实地反映了住房市场整体的供求关系，但房价可能发生背离市场基础价格的泡沫，这使得房价租金比可以成为衡量房地产市场泡沫的指标之一。谢岳来（2004）从购房行为的潜在投资性出发探讨了房价租金比的合理范围，分析了泡沫和经济非理性影响房价租金比的内在机制，并对京、沪、穗、杭四城市的房价租金比现状进行了实证研究，但没有得出房价与租金的相关结论。杜红艳和马永开（2009）利用 1998 年第一季度到 2006 年第三季度的全国房屋销售价格指数和房屋租赁价格指数的时间序列数据，运用单位根检验、协整关系检验和格兰杰英国关系检验等方法，对我国房价与租金之间的关系进行实证分析，研究结果表明，在全国范围内，房价和租金短期内相互独立，而房价是租金变动的长期原因。国外学者也较早地注意到了房价与租金的相互关系问题。Clayton（1996）首先提出租金与房价的关系类似于股票市场股利与股价的关系，他们运用现值模型对两者的关系进行研究，认为房价是未来租金收益的现值之和。以 Joshua Gallin（2004）为代表的学者以时间序列为基础，应用标准误差修正模型和长期水平回归模型检验租金房价比这一指标对于预测房地产市场未来租金和房价变化的能力。研究结论为，租金房价比对预测未来四年内房价的走势能力较强，而无法预测同等时间内未来租金的波动趋势。

可看出，已有成果主要从两个方面展开研究。首先，从投资行为风险性角度考察不合理的房价租金比带来的房地产市场泡沫，其基本逻辑为，房价租金比相当于股票市场中的市盈率，其倒数（即租金房价比）相当于房地产的投资收益率。如果房价偏离租金回报率过远，意味着房地产价值被高估，市场风险加大。其次，对租金和房价二者关系本身进行实证分析。因此，从整体上看，现有成果主要有两方面不足：一是鲜有学者从房价租金比角度出发考察房地产业宏观调控问题；二是偏重于对投资行为的分析而忽略对消费习惯的探讨。其结果是，不能提出针对性较强的有效的房地产业宏观调控措施。因此，本节将在前人的研究成果基础上，以房价租金比为视角，探讨我国当前房地产业宏观调控的有效对策。

一 商品房市场租售价格传导机制及房价租金比分析

（一）商品房市场租售价格传导机制分析

商品房市场由租赁市场和出售市场组成，两类市场之间联系紧密。出售价格是商品房一次性出售的单价，租赁价格则是商品房的“零售”单价，两者都是同一商品价值的货币表现。出售价格变化将引起租赁价格的相应变化，反之亦是。我们可将商品房租赁市场和出售市场以纵轴为中心进行水平翻转，在同一平面上显示两个市场的关系（见图 2－1）。

由图 2－1 可看出，E_1 和 E_2 分别是出售市场和租赁市场的均衡点，P 和 R 是相应的均衡价格。假如在出售市场上商品房出售价格由 P 上升至 P′，租赁市场价格不变，那么，出售市场有效需求将减少，减少的这部分有效需求将转移到租赁市场。租赁市场由于受到新增需求的冲击，需求曲线 D_2 将向左上方移动，使租赁价格由 R 上升至 R′。商品房市场的有效需求在两

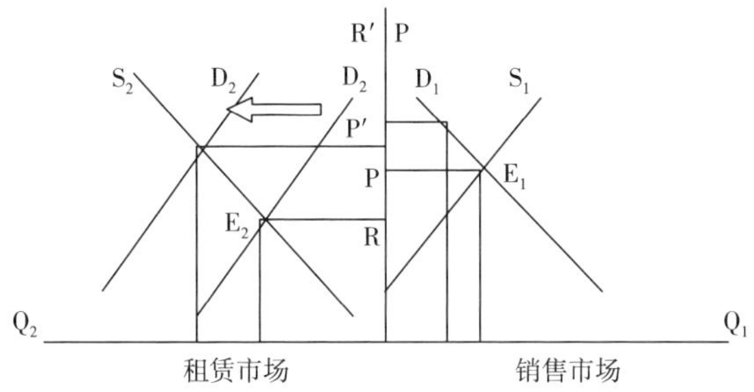

图 2-1　商品房租赁市场与销售市场价格传导机制

个市场的流动转移，将抑制出售市场价格的不断上涨，促使租赁市场价格上升，这种变化将一直持续到两种价格比例关系恢复到合理水平。显然，市场运行结果是，租赁价格随出售价格上涨而上涨，只有二者比例合理时，租售市场才能得以平衡。①

（二）我国房价租金比分析

近年来，由于供需失衡引致销售价格相对租金水平的过快上涨，住宅和商业物业租价比总体呈下降趋势。租售价格变化未能保持相应速度，在一定程度上反映了租售市场失衡，不利于房地产市场持续健康发展。表 2-2、表 2-3 和表 2-4 分别是 2005～2009 年我国部分城市居住物业租价比、商业物业租价比和工业厂房租价比变化情况。

表 2-2　2005～2009 年样本城市居住物业租价比

城市＼年份	2005	2006	2007	2008	2009
北京	1∶187	1∶196	1∶248	1∶261	1∶314
深圳	1∶189	1∶199	1∶276	1∶287	1∶331
上海	1∶176	1∶173	1∶218	1∶254	1∶319
杭州	1∶209	1∶201	1∶227	1∶215	1∶312
天津	1∶204	1∶202	1∶235	1∶262	1∶302
青岛	1∶195	1∶190	1∶226	1∶291	1∶356

资料来源：中国城市地价网，2010 年 4 月 1 日。原数据为年租价比，笔者根据需要已换算成月租价比。

① 高小慧：《中国住房价格机制研究》，中国物价出版社，2003。

表 2-3　2005~2009 年样本城市商业物业租价比

城市＼年份	2005	2006	2007	2008	2009
北京	1:137	1:133	1:132	1:134	1:143
深圳	1:134	1:131	1:131	1:189	1:234
上海	1:135	1:130	1:129	1:158	1:171
杭州	1:151	1:161	1:156	1:184	1:191
天津	1:162	1:154	1:162	1:149	1:152
青岛	1:141	1:137	1:145	1:195	1:209

资料来源：中国城市地价网，2010 年 4 月 1 日。原数据为年租价比，笔者根据需要已换算成月租价比。

表 2-4　2005~2009 年样本城市工业厂房租价比

城市＼年份	2005	2006	2007	2008	2009
北京	1:240	1:226	1:219	1:185	1:180
深圳	—	—	—	1:223	1:176
上海	1:236	1:216	1:179	1:169	1:152
杭州	—	—	—	1:160	1:159
天津	1:246	1:230	1:211	1:209	1:190

资料来源：中国城市地价网，2010 年 4 月 1 日。原数据为年租价比，笔者根据需要已换算成月租价比。

由表 2-2 可看出，2005~2008 年，虽然北京、深圳等六个城市居住物业租价比均高于 1:300，但基本处于一直下降的趋势，而且降幅明显，2009 年各样本城市租价比均突破 1:300 的警戒线。这一情况表明，居住物业租金上涨跟不上售价上涨速度。由表 2-3 和图 2-2 可看出，2005~2009 年各样本城市商业物业租价比均呈下降趋势，但降幅并不明显，表明商业物业租金和售价上涨幅度差不多。2007 年以前，我国住宅销售价格指数涨幅迅速超过非住宅销售价格指数的涨幅，但自 2009 年房地产市场“V”形反转以后，商业用房不仅在涨幅上落后于住宅价格，实际销售价格也已绝对低于住宅，房价结构也出现了商住倒挂现象。由表 2-4 可看出，工业厂房租价比呈上升态势，整体偏高，普遍高于住宅，甚至高于商业物业租价比，该现象打破了不动产投资的基本规律，存在明显不合理成分。这一情况表明，工业用地出让价格有进一步提高的空间，工业用地的真实价值有待逐步得到体现。从图2－2可看出，整体上看，居住物业地价涨幅明显高于商业和工业物业地价，除2006～2008年外，工业物业地价增长率均低于商业和居住物业。这也可部分地解释工业物业租价比一直高于商业和居住物业租价比的原因。

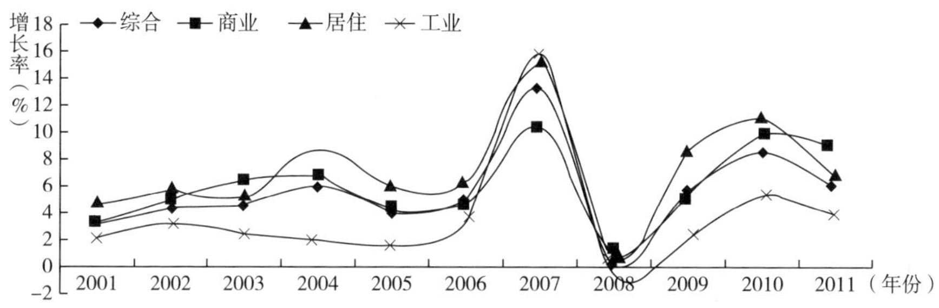

图2－2　2001～2011年全国主要城市监测地价情况

资料来源：中华人民共和国国土资源部网站。

因此，从整体上看，当前我国房地产租价比均不合理。居住物业方面，租价比下降速度过快、幅度过大，逐渐逼近或超过国际警戒线。商业物业方面，租赁价格涨幅不明显，城市商业地段房租价格特别是建筑地段地租未能充分体现资源的稀缺性。按照一般规律，商业不动产价值中土地价值的比例应该更高，而我国目前的居住地价与商业地价的差距并不大，商业用地地价房价比高于居住用地地价房价比。这一反常现象说明，现阶段我国住宅市场化程度较商业物业市场化程度更高。工业物业方面，租价比呈不降反升趋势，特别是工业用地价格有明显的下降迹象。

二　我国不合理房价租金比的形成原因分析

（一）传统的置业文化产权意识根深蒂固

从住房消费方式来看，通常说来，居民住房消费有购买和租赁方式之分。两者主要区别在于，在购买商品房消费中，居民拥有完全产权，包括独自占有、使用、支配、处置并收益等一系列完整权利；而商品房租赁者只拥有部分产权，主要是使用权。

随着住房体制改革的不断深入，我国住房消费结构发生了根本性变化——住房消费由公有产权为主向私有产权为主转变的趋势明显。长期以来，我国城镇居民形成特有的“拥有住房”的消费偏好。与“有房住”相比，绝大多数居民更倾向于“有住房”。20 世纪 70 年代末，中国城市住房自有化率仅 10% 左右，有些城市甚至低于 4%，而截至 2009 年我国住房自有化率已高达 92%。绝大部分居民都认为住房就意味着财产，特别是在近年来房价一直在高位运行的情况下，包括中低收入群体在内的消费者拥有房产的欲望就更为强烈，住房刚性需求不断增加。而据统计，到 20 世纪末，美国住房私有率为 66%，英国为 68%，德国为 44%，日本为 62%，欧洲一些国家的住房私有率长期维持在 40% 左右。①

在传统置业文化完全产权意识影响下，不少城镇居民“理性”地选择了购房而不是租房。而在资源约束条件下，住房供给远远跟不上过快增长的住房购买需求。根据经济学原理，在其他因素不变的情况下，住房需求膨胀带来的后果就是住房出售价格飙升。相反地，由于租赁市场被大部分消费者冷落，需求增长缓慢，甚至停止或负增长，住房租金价格水平增长甚微甚至负增长。因此，租售两个市场此消彼长的结果使整个住房市场租售比不断上升。

（二）住房商品的投资性和投资渠道瓶颈溢出的投资需求助推房价高企

住房商品与其他普通商品不同，具有消费品和投资品的双重属性，而且价格巨大。住房既可用于居住，即用于生活消费，也可以用于投资租赁，以达到保值增值的目的。而且住房的投资性和消费性不易区分，在住房价格长期上涨的情况下，常被视为投资工具。

随着经济社会发展，我国城乡居民可支配收入不断增长，但由于包括医疗保险和养老保险在内的社会保障制度不完善，居民消费倾向低，而储蓄倾向较高。居民储蓄目的就是通过投资实现资金保值和增值。然而，一些投资项目缺乏规范与稳健机制，股市投资风险大，使老百姓对

① 朱高林：《中国城镇居民住房消费的误区分析》，《消费经济》2007 年第 8 期。

某些领域与项目投资缺乏信心，所以，一旦房价进入上涨区间，时机成熟，就会引起投机性短期资本大量涌入住房市场，近年来特别是在通货膨胀预期影响下，居民通过买房置业使其储蓄保值的愿望更为强烈。因此，我国居民投资渠道单一、投资品种稀少是引发一些城市炒房热潮的主要原因。[①]

正是由于住房商品具有投资性和当前居民投资渠道狭窄，不少居民将其剩余资金投入到房地产领域，想通过贱买贵卖方式获得资金增值收益。投资性特别是投机性需求的恶性膨胀，是房价偏离均衡价格水平的背后推手。而在住房租赁市场不活跃的情况下，租售比上升就成了必然。

（三）住房租赁市场发展滞后阻抑房租价格的上涨

我国房地产业发展起步较晚，住房总量还不足，加之居民住房需求的换代升级才刚刚开始，住房过滤效应尚未充分体现，使得我国住房一级市场一枝独秀、二级市场和三级市场发展滞后。住房三级市场是住房租赁市场。目前，我国住房租赁市场主要存在以下一些问题：隐形租赁市场、地下租赁活动盛行，缺少依法租赁观念，影响到房屋租赁市场的规范运作，难以有效保障消费者的合法权益；管理体制不顺，各管理主体之间严重缺乏协调和沟通，造成多头管理、政出多门的负面影响，管理主动性不足、效率低下，加剧了租赁市场秩序混乱；市场诚信问题严重，存在着房屋中介机构发布虚假广告、欺骗出租人和承租人现象，房东无端克扣租户押金，租客欠费损坏房屋设备等不诚信行为；市场服务水平低，服务人员素质参差不齐，整体素质不高，中介机构数量多但规模小、资信差，经营行为短期性明显，行业恶性竞争严重。

住房租赁市场滞后导致我国整个住房市场不协调和非均衡发展，繁荣的出售市场背后是萧条的租赁市场。出售与租赁两个市场非均衡发展的后果是，一方面，绝大多数居民涌入出售市场，强行推高市场需求，使住房价格大大偏离其价值，住房租售比偏离合理区间；另一方面，从长期看，住房过滤效应不明显最终成为住房一级市场可持续发展的掣肘。

---

① 杨继瑞：《“十二五”开局之年的我国房地产市场走向评估》，《改革》2011 年第 1 期。

（四）商业行业特点、国家政策影响及新兴业态的冲击使商业物业租售比难以降低

随着人们经济活动领域的扩大，商业活动也越来越频繁，从而产生了对商业活动场所——商业地产的巨大需求。在一个相对健康的房地产市场，商业地产价格应普遍高于住宅价格，然而，目前我国不少城市商住倒挂现象较为明显。

当前商业地产租价比较高的原因大致有四个。一是整体上我国商业发展较为落后，社会消费品零售规模并不大。同时，商业受国内外经济社会发展形势影响较大，商业地产投资商对未来收益预期不确定，因此，不少投资者更偏好于租赁房屋的短期投资，而不是购买商业物业的长期投资。二是商业房地产仅是商业的辅助性生产要素，即仅仅是人们从事商业活动的场所，而这种辅助性生产要素价格需以生产成本形式从商业利润中收回，而且这种生产要素本身升值空间不大且不稳定，因此商业投资者更倾向于租赁商业物业。三是由于近年来新兴商业业态——超级市场、购物中心和网络零售等迅猛发展，进一步降低了商业地产需求。超级市场、购物中心的出现提高了商业活动的集中度，减少了商业地产需求量；网络购物也因减少了商业地产方面的支出而备受商业投资者的青睐。四是商业地产的政策控制比普通商品房更为严格，投资普通商品房对房产投资者更具吸引力。目前，无论是就信贷政策还是税收政策而言，商业地产投资门槛都高于普通商品房，这在较大程度上阻抑了社会资本进入商业地产领域。在此四方面因素影响下，我国商业房地产出售价格上涨幅度小、速度慢，较之居住物业租售比明显偏高。

（五）工业化和招商引资目标下工业用地廉价化趋势明显

整体上看，当前我国正处于工业化中期或中后期。工业化的加速推进离不开城镇土地的支撑，工业化进程加快也提升了城市土地利用规模和强度。作为必要的生产要素，土地资源配置到工业中来本应遵循市场经济规律，即土地资源应按照市场供需状况来决定其价格。然而，我国的工业化是在政府强力干预下进行的，政府部门在工业用地审批中大开方便之门，不仅如此，还以低于市场水平的价格将土地资源配置到工业中。特别是，

近年来，无论是沿海城市产业升级改造，还是内地城市承接产业转移，不少地方政府都抛出土地价格优惠橄榄枝以招商引资，在地价上和土地出让金缴纳方式上都给予最大限度的优惠。因此，在工业化和招商引资目标的驱使下，地方政府以廉价土地换取本地工业发展的做法致使工业用地价格一直维持在较低水平上，其结果是工业物业租售比较高。

进一步的，由于工业用地价格将被计入产品成本，因此理性的生产厂商在利润最大化动机驱使下，力争以更低的地价建厂进行生产。厂商在建厂时通常有租用场地和从政府手中拿地新建两种选择，他们将权衡两种方式的成本高低。如果租用场地比新建厂房更有利，厂商将选择租用场地进行生产。这一点与居住物业和商用物业投资者略有不同，居住物业和商用物业投资者在进行投资时期望所投资项目不仅能保值还能增值，而由于工业物业往往地处城市非繁华地段，加之各类企业在厂房户型等设计上不尽相同，使其日后转让价值大幅度降低，因此工业物业基本不具备保值和增值功能，投资者更偏好于租赁厂房。由此，工业物业租售比将维持在较高水平。

第三节　基于宏观调控视角的我国房地产业供给侧改革[①]

根据前文分析结论可知，目前我国房地产市场乱象主要源于供给侧。市场垄断性质注定了房地产市场要出现供给价格偏高、供给结构不合理、结构性短缺与总量库存严重短缺并存等现象；政府垄断着土地供给数量、供给结构和供给价格，这是房地产市场价格居高不下的幕后推手；银行和房地产开发商受盈利动机的驱使，住房开发信贷规模日益扩张和信贷资源错配也是房地产市场价格不断飙升的始作俑者。既然如此，为了实现对房地产市场有效的宏观调控目标，应从供给侧入手，着力于改善市场结构、完善土地供给制度以及优化住房信贷资源配置。当然，无论是改善市场结

① 住房保障市场供给侧存在的问题之解决措施是本书后面各章节所要回应的问题，因此，此处仅分析商品房市场供给侧改革问题。

构、完善土地供给制度，还是优化住房信贷资源配置，这些政策的效应不尽相同。要优化调控效果，必须根据特定时期的宏观调控目标，考虑各项措施之间的抵消效应。本部分以宏观调控为视角分析普通商品房市场供给侧改革的措施，同时对这些措施的效应进行比较分析，进而探索如何搭配使用这些调控措施。

一　基于房价视角的我国房地产市场供给侧改革措施①

（一）适当降低房地产市场集中度，提升房地产行业自律水平

市场集中度是反映市场结构的基本因素，主要表现为市场垄断程度或竞争程度的高低，是市场势力的重要量化指标。某一市场集中度越高，少数企业所占市场份额就越大，市场势力越大，垄断程度也就越高。根据前文分析结论，我国房地产市场是典型的寡头垄断市场，其市场集中度过高，在某一个特定区域，少数几家房地产企业控制着当地住房市场供给，瓜分了该地的住房市场份额。既然市场集中度过高，容易导致市场垄断，那么，作为宏观市场调控者，政府当前应将主要精力集中于促进市场竞争和反垄断的措施上来。具体地讲，可以通过适当降低房地产市场准入门槛，让更多资金实力雄厚、具有房地产开发资质的优秀企业进入房地产市场供给住房；进一步完善《反垄断法》，促进房地产市场竞争，让更多的优质企业生产更多的住房，从而降低住房市场价格。

同时，提升房地产行业自律水平也势在必行。长期以来，中国房地产业缺少行业自律，一旦政府放松限制政策，个别企业就出现捂盘惜售、囤积居奇，或者直接涨价等违背市场规则和行业规则的不法行为，导致房地产企业集体调价，从而导致整个市场乱象频出。从发达国家和地区的经验来看，房地产行业协会的自律对于房地产行业的良性发展至关重要。加强房地产行业自律，可从以下三个方面着手。第一，进一步转变观念，明确房地产行业协会的发展方向。房地产行业协会应该充分发挥协调管理作用，通过规范内部活动，促进内部团结，并通过协商协调，创造一个有利

① 本书之后各章都是以保障性住房市场供给为分析对象的，因此，在本章仅讨论商品房市场宏观调控问题。

于行业协会发展的良好环境。第二，推进房地产行业协会的立法，规范行业协会的行为。为保障房地产行业协会依法开展活动，依法行使管理职能，规范房地产行业协会的组织与行为，就需要立法，通过立法来明确房地产行业协会的宗旨。在推进立法规范的同时，辅之以制定房地产职业道德准则，以约束协会成员的从业行为。第三，由行业组织颁发职业资格证书，提高从业者的专业素质。我国房地产行业起步较晚，大多数从业人员均未受过系统的专业教育和训练，缺乏必要的专业知识和技能。由行业组织颁发执业资格证书既能保证其权威性，又能保证其公正性。

（二）完善住房市场土地供给制度，降低住房建设的土地成本

2002年开始实行的土地出让“招拍挂”制度刺激了地方政府对土地财政的严重依赖。从各国和地区经验来看，土地出让不是土地供给的唯一方式，中国香港的批租制度、瑞典的土地银行制度、美国的私有与公有混合制度都具有分层次供给土地的特征（李珂、高晓巍，2009）。我国的土地供给方式也应该有多层次的选择，这样有利于土地价格与租赁价格的互补完善，同时可解决土地财政的死结。具体而言，首先，可将现行土地出让制改为年租制，不仅降低了土地收入，而且降低了土地开发成本。其次，改变目前住房用地出让方式，对普通住房用地采用“协议”方式出让，以降低普通住房用地价格，抑制居住用地出让价格的非理性上涨。[①] 同时，为了扭转地方政府日益严重的土地财政现象，大力发展地方债券市场，减少地方融资平台对土地的依赖，使地方债券的发行建立在未来财政收入而非土地收入的基础上。[②]

从土地供应结构上调整住宅的供应结构，是解决房地产市场结构失衡的有效途径之一。现阶段我国的住房需求主要以中小户型的普通住房和保障性住房为主，因此，应加大对普通住房特别是中小型普通住房以及保障性住房的建设用地供给，相应地，严格限制对高档住房、别墅类项目的建设用地供给。

---

① 邓宏乾：《地价、信贷与房价的关联性研究》，《武汉大学学报》（哲学社会科学版）2012年第9期。

② 况伟大：《土地出让方式、地价与房价》，《金融研究》2012年第8期。

（三）适度控制住房开发信贷规模，合理配置住房信贷资源

适度控制住房开发信贷规模，提高房地产企业自有资金比例，既是规避金融风险的需要，又是房地产市场宏观调控的需要。降低开发商的外部融资比例，在资本金一定的条件下会迫使开发商减少投资量，使住房存量不致过快增长（张伟，2009）。为了杜绝自有资金少、主要靠银行信贷获得开发资金的企业进入房地产开发市场，应该适度提高开发企业进入的自有资本金门槛，从而从源头上减少房地产开发企业的逐利压力，促使房地产市场利润由垄断利润水平逐渐回归到平均利润水平，使得部分中小房地产企业选择自动退出。推动房地产企业兼并重组，鼓励建立大的企业集团，逐渐淘汰贷款依赖型的中小房地产企业，扩大房地产企业规模，提高其自我积累和抵御风险的能力。适度控制住房开发信贷规模的间接手段是提高住房开发信贷利率水平。随着贷款利率的提高，开发商成本增加，在住房价格既定的条件下，开发商将减少投资。对于那些贷款依赖型房地产企业而言，其开发投资的贷款利率敏感性较大，从而迫使其选择退出房地产市场。

既然住房开发信贷资源错配也是当前房地产市场价格居高不下的主要原因之一，那么，政府相关部门应该采取措施进行宏观调控和引导更多的住房信贷资源配置到中低档住房开发中来，充分发挥住房开发信贷政策对住房供给结构的引导作用。具体而言，将住房建设项目按建设档次、面积、建设地段等指标划分为重点支持、优先支持、严格限制、禁止开发等类别，实现相应的信贷政策倾斜，如重点和优先支持普通商品房建设的资金需要，严格限制对高档住房项目的信贷投放，禁止对豪华住房项目提供信贷支持。在贷款定价上，实行扶优限劣。对保障性住房和普通商品房项目的开发贷款实行利率优惠政策，而对高档住房项目则实现上浮利率政策。[①]

尽管三种措施的最终目标都是宏观调控房地产市场，确保其可持续健康发展，但由于政策作用对象、政策手段、效果显现、直接目标等不尽相同，改善市场结构、完善土地供给与优化信贷配置三种措施的效应也就不

① 谭术魁：《住房信贷对住房市场运行的影响与政策取向》，《学习与实践》2007 年第 5 期。

尽相同（见表2-5）。改善市场结构的作用对象是整个房地产供给市场，其政策手段为降低房地产市场集中度和提高行业自律水平，其直接目标为优化市场环境、减少市场恶性竞争行为；完善土地供给作用对象是地产供给市场，其政策手段为优化土地供给模式和土地供给结构，其直接目标为降低住房建设的土地成本及优化住房供给结构；优化信贷资源配置作用对象是整个房地产供给市场，其政策手段是提高房地产开发企业自有资金比例和优化信贷资源配置结构，其直接目标是培育经济实力雄厚、诚实守信的优秀房地产开发企业以及优化住房供给结构。从效果显现快慢上看，由于建设和整顿市场、提高行业自律水平、营造健康的市场环境等措施并非一蹴而就，因此，改善市场结构需要几十年甚至更长的时间，其效果显现较慢；毕竟土地市场与房地产市场有别，而且促使政府摆脱"土地财政"依赖症从而优化土地供给模式不是短时间内就能完成的任务，因此，针对土地市场的改革措施还需假以时日才能对房地产市场产生影响，其效果显现较慢，但较之改善市场结构耗时较短；由于信贷规模控制和信贷资源配置措施直接作用于房地产企业，提高自有资本金比例和提高贷款利率都能对房地产企业的生产行为产生立竿见影的影响，因此，优化信贷资源配置的效果显现较快。

表2-5　改善市场结构、完善土地供给和优化信贷配置比较及政策效应

调控措施	政策作用对象	政策手段	直接目标	效果显现
改善市场结构	房产供给市场	降低房地产市场集中度、提高行业自律水平	优化市场环境、减少市场恶性竞争行为	慢
完善土地供给	土地供给市场	优化土地供给模式和土地供给结构	降低住房建设土地成本、优化住房供给结构	较慢
优化信贷配置	房产供给市场	提高房地产开发企业自有资金比例、优化信贷资源配置结构	培育经济实力雄厚、诚实守信的优秀房地产开发企业、优化住房供给结构	快

改善市场结构、完善土地供给和优化信贷配置三者之间还存在着抵消效应。例如，为了改善市场结构，需适当降低房地产市场准入门槛，适度引入竞争；而优化信贷资源配置又要求提高房地产开发企业的自有资金比例，实质上又提高了房地产市场的准入门槛。这两者之间就存在着一定的抵消作

用，但两者之间的抵消作用仅在短期内存在，二者统一于房地产市场宏观调控的长期目标之中。又如，优化信贷资源配置的路径之一为提高住房开发贷款利率，而提高住房开发贷款利率又将刺激市场利率上升，从而不利于政府为摆脱土地财政依赖而发展地方债券市场，最终不利于完善土地供给制度。因此，在对房地产市场进行宏观调控选择政策搭配时，应根据不同时期宏观调控目标选择其中之一作为主要措施，其余为辅助措施。

二 基于房价租金比视角的我国房地产市场供给侧改革措施

本章第二节已分析了当前我国房地产市场租售比现状：居住物业租售比具有明显的下降趋势；商业物业租价比处于下降阶段，但降幅不甚明显；工业物业租价比呈上升态势，整体偏高，普遍高于住宅，甚至高于商业物业租价比。然后，探讨了当前房地产不合理租售比形成原因。下面我们将在此基础上提出当前我国房地产市场宏观调控的对策。

（一）促成居民转变居住观念，积极推进住房租赁市场的发展

买房和租房都是住房消费的形式。市场经济发达国家住房租赁率一般在 1/3 以上，其中最有代表性的是美国。美国居民住房消费市场化程度较高，美国政府也一直鼓励居民自购住房，但租赁住房的比例一直在 1/3 以上。住房自有、租赁结构稳定合理促进了美国住房经济的繁荣。英国 2001 年租赁住房比例约为 30%，日本 1993 年为 38.5%，澳大利亚为 28%，法国 1999 年租赁住房比例高达 45%。[①] 可以看出，即使在市场经济较发达、收入水平较高的西方国家，也不是人人都拥有私人产权的住房。联合国提出的“人人享有适当的住房”，是保证每个家庭都有房住而不是都有住房。因此，政府应通过有效方式引导居民居住消费观念，提倡“居者有其屋”，而不是“居者买其屋”。

培育发展住房租赁市场是整个房地产业发展的重要组成部分，其发展体现了房地产市场多样性和协调性。为此，首先，要规范住房租赁市场秩序，防止私人房主和租客的违规违纪和违法行为，打击地下租赁和市场欺

① 刘美霞：《自有和租赁住房消费结构研究》，《城市开发》2004 年第 5 期。

诈行为，理顺管理体制，完善管理制度，提高市场中介服务水平。其次，适当提高公有房屋租金和适时管制私有房过高租金。以提高公有房屋租金为切入点促进住房租赁市场的发展。同时，针对私人房主哄抬租金损害承租人利益的行为，政府应对租金水平进行管制。最后，通过金融、税收支持，吸引社会闲置资金进入住房市场以租赁经营为目的的商品住宅建设，增加住房租赁市场的有效供给。同时，进一步调整出租普通住房的税收政策，培育发展住房租赁市场。

（二）坚持“房子是用来住的”的战略定位，严厉打击住房市场投机行为，积极拓展居民投资渠道

为打击投机炒房、抬高房价行为，继 2010 年 4 月 14 日国务院提出用差别化的信贷、税收和土地政策为房地产市场“退烧”的新“国四条”之后，4 月 17 日，国务院办公厅又发布了《国务院关于坚决遏制部分城市房价过快上涨的通知》，对新“国四条”做了进一步的细化、完善。5 月 31 日，国务院批准国家发改委《关于 2010 年深化经济体制改革重点工作意见的通知》明确提出“逐步推进房产税改革”。毋庸讳言，国务院针对房地产业进行宏观调控、打击投机炒房和哄抬房价行为的“组合拳”的积极作用正日益显现，国内一线乃至部分二线城市房价恶性上涨势头已被遏制。但当前房地产业宏观调控成效仅仅是阶段性效果，尚未取得最终胜利，因此，今后一段时间内政府要尽可能地保持调控政策的持续性和稳定性，以政策的基本稳定性和连续性促导房地产市场的稳健运行。

近年来，我国居民投资渠道比较少，不少资金流入楼市。因此，为了分流楼市资金，（1）应考虑普通居民的承受能力，开辟多种小额投资渠道，这样既能活跃市场，又能吸引资金，更能增加财税收入；（2）引导民间资本进入各种垄断行业，参与各种投资；（3）通过藏汇于民、用汇于民，允许私人资本“走出去”，进一步拓宽境内居民的境外证券投资，提供更多满足境内投资者需要的多元化产品。目前，符合条件的商业银行、保险公司、基金公司和证券公司均可开展 QDII 业务，QDII 主体应逐步多元化。

（三）适当提高商业地产价格，完善工业地产价格形成机制、提高其市场化水平

前文分析指出，当前商住倒挂现象成因之一为商业地产的政策控制比普通商品房的政策控制更严格，因此投资普通商品房对投资者更具吸引力。信贷政策方面，购买商业用房，申请按揭贷款最高只能50%，首付比例高达50%，而普通商品房首套房屋首付最低20%；还款年限商业用房最长不超过10年，而普通商房最长可达30年。税收政策方面，购置商业用房登记契税按3%～4%征收，而普通商品房契税按1%～2%征收。可以看出，商业地产投资门槛高于普通商品房，这在较大程度上阻抑了社会资本进入商业地产领域。商业地产市场的繁荣有利于提升产业结构、发展中心城市的服务业、提高城市服务功能。因此，当前对房地产业进行宏观调控可采取“堵疏结合”办法，在抑制商品房投资投机需求的同时，适度放松对于商业地产投资的政策控制，以引导其投向商业用房，缓解住宅价格上涨压力。具体而言，适当放宽购买商业用房贷款首付款比例、利率、贷款年限等方面的政策限制，降低投资难度，提高投资收益率。

长期以来，我国工业用地一直游离于市场之外，其出让价格往往被行政干预所扭曲。一些地方出于招商引资的目的，竞相压低地价甚至以零地价出让土地。其结果，不仅导致工业用地的低成本过度扩张，土地利用强度持续降低，隐形闲置和浪费严重，也破坏了公开公平、紧张有序的市场环境，造成国有土地资产大量流失，其危害十分严重。目前可从两方面着手改善这一现状。首先，坚决贯彻实施《全国统一工业用地出让最低价标准》，规范工业用地市场，防止低廉工业用地的出让，遏制工业用地的无序扩张和粗放利用，实现土地的节约和集约利用。其次，完善工业用地的价格形成机制。价格是市场机制的核心，市场配置资源的基础性作用主要是通过价格信号的引导作用实现的。要根本解决低成本出让工业用地的问题，必须完善工业用地的价格形成机制。因此，要真正建立反映市场供求状况和资源稀缺程度的价格形成机制，必须坚持成本体现补偿、价格反映级差、稀缺、供求和预期的原则，在工业用地价格形成方面坚持市场化配置，采用招标拍卖方式出让，形成透明的定价机制。

（四）加大租赁型保障房建设力度，分流商品房产市场巨大的刚性需求

我国中低收入群体占总人口的比重较大，其住房需求是房地产市场总需求中的重要组成部分。如果能解决这部分群体的住房需求，无疑可以在很大程度上缓解住房市场需求压力，从而使其对未来楼市形成合理预期；同时，由于部分房地产投机者将中低收入群体视作自己投资楼市的潜在购买者，因此，缓解中低收入家庭住房问题可在一定程度上打压投机需求，打破投机者低价买进、高价售出的预期。

当前，保障性住房制度既是解决中低收入群体住房需求的有效途径，又是防止这部分消费者因对未来楼市持“悲观预期”而急于进入商品房市场的最佳办法。王宏新和张健铭（2007）的研究结论也表明，加大保障性住房建设可以有效解决中低收入家庭的住房问题，是合理引导与有效稳定市场的心理预期的重要手段。因此，在当前，无论从解决民生问题角度，还是从引导市场主体对未来楼市形成合理预期、培育健康的房地产市场的角度，都应把保障性住房建设工作抓好抓实。尤其是，从当前我国房价租金比现状出发，加大租赁型保障房建设力度，更是房价租金比合理化的重要路径。

第三节　本章小结

当前，我国房地产市场“乱象频仍”，其主要原因在于供给侧问题盘根错节。就保障性住房市场而言，供给机制不协调，各种类型保障房产品比例失调，总量短缺和结构性过剩并存；城乡供给严重失衡，重城轻乡现象极为明显，城乡住房保障制度相互割裂；住房保障供给区域结构严重失衡，与我国人口流动趋势和住房保障需求区域特点严重背离；供给主体过于单一，政府主要占据着主体而并非主导地位，其他市场主体不能或者不愿意参与供给；建设用地来源遭遇瓶颈，制约了住房保障制度的顺利推进；“砖头补贴”与“人头补贴”的供给模式之争尚无定论，缺少针对性的供给模式，严重影响到了住房保障制度的有效实施。就商品房市场而

言，住房市场的垄断性特征决定了房价居高不下、供给总量有剩和结构性短缺并存等现象存在的客观必然性；政府垄断城市住房建设用地供给数量、供给模式和供给结构也是导致我国房地产市场价格波动的主要因素；房地产企业银行贷款依赖特点及信贷资源错配也是我国房地产市场价格不断飙升的幕后推手；房价租金比极不合理，居住物业租价比下降速度过快、幅度过大，逐渐逼近或超过国际警戒线，商业物业租赁价格涨幅不明显，城市商业地段房租特别是建筑地段地租未能充分体现资源的稀缺性。任何一个国家的房地产市场都可大致分为普通商品房市场和保障性住房市场两部分。两类市场之间是可以实现和谐共生、互促共进的，因此，在对房地产市场宏观调控进行顶层制度设计时，务必兼顾保障性住房和普通商品房两个市场，在制定针对普通商品房市场进行宏观调控的措施时，应充分考虑到这些措施对保障房市场的影响效应，即这些调控措施在此两个市场上是否兼容；反之亦是。

为了实现对房地产市场有效调控的长期目标以及当前去库存的短期目标，加强房地产市场供给侧改革势在必行。其具体措施包括：适当降低房地产市场集中度，提升房地产行业自律水平；完善住房市场土地供给制度，降低住房建设土地成本；适度控制住房开发信贷规模，合理配置住房信贷资源；促进居民转变居住观念，积极推进住房租赁市场发展；严厉打击住房市场投机行为，积极拓展居民投资渠道；适当提高商业地产价格，完善工业地产价格形成机制，提高其市场化水平；加大租赁型保障房建设力度，分流商品房产市场巨大刚性需求。

本章第一节首先分析了保障性住房和商品房两类市场的辩证关系，然后分别探讨两类市场各自供给侧存在的主要问题；本章第二节从房价租金比视角分析了我国房地产市场供给侧存在的主要问题，探讨了不合理租价比形成原因；本章第三节从宏观调控角度和租价比角度分析了当前我国房地产市场供给侧改革的路径。

第三章　我国公共保障性住房供给产品结构优化*

所谓结构，是指各个组成部分的搭配和排列，如文章结构、语言结构和原子结构等。产品结构（Product Mix）是指社会产品各个组成部分所占的比重和相互关系的总和。从宏观上讲，产品结构指一个国家或一个地区的各类型产品在国民经济中的构成情况；而从微观上讲，产品结构指一个企业生产的产品中各类产品的比例关系。它可以反映社会生产的性质和发展水平、资源的利用状况以及满足社会需要的程度。根据产品结构的定义，笔者认为，公共保障性住房供给产品结构是指各种保障性住房产品在总量中所占的比重及其相互关系。当前，我国公共保障性住房供给产品结构不协调现象较为明显，主要表现在：总量有剩与结构性短缺并存、“重售轻租”现象严重；保障性住房制度之间壁垒较多，相互割裂，制度间整体协调性差；农村住房保障制度尚未正式建立。这些问题若不能得到有效破解，住房保障资源就得不到充分利用，住房保障制度效率就将大打折扣。

截至目前，学术界在住房保障体系方面的研究成果较多，具有代表性的如下。谢树锋和庞永师（2008）认为，根据中央的住房改革方案，我国虽已初步建立了以限价房、经济适用房和廉租住房为主体的住房保障体系，但随着住房市场化的推进、土地供应政策的调整、征地拆迁难度的加大，供应量不足已成为当前住房保障体系的突出问题；许安拓（2012）认为，目前我国住房保障体系主要包括五种，即经济适用房、廉租房、公共

---

* 本部分以《我国公共保障性住房供给结构优化研究》为题发表在《内江师范学院学报》2013 年第 1 期上，发表时略有改动。

租赁房、两限房和各种棚户区改造，目前住房保障体系存在着政府多部门职能管理重叠、难以形成有效的权责利清晰的制度边界等问题；曾国安等（2012）认为，从长期来看，必须变三支柱的住房保障体系为单支柱的保障体系，即由以公共租赁住房保障为支柱的城镇住房保障体系取代以廉租住房、经济适用房和公共租赁住房共同作为城镇住房保障体系支柱的功能互补的保障体系；詹花秀（2009）认为，住房保障是社会保障体系的重要组成部分，我国目前形成了由公积金、廉租房、经济适用房、合作建房构成的中低收入阶层住房保障体系。显而易见，上述学者所谓的住房保障体系实质上是住房保障制度体系，其内涵和外延都比保障性住房供给结构宽泛和丰富。住房保障体系是指包括保障性住房供给结构在内的住房保障制度体系，两者是既有联系又有区别的概念。本章研究视角仅局限于保障性住房供给产品结构，旨在考察各类型的保障性住房之间的相互关系，包括数量比例和相互之间的衔接问题。

本章中，将首先对我国公共保障性住房供给产品结构现状进行分析，探究存在的问题，在此基础上再分析保障性住房供给产品结构优化原则，然后再探索公共保障性住房产品结构优化的途径。

第一节　我国公共保障性住房供给产品结构现状及存在的问题

一　我国农村保障性住房供给现状及存在的问题

为解决城镇中低收入阶层的住房困难问题，保障住房消费的公平性，克服住房市场失灵的缺陷，借鉴发达国家住房保障实践经验，我国政府于1995年开始启动安居工程。1998年《国务院关于进一步深化城镇住房制度改革加快住房建设的通知》公布实施，宣告了在我国存续多年的福利分房制度的终结和新住房制度的诞生。通过近20年的努力，我国已初步建立起了以经济适用房和廉租房为主、以公共租赁房和限价房为补充的城镇住房保障体系。城镇住房保障体系的初步建立，在解决城镇中低收入阶层居住问题、维护社会稳定、促进经济社会可持续发展等方面都发挥了巨大作用。

改革开放以来，随着农村经济的快速发展，农民收入大幅度提高，农民的居住条件和居住环境也得到了明显改善。截至 2006 年，全国 92.6% 的自然村通公路，98.3% 的自然村通电，93.7% 的自然村通电话，50.2% 的自然村距离医院、卫生院在 3 千米以内，74.3% 的村有卫生室。[①] 全国农村人均居住面积由 1978 年的 8.10 平方米增加到 2012 年的 37.1 平方米，预计未来 10 年，农村人均居住面积还会以年均 0.6～0.8 平方米的速度增加。建筑结构也由原先的以砖木、土木结构为主转变为当前的砖混结构。[②] 然而，毋庸讳言，针对我国农村贫困人口的住房保障制度尚处在严重缺失或供给不足的状态，旨在保障农村贫困人口基本居住权的住房保障制度还未真正建立起来。从当前情况看，农村住房保障制度仅包含宅基地保障以及具有明显的临时性政策特点的“农村安居工程”“农村危房改造工程”，这些政策或者制度还不足以解决农村贫困人口的住房问题。

（一）宅基地住房保障功能有限，且可持续性面临挑战

农村住房制度主要包括住房用地供应制度、住房建设制度及住房产权制度。现行农村住房制度具备一定的住房保障功能，其主要表现在宅基地供应制度上。我国现行的农村宅基地使用法律制度，诞生于新中国成立之后的土地改革运动。农村宅基地使用制度经历了从农民私人以所有权人身份自主使用到农民以他物权人身份他住使用的历史性变化。1949 年 10 月 1 日，新中国成立后，农村实行了大规模的“耕者有其田、居者有其屋”的土地改革运动。此次土改运动所确立的农民宅基地权利，一是在制度设计上，严格按照农民居住权理念设计；二是在分配方式上以农民个人为单位平均分配、无偿取得；三是确定了农民对土地和房屋的所有权地位，允许其买卖、出租、抵押等。20 世纪 50 年代开始，我国逐步推行了以农业集体化为核心的农地制度改革，将生产资料土地为农民个人所有改造为社会主义集体所有。农民宅基地所有权也归集体

---

① 何洪静、邓宁华：《中国农村住房制度：特点、成就与挑战》，《重庆邮电大学学报》（社会科学版）2009 年第 5 期。

② 廖长峰、杨继瑞：《我国农村住房存在的问题与对策》，《经济纵横》2013 年第 11 期。

所有。随着农村土地所有权形式的变化，农民对宅基地享有的权利也相应发生了变化，变化之一即由原来的土地所有权转化为宅基地使用权，宅基地使用权的概念与范围也被首次提出和描述。尽管农村土地所有权的变化导致了宅基地利用权利的一系列变化，但是，基于农村宅基地利用法律制度设计的居住权保障功能，不仅未发生改变，而且还进一步给予了强化。[①]

宅基地按户分配，无偿无期限使用，让农民无须任何代价可获得用于建房的土地，确实为大多数农民解决住房问题提供了实惠与帮助。[②] 然而，由于住房建设资金瓶颈以及宅基地保障可持续性等问题的客观存在，我国农村住房保障制度面临着一系列发展障碍。首先，农村建房资金主要通过农户自筹方式解决，显然，农村低收入户或无收入户不能自住其力。获得宅基地使用权仅是农民实现其居住权的第一步，广大农民特别是家庭收入少的贫困农民还面临着建房资金匮乏的问题。相较于城镇贫困居民，政府直接为其提供保障性住房的成品供其或购或租，宅基地的住房保障功能实在逊色不少。其次，农村宅基地的潜力正逐步消失殆尽。我国目前正处于工业化和城市化快速发展时期，人多地少、人地关系紧张的矛盾日益尖锐，农村宅基地已逐渐成为一种稀缺资源；而且，宅基地保障居住与集约节约土地资源的政策相悖。宅基地无偿使用的规则，使农民产生“不要白不要”的心理，宅基地占地面积不断扩大，乱占乱建、多占多建的现象非常严重，其后果是，农村人均居住面积较大、一户多宅以及散居的宅基地保障方式造成了土地资源的极大浪费。最后，随着工业化和城市化的发展，农村人口不断转变为城市人口，农村居民点用地范围应当逐渐缩小，数量应当逐渐减少，但在我国却出现了相反情形。与此同时，由于农村劳动力的非农转移，其在农村的宅基地和房屋长期闲置，一些地方甚至形成了规模不等的“空心村”。[③] 这些现象都危及了宅基地住房保障功能的正常发挥。

---

① 刘俊：《农村宅基地使用权制度研究》，《西南民族大学学报》（人文社会科学版）2007 年第 3 期。

② 崔永亮：《农村住房保障制度缺失及其未来改善》，《改革》2013 年第 12 期。

③ 吴志宇：《农村住房保障制度体系构建初探》，《开放导报》2012 年第 2 期。

（二）农村危房改造工程覆盖范围较小，且临时性政策色彩较浓

2008年我国开始探索农村危房改造的试点工作。2008年，中央首先花费2亿元资金支持贵州省级危房改造试点。2009年，中央扩大农村危房改造试点，完成陆地边境县、西部地区民族自治州地方的县、国家扶贫开发工作重点县、贵州省全部县和新疆生产建设兵团边境一线团场约80万农村贫困户的危房改造。2008～2010年，中央财政三年共安排117亿元补助资金，帮助试点地区完成约204万农村困难家庭的危房改造。[①] 2011年和2012年，中央又分别投资166亿元和393.7亿元用于农村危房改造。截至目前，除中央补助改造的贫困农户危房外，贵州、山西、河北、甘肃、广西等中西部省区以及非试点范围的浙江、山东等省还另外安排有农村危房改造任务，累计超过500万贫困农户在政府帮助下改造了农村危房。[②] 农村危房改造政策是针对特定的农村困难家庭制定的，按照规定，农村危房改造补助对象必须同时具备两个条件：家庭经济困难和居住条件差。农村危房改造资金是以农民自筹为主，中央和地方政府补助为辅，并可通过包括银行信贷和社会捐赠在内的渠道筹集。然而，由于以农户自筹资金为主，而绝大多数农村最低收入家庭仅有微薄的年收入，除去基本生活开支后再无多余资金用于危房改造，因此，危房改造补助覆盖范围进一步缩小。从这个角度看，农村危房改造政策其实没有有效地起到社会安全网的作用，其住房保障功能极其有限。

农村安居工程是农村危房改造工程的重要内容。截至目前，包括内蒙古、陕西、甘肃、宁夏、青海、四川、广西、云南、新疆、贵州、西藏在内的很多省区都推行了农村安居工程建设。它是我国解决农村低收入群体居住困难的一项重大民生工程，是建设社会主义新农村的重要突破口，是坚持走中国特色发展之路的重要举措。农村安居工程的实施不仅改善了农村人居环境，提升了农村居住条件和生活质量水平，更带来

---

① 章卫良：《从“经济刺激”到“社会救助”——关于农村危房改造政策的分析和建议》，《中共浙江省委党校学报》2012年第3期。

② 高宜程：《农村危房改造取得的成效、存在的问题及工作建议》，《小城镇建设》2013年第1期。

了农村地区整体面貌的显著改善和农民生产方式与生活习惯的重大变化。但从整体来讲，部分农村地区居民由于自身经济基础差、筹措资金难度较大、贷款期限较短、还贷能力弱，农村安居工程的可持续性面临着巨大挑战。而且，无论是农村危房改造工程还是农村安居工程，临时性政策色彩较浓，不具备常态性和相对稳定性，因此，它们的住房保障功能也大打折扣。

我国政府在 1996 年联合国人居大会上指出："人人享有适当的住房是一项最基本的人权，是人的生存权和发展权的重要内容。"1997 年我国政府正式签署了《经济、社会和文化权利国际公约》。作为缔约国，我国政府自应履行《经济、社会和文化权利国际公约》所规定的"适当住房权"的义务。政府在尊重、保护、促进和实现住房权时应遵循的一个重要基本原则就是住房机会平等原则。从当前情况看，我国政府推出的各种住房保障政策和措施，都只适用于城镇居民；农村住房保障制度尚未真正建立，宅基地的住房保障功能十分有限，"农村安居工程""农村危房改造工程"等临时性政策色彩较浓，并不具备城镇经济适用房和廉租房保障制度的稳定性。农村住房保障制度尚未真正建立，就无从谈起保障性住房供给结构了。

二　我国城镇公共保障性住房供给产品结构现状

我国公共住房保障制度经历了一个产生、发展和逐步完善的过程，保障性住房种类也是随着住房制度市场化取向改革和经济社会发展的需要不断得以推陈出新的。在我国住房保障制度史上，经济适用房是最早的保障房类型。它可以追溯到 20 世纪 90 年代初，1991 年 6 月国务院在《关于继续积极稳妥地进行城镇住房制度改革的通知》中对经济适用房做了初步定位，之后先后经历了 1994 ~ 1998 年的试验探索期和 1998 ~ 2004 年的迅速发展期。1999 年建设部颁布的《城镇廉租房管理制度》标志着廉租房制度的正式诞生。随着廉租房、经济适用房建设力度的逐步加大，城市低收入家庭住房条件得到较大改善。然而，个别地区由于住房保障覆盖面较小，大中城市房价上涨快、可供租赁的小户型住房供应不足，部分城市政府主动进行住房保障制度创新，开始提供专供中低收入家庭租赁的公共租赁房。厦门是最早提供公共租赁房的城市之一。限价房的概念始见于 2006 年 5 月 17 日国家 9 部委《关于调整住房供应结构稳定住房价格的意见》中，其产生背景是住房市场化改革后，我国房地产市场供给结构出现了一些问题，市场供给的房型不能满足中低收入家庭需要。

除经济适用房、廉租房、限价房和公共租赁房外，各地还相继出现过定向安置房、安居商品房、合作建房和棚户区改造等保障房类型。安置房是政府进行城市道路建设和其他公共设施建设项目时，对被拆迁户进行安置所建的房屋，安置的对象是城镇被拆迁户，也包括被征地拆迁房屋的农户。安居商品房是指实施国家“安居（或康居）工程”而建设的住房，属于经济适用房的一类。合作建房也是保障性住房类型之一，一般由一些具有住房需求而收入有限的城镇中低收入居民组成合作建房机构（通称住房合作社）。该机构享受政府优惠政策，组织建设合作社社员自住房，是一种城镇居民自我组织起来、解决自身住房问题的建房方式。棚户区改造是我国政府为改造城镇危旧住房、改善困难家庭住房条件而推出的一项民心工程。住房城乡建设部统计显示，我国在过去几年进行了大规模的棚户区改造，改造面积约 5000 万平方米，近 100 万户住房困难家庭的住房条件得到了改善。由于定向安置房、安居商品房和合作建房都是在特定时期针对特殊群体且不具有普遍性的保障性住房，因此本书所探讨的保障性住房类型仅局限于经济适用房、廉租房、限价房、公共租赁房以及棚户区改造四类。当前，保障性住房供给产品结构现状如图 3－1 所示。

三　当前我国城镇公共保障性住房供给产品结构存在的问题

如前文所述，经过多年的实践探索，我国已基本建立了以经济适用房和廉租房保障为主、以限价商品房和公共租赁房为补充的城镇住房保障供给结构。然而，研究发现，当下以政府为主导的保障性住房供给产品结构存在着一系列亟待解决的问题，诸如供给制度不统一、供给机制相互割裂、“重售轻租”等等，其表象为不少地方出现的保障房“弃购”、“弃租”和保障房闲置。这些问题已给住房保障制度的可持续发展带来了巨大障碍，住房保障无效或低效供给、资源浪费现象严重。这些情况表明，在加大住房保障供给力度的同时，优化供给产品结构、努力提高供给的有效性也迫在眉睫。

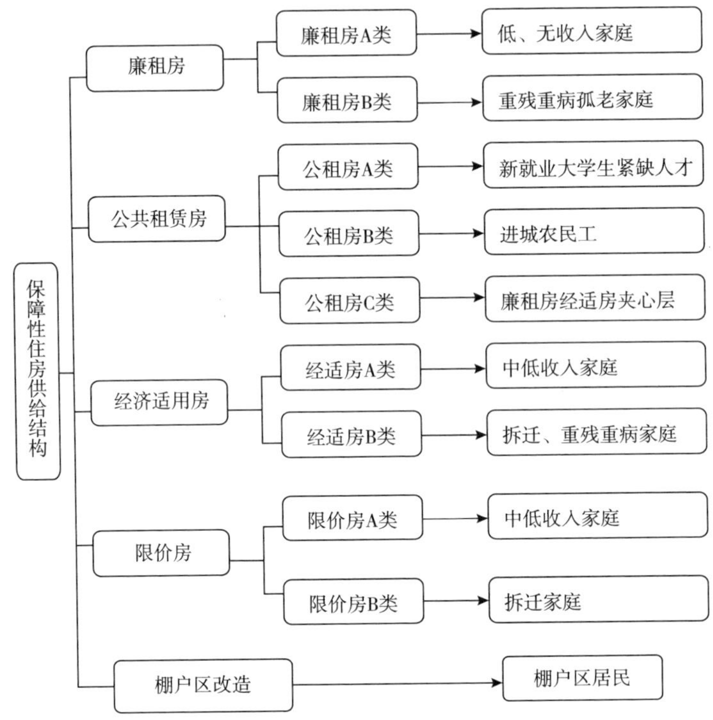

图 3－1　我国公共保障性住房供给产品结构①

目前我国的保障性住房供给结构还存在一系列问题亟待解决，具体表现在以下几个方面。

（一）住房保障供给机制不协调

按照住房保障制度设计，最低收入阶层租住廉租房，低收入和中低收入阶层租住或者购买经济适用房、廉租房、限价房。保障性住房保障对象的确定主要是以“收入标准”来划分的，然而，由于我国诚信体系和居民收入申报制度的缺失，收入水平划分标准本身的可信度不高，加之各类住

---

① 胡海峰：《“十一五”期间北京市保障性住房体系总体评价和未来发展设想》，《北京社会科学》2012 年第 2 期。笔者根据住房保障制度现状进行了修改和补充。

房保障制度之间缺乏整体性，以致保障房的供给机制相互独立、相互割裂。其后果有三个。一是“夹心层”的住房问题被忽视，比如，超过了廉租房申请标准而又不具有经济适用房购买资格的群体成了住房保障制度的“盲区”。二是相互独立的供给机制在不同收入阶层之间造成了新的社会不公平。就退出机制而言，建设部2004年3月实施的《城镇最低收入家庭廉租房管理办法》明确规定，“逾期不退回的，房地产行政主管部门可以依法申请人民法院强制执行”。可以看出，廉租房退出管理中带有较明显的强制性。而经济适用房退出机制却更多地具有“自愿”色彩。虽然《经济适用房管理办法》指出经济适用住房满五年，购房人上市转让经济适用房时须给政府缴纳差价，但前提是购房者上市交易，这就明显具有“自愿性”。廉租房的强制退出与经济适用房的自愿退出形成鲜明对比，造成了较高收入群体比最低收入群体享受了更多住房福利新的社会不公平。三是各种保障房产品之间缺少衔接机制，致使保障房持有者缺少退出激励，也就不能使各种保障房产品得到循环利用。“经济适用房属于产权式保障，而廉租房属于租赁式保障，前者只售不租，后者只租不售，相互之间不能进行转换，这既降低了住房保障资源的利用效率，也破坏了住房保障政策的公平和统一性。”① 同时，部分廉租房申请家庭退出廉租房后无资格抑或无经济实力购买或者承租经济适用房，加之对未来收入状况的不稳定预期，因此缺少主动退出廉租房的积极性。这一状况将带来保障房管理成本不断上升，以及由于不能在保障房产品之间形成良性的梯度消费机制，住房保障资源低效利用和社会福利固化等后果。

（二）“重售轻租”现象明显

在经济适用房、廉租房、限价商品房和公共租赁房四类主要保障房产品中，廉租房和公租房主要采取租赁使用模式，而经济适用房和限价房主要采用购买方式。这种保障性住房供给结构本应能够满足不同保障对象的不同住房需求，然而，在实践中，不少地方却出现了“重售轻租”现象，对廉租房和公共租赁房的重视程度不够，而热衷于经济适用房和限价房的

---

① 曾国安：《城镇住房保障体系的基本特征与问题》，《黑龙江社会科学》2011年第2期。

供给。据联合国统计，在全部住房总量中，我国出租房的比例为15%，比我们低的国家只有4个，而其他大部分国家的租房比重都高于我国，如美国是30%，瑞典是60%，瑞士是65%等。① 导致这一状况的主要原因有三个。首先，居民长期以来形成的特有的住房消费偏好。与“有房住”相比，绝大多数居民更倾向于“有住房”。在20世纪70年代末，中国城市住房自有化率仅10%左右，有些城市甚至低于4%，而截至2009年我国住房自有化率已高达92%。绝大部分居民都认为住房就意味着财产，特别是近年来房价高企的情况下，包括中低收入群体在内的消费者拥有房产的欲望就更为强烈。刚性购买需求自然而然地需要更多的供给。其次，由于租赁型住房的土地供给实行行政划拨，而且收回租赁房建设成本的周期较长，自然而然地，地方政府对这一类型保障房态度较为消极；相反，虽然经济适用房也实行“零地价”，但在政府看来，其供给是“一次性的”，建成并出售给保障对象后，不仅可收回部分建设成本且后续管理成本较低，因此比起租赁型保障房，政府更愿意供给出售型保障房。至于限价房，由于实行“竞地价”迎合了地方政府的“土地财政”政策，地方政府对限价房的供给表现得很热情。最后，廉租房和公共租赁房主要以租赁形式提供，其租金往往低于市场平均水平，而经济适用房和限价房虽然限定了房价，但相较于前两者，其出售价格比租赁价格昂贵得多，从而出售型保障房引致的寻租空间远远大于租赁型保障房。这也是当前我国保障性住房供给中“重售轻租”现象原因之一，近年来经济适用房和限价房出售引致的寻租腐败行为越来越多就是例证。

（三）经济适用房制度存废之争尚无定论

经济适用房是具有社会保障性质的商品房，是“由政府组织房地产开发企业或者集资建房单位建造，然后向城镇低收入家庭出售，并获取微利的商品房。经济适用房具有经济性和适用性两大特点。经济性是指此类住房的价格相比同期市场价格来说偏低，适合中低收入家庭的住房

① 刘佳燕：《借鉴香港经验谈租赁型公共住房在我国的发展前景》，《北京规划建设》2007年第6期。

购买能力；适用性是指此类住房在设计、单套面积设定以及建筑标准上达到一定使用效果，可以满足中低收入家庭的居住需要”。[①] 自 1998 年以来，我国经济适用房的建设速度和规模都得到了快速的发展。从完成投资额的角度看，1998 ~ 2013 年的完成额呈稳步增长态势。纵观经济适用房制度的衍化与发展，它在我国住房保障制度中具有重要地位，具体表现在：在一定程度上解决了城市中弱势居住群体的住房困难；完善了住宅供给体系；适应了住房制度市场化取向改革趋势，促进了住房市场的发展。

然而，由于经济适用房在具体建设过程中出现的种种问题，自 2005 年两会期间政协委员傅继德提出“要求停建经济适用房”提案以来，关于经济适用房存废之争的学术讨论和社会争论日益激烈，而且近年来关于停建经济适用房的呼声再度强烈，在媒体的声音中渐成主流。以茅于轼、蔡继明等为代表的学者提出停建经济适用房，其主要理由为经济适用房制度本身存在着难以克服的弊端，既没有效率，又缺乏公平，还助长了投机腐败，不能解决经济人权中的住房权。而实际工作中，2009 年 2 月，江苏省常州市决定改革经济适用房保障方式，变暗补为明补，由补“砖头”改为补“人头”，从 2009 年起，对符合条件的经济适用房申请家庭全部实行购房货币补贴，不再建设经济适用房；2012 年 1 月，江西省出台了《关于加快推进经济适用房、廉租住房、公共租赁房三房合一的指导意见》，要求从 2012 年起，将经济适用房、廉租房和公共租赁房“三房合一”，并轨建设，江西各市县停止新建经济适用房和限价商品房。据统计，自 2008 年起，全国已有江西、广东、河北、辽宁、山东、江苏、河南等省的部分或全部城市停止新建经济适用房。[②] 而以包宗华、马光远为代表的学者反对停建经济适用房，其主要理由是经济适用房是国家住房保障体系的重要组成部分，其出现的问题是前进中的问题，不能因噎废食。刘润秋等（2011）认为，从和谐社会及包容性增长的视角审视，经济适用房制度有助于中低收入者分享经济增长成果，消除住房权利

---

① 罗应光、向春玲等编著《住有所居：中国保障性住房建设的理论与实践》，中共中央党校出版社，2011。

② 《停建经济适用房利弊谈》，新华网，2013 年 3 月 21 日。

贫困，有充当社会稳定器的作用，应进一步完善其制度设计，构建有利于社会和谐稳定的住房保障体系。

（四）限价房仍未退出历史舞台，棚户区改造任务依然繁重

由于存在制度漏洞，经济适用房制度在执行过程中陷入了一系列困境，其存废一度处于舆论的风口浪尖。面对压力，2006 年 5 月 17 日，国务院办公厅转发了建设部等九部门提出的《关于调整住房供应结构稳定住房价格的意见》，自此，限价房政策得以启动。限价房从其产生之日起就被赋予了调控楼市的历史使命。但实践证明，限价房对楼市的调控作用并不明显，而且，还存在着销售对象难以界定，其目标发生偏离，政府、开发商及百姓三方对限价房认识不统一，难以对其进行准确定价、政府在限价房方面面临着监管难、管理成本过高等一系列问题。但尽管如此，限价房在全国各地仍然大量在建。然而，在限价房基本丧失楼市宏观调控作用、自身问题不断、房地产市场去库存压力较大的当前，停建限价房是明智之举。事实上，据有关报道，“十三五”期间，北京市和广州市等地原则上都将不再新建限价房。

近年来，随着城镇化的快速推进和城市更新进程加快，我国棚户区大量涌现。棚户区不仅居住环境差、房屋建筑质量低劣，还存在着严重的土地浪费现象。据调查，棚户区占地面积大[①]、数量多，县城（镇）棚户区约占城市土地面积的 30% ~35%，而且，土地利用率低，户均占地面积大。以辽宁省为例，“由于多年的历史欠账，全省低矮棚户区面积总量高达 2000 万平方米，居住着近 200 万人口”。[②] 国家将其纳入城镇住房保障性安居工程，出台了棚户区改造的系列政策支撑措施：2013 年《国务院关于加快棚户区改造工作的意见》出台，提出了全面推进各类棚户区改造的要求；2014 年国务院办公厅下发了《关于进一步加强棚户区改造工作的通知》，提出了进一步完善棚户区改造规划。[③] 据统计，2013 年改造各类棚

---

① 王立东：《城市棚户区改造土地管理问题再思考》，《吉林农业》2011 年第 8 期。

② 赵定东：《棚户区改造中的社会资源配置逻辑与机制》，《社会科学战线》2009 年第 9 期。

③ 徐智鹏：《棚户区改造的经济学机理研究》，《金融理论与实践》2015 年第 8 期。

户区 320 万户以上，2014 年改造 470 万户以上。但是，目前仍有部分群众居住在棚户区中，与推进以人为核心的新型城镇化、改造约 1 亿人居住的城镇棚户区和城中村的要求相比还有较大差距，棚户区改造中仍然存在规划布局不合理、配套建设跟不上、项目前期工作慢等问题。[①]

综上所述，当前我国城镇保障性住房供给产品结构存在着产品之间缺乏衔接机制、政府更加重视出售型住房产品供给、经济适用房制度存废举棋不定、限价房仍然在建以及棚户区改造任务繁重等问题。这些结构问题若得不到有效解决，住房保障制度效率就将大打折扣，中低收入群体的居住问题就不可能得到有效解决。

第二节 我国公共保障性住房供给产品结构优化分析

一 我国公共保障性住房供给结构优化原则

合理供给公共保障性住房是一项政策性和社会性极强的系统工程，在具体实践过程中须遵循一定的原则，才能建立科学合理的供给产品结构，也才能为中低收入家庭有效地提供住房保障。优化公共保障性住房供给产品结构应遵循“经济可行性”、“因地制宜、动态调整”、“以提供租赁住房为主”以及“城乡统筹发展”四大原则。

（一）“经济可行性”原则

“住房保障”是社会保障的重要组成部分，是一个国家或地区政府和社会为满足中低收入家庭的基本居住需要而采取的特殊社会政策。作为社会保障制度的重要组成部分的住房保障，客观上要求与经济发展水平相适应。住房保障的“经济可行性”原则就是指“住房保障制度要能实现住房资金、人力和资源的合理配置，并使住房保障计划与国家经济能力和住房

① 《国务院办公厅关于进一步加强棚户区改造工作的通知》，2014 年 8 月 1 日，www.gov.cn/zhengce/content/。

消费者支付能力相适应”。[①] 此处的“经济可行性”有两层含义。一是公共住房保障供给水平与政府财政承受能力相适应。政府财政承受能力在很大程度上决定和制约着公共保障性住房供给水平。一般情况下，政府财政承受能力越强，政府提供的公共保障性住房产品就越丰富，供给产品结构就更为科学和完整。二是公共住房保障供给水平与中低收入群体的住房消费能力相适应。针对中低收入群体的不同消费水平，政府为其提供相应的住房保障产品。

（二）“因地制宜、动态调整”原则

我国东中西部之间、大城市与中小城镇之间以及沿海与内地之间在经济社会发展水平、城市人口构成情况、居住习惯等方面都不尽相同，这就要求在供给保障性住房产品时须结合当地实际情况，深入调查和了解中低收入群体住房需求状况，在此基础上提供中低收入家庭急需的住房。同时，由于中低收入群体的收入状况处在不断变化之中，或者随着城市发展阶段的变化，保障房需求也会随之发生变化，也要求对住房保障供给产品结构进行动态调整。坚持“因地制宜、动态调整”原则，可实现优化供给产品结构、提高供给效率的目的。

（三）“以提供租赁住房为主”原则

住房保障政策目标在于保障居民基本的居住需求，而不是满足人人都有住房。第一，人多地少、住房需求量巨大以及经济社会所处阶段等具体国情决定了当前我国住房保障制度不可能保障人人都有产权房；第二，过量供给产权型保障房将对普通商品房市场形成“挤出效应”，从而不利于房地产业去库存目标的实现乃至整个经济的可持续稳定发展。当前出售型保障性住房存在的问题错综复杂，制度成本居高不下，所以，在未来住房保障制度中应逐步控制经济适用房和限价房的建设，直至取消。所以，我们应坚持“以提供租赁住房为主，适当控制产权型保障房”原则，目前的经济适用房和限价房发展速度不宜过快，规模不宜过大，而且要逐步过渡

① 李景鹏：《城镇住房保障体系方案设计研究》，硕士学位论文，东北财经大学，2007。

到以供给租赁型住房为主。

（四）城乡统筹发展原则

城镇住房问题固然是当前我国住房问题中的首要问题，比农村住房问题更加紧迫地需要解决，但农村住房问题同样不容小觑。而且在城镇住房问题得以一定程度缓解的当前，农村住房问题更值得重视和关注。城乡住房问题之间是对立统一的关系，二者相互影响、相互促进。当前我国正在实施城乡统筹发展战略，其目标就是要消除长期以来形成的城乡二元制，让农村居民和城镇居民享有均等的基本公共服务和社会福利，最终实现城乡经济社会的一体化发展。因此，在解决当前城乡住房问题时，须坚持城乡统筹发展原则。统筹解决城乡住房问题是实现全面建成小康社会目标的内在要求。

二 我国公共保障性住房产品供给结构优化路径

（一）“十三五”期内，按照“因地制宜、动态调整”原则，优化供给产品结构，尽量实现“应保尽保”目标

当前我国住房保障供给产品结构运行机制相互独立、相互割裂，导致“夹心层”、引起新的社会不公以及保障房产品之间衔接机制断裂等问题。解决这一问题的出路在于按照“因地制宜、动态调整”原则，优化供给产品结构，对保障对象适当交叉覆盖，从而实现“应保尽保”目标。具体说来，进行制度创新，打破各保障房制度之间的壁垒，使中低收入家庭在公共租赁房、经济适用房和限价房三种产品之间根据自己的偏好自由选择。比如，公共租赁房既可提供给“夹心层”，也允许其他偏好于租房的中低收入家庭租住；而经济适用房和限价房则可供给这几个群体中偏好于购买住房的家庭。优化供给产品结构还要求提高保障性住房产品的供给针对性。在保障性住房产品内部结构上，因各地情况不同，须因地制宜地供给保障性住房。比如沿海城市相对于内地而言，农民工较多、流动人口数量较大，则应更多地供给公租房；部分城市房价涨幅较大，房价收入比较高，在这类城市中宜多供给以平抑房价为主要目标的限价房；某些老工业基地面临旧城区改造、城市更新的任务，其保障房引致需求数量较大，因

此可更多启动棚改房计划。

另外，科学合理的保障房供给产品结构的构建还有赖于保障房产品之间衔接机制和保障房退出激励机制的建立。首先，打破各保障房产品之间的制度壁垒，实现住房梯度消费和保障房产品向下过滤。改革当前经济适用房只售不租的做法，允许更多的经济适用房进入租赁市场，使那些收入提高需从廉租房市场退出而又暂无经济实力购买经济适用房的家庭顺利地租到经济适用房。廉租房与公共租赁房二者均系租赁性质，区别在于前者保障对象是城镇最低收入和低收入家庭，而后者覆盖对象为中低收入群体，通过退出机制使收入已提高的廉租房保障对象自觉地进入公共租赁房或其他保障房市场。同时，在房源筹集方面，限价房、经济适用房、公共租赁房逐级向下过滤，可实现住房保障资源良性循环和充分利用。其次，为了鼓励收入提高了的家庭实现更高层次的住房消费，可以提供各种优惠政策，如购房无息贷款或低息贷款、金融优惠政策、赋予有限购买或租赁经济适用房的权利等（如图 3－2 所示）。

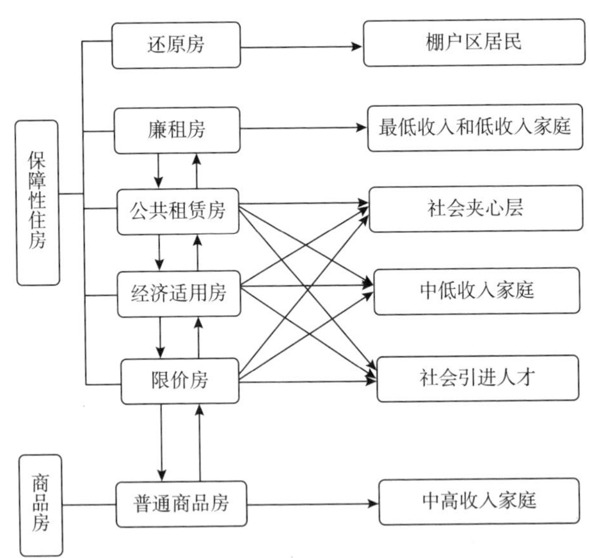

图 3－2　我国保障性住房供给对象交差覆盖情况

注：①图中↑表示住房产品向下过滤，↓表示中低收入家庭由廉租房到公共租赁房、再到经济适用房、限价房以及普通商品房的由低到高的住房梯度消费；②为了使住房过滤与住房梯度消费具有完整性，“普通商品房”和“中高收入阶层”也被包括在住房供给结构中。

（二）整合住房保障制度，逐步建立起以公共租赁房为主的“主辅”供给结构，产权型保障住房逐步退出市场

我国现有的住房保障供给结构存在着运行机制相互独立、相互割裂及“重售轻租”等缺陷，导致目前公共住房保障供给效率低下。为克服这一问题，“十三五”时期必须整合住房保障制度，产权型保障住房逐步退出市场直至完全退出，五年后建立起以公共租赁房为主的“主辅”供给结构。

首先，将廉租房和公共租赁房合二为一。廉租房和公共租赁房目标群体区别在于，前者供给对象为最低收入和低收入家庭，后者保障对象为中低收入阶层中的“夹心层”。相较于不同点，二者更具相似之处：同为租赁型保障房；供给主体都为政府，因此政府拥有廉租房和公共租赁房的所有权，而承租家庭仅有租期内的使用权。从技术层面上看，将二者合二为一也具有较强的可行性。在具体操作中，只要对两个不同群体收取不同的租金或发放不同标准的租金补贴即可，也就是说，最低收入家庭租住公共租赁房时政府给予其更多的租金补贴或少收租金，而相应提高中低收入群体的租金水平或降低租金补贴。当然，实现这一目标的前提条件是从家庭收入方面严格科学地区分最低收入、低收入与中低收入群体。

其次，将限价房合并到经济适用房中来，并且使其逐步退出市场。虽然限价房和经济适用房在土地获得方式、审核标准以及市场流转方面存在差异，但从住房保障的概念上来说，限价房和经济适用房性质相近，比如二者都要限定购买人群、限定销售价格。同时，经济适用房的经济性和适用性与限价房的“限套型、限房价”特点具有大同小异之处，这也是这两种住房类型合并的基础。另外，当前也存在着限价房和经济适用房合并的必要性。限价房是在房价上涨过快时出台的临时政策，其调控房价的政策用途较为明显，因此当房价趋于稳定时就应该逐步淡出房地产市场。更重要的是，与旨在解决“夹心层”住房问题的良好初衷相悖的是，限价房政策在实施几年之后面临着多重尴尬的处境——限价地流拍、购房者弃购、模糊的定位难以发挥其应有的功效。因此，当前应该将限价房与经济适用

房合并，并创造条件逐步使其退出市场。

最后，建立“租售并举”、以公共租赁房为主的“主辅”供给结构(见图3－3)。为了满足不同居民的住房消费偏好，本应同时提供足量的租赁型和出售型保障性住房，即“租售并举”。然而，由于我国当前经济社会仍然处于较低发展水平，不可能在住房保障领域投入较多的物力财力。当前，我国正处于新型城镇化过程中，“由于住房短缺，做大保障性住房存量是实现住房保障的物质基础。要确保保障性住房存量的增长，就应该主要采取租赁式保障，即以保障性住房出租给保障对象作为住房保障的主要方式”。[①] 因此当前的住房保障只能以“兜底”为原则，其目标定位于解决居住弱势群体的基本居住需求。而且，经济适用房和限价房的退出带有较强的“自愿”色彩，从而使社会福利固化，这与当前我国住房保障资源紧缺，更多的居住弱势群体需要政府和社会帮助的现状相违背。相形之下，由于租赁型保障性住房可以多次重复使用，在居住弱势群体之间不断地“内循环”，从而使更多的人享受到社会福利。从需求角度分析，租赁型公共住房更符合我国现阶段低收入群体的住房需求。由于土地市场化后住房价格高涨，低收入群体中产业工人就业流动性较大，以及新近就业的大学毕业生住房困难的阶段性特点，越来越多的低收入群体倾向于租房。因此，当前住房保障供给中，在坚持“租售并举”的同时，应以租赁型住房供给为主；引导居民树立梯次消费理念，鼓励居民以租赁方式解决住房问题。而且，当前和以后都应以公共租赁房作为未来城镇住房保障供给体系的核心和主导，尽快建立起完善的公共租赁住房制度。在各类保障房比重方面，五年内整合后的公租房建设比例暂定为60%，整合后的经济适用房建设比例为40%[②]；五年后整合后的公租房建设比例达到100%。

---

① 曾国安：《城市化中的住房保障需求特点及中国城市住房保障制度与政策设计》，《开发研究》2011年第2期。

② 根据国家规划，“十二五”期间，全国计划新建保障性住房和棚户区改造住房3600万套，2011年要开工建设1000万套，其中重点发展公租房，房地产供应量近220万套。北京市已明确提出，2011年全市公开配租配售的保障性住房10万套，公租房占60%以上。2011年2月广州市国土房管局相关负责人明确表示，广州今后的租赁型保障房的比例将提升到70%。基于国内相关研究及实践经验，笔者将租赁型保障房与出售型保障房建设比例暂定为6∶4。

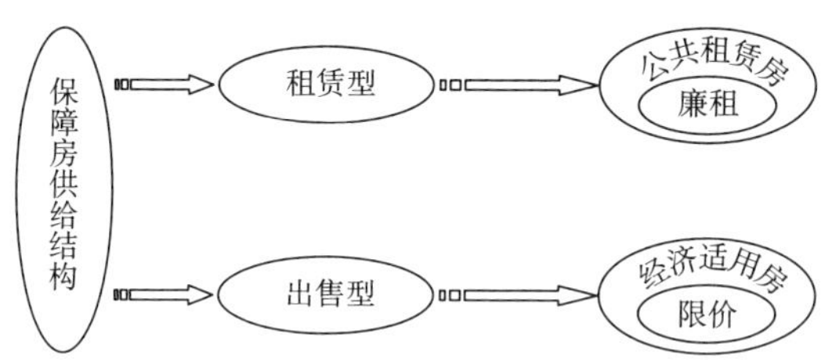

图 3-3　未来五年内保障性住房“主辅”供给结构

（三）构建完善的农村住房保障产品体系，建立城乡住房保障体系相互衔接机制①

农村住房保障可以分为直接保障和间接保障两种形式。直接保障主要分为福利房、廉租房等住房实物保障和购房补贴、租房补贴及购房信贷优惠等货币保障。间接保障主要包括宅基地、基础设施、公共设施等实物保障和建（修缮改造）房补贴、建（修缮改造）房信贷优惠等货币保障以及规划施工设计、施工指导等技术保障。间接保障主要提供给建（修缮改造）房能力不足的住房困难人口。

对于城中村和城乡交接地带的农村地区，可采用土地入股的方式与城镇合作建设保障性住房，然后按照出资比例予以分割。同时，这些地区多余的农村住房也可以由城镇政府收购或租赁后作为城镇保障性住房统一管理。构建城乡人户分离人口住房保障的横向协调机制，实现住房保障的城乡交换。进城农民退出宅基地和住房后，可以在城镇优先选房，抵押保障房的租金和房价等。而城镇居民要在农村获得住房保障，必须退出或停止在城镇享有的住房保障，并由户籍所在地政府将相应的住房保障资金划转到拟提供住房保障的农村地区对应账户。

（四）继续深入推进棚户区改造

棚户区改造既是当前城市更新的迫切需求，又是新形势下经济发展的新引擎，同时又是棚户区居民民生改善的大事，因此，我国当前应深入推进棚户区改造工程。整体上讲，应实施“有序拆迁—货币补偿—自主选

① 崔永亮：《农村住房保障制度缺失及其未来改善》，《改革》2013 年第 12 期。

房”的新模式，让棚户区居民自主选择购房的时间、地点和方式，以促进人口流动；建立棚户区改造补偿基金，加大棚户区居民购买商品房及其就业创业帮扶力度。[①] 同时，坚持棚户区与商品房一体化开发、棚户区改造与文化地产开发相结合的方针。在融资机制方面，建立政策性增信机制，为商业信贷提供增信支持；建构多元化的商业融资结构，缓释住房保障融资过于集中于商业信贷的集中度风险；多策并举，促进建构低收入住区社区金融服务体系。[②]

第三节　本章小结

自我国住房保障制度正式实施以来，越来越多的中低收入家庭都实现了安居梦。然而，从城镇住房保障制度来看，当前以政府为主导的保障性住房供给结构存在一系列不和谐问题亟待解决，诸如供给机制相互割裂、“重售轻租”、经适房和限价房存废问题争论不一以及棚户区改造任务依然繁重等等，其表现为不少地方相继出现了保障房“弃购”、“弃租”和闲置；从农村住房保障制度来看，农村住房保障尚处在宅基地保障的初级阶段，农村住房问题尚未得到有效解决。这些问题已给住房保障制度的可持续发展带来了巨大障碍，比如，造成了住房保障无效或低效供给、政府财政支出压力剧增。这一情况也表明，在我国大力推进供给侧结构性改革的当前，必须根据“经济可行性”“因地制宜、动态调整”“租赁为主出售为辅渐次过渡到租赁型”“城乡统筹发展”四大原则，重构当前公共保障性住房产品结构，从而提高供给的有效性，实现供给产品结构优化目标。

本章首先分析了农村住房保障制度现状及其存在的问题，然后分析了当前我国公共保障性住房的供给类型，包括廉租房、经济适用房、公共租赁房、限价商品房以及棚户区改造的还原房。紧接着探讨了当前公共保障性住房供给产品结构现状及存在的问题：农村住房保障制度缺失，宅基地保障可持续性受到挑战，“农村安居工程”“农村危房改造工程”等临时性

---

① 刘通：《加快转变城市棚户区改造模式》，《宏观经济管理》2015 年第 2 期。

② 高广春：《棚户区改造的融资模式研究——基于中国辽宁的案例分析》，《财贸经济》2014 年第 2 期。

政策色彩较浓；城镇住房保障供给产品结构不统一、供给机制不协调、“重售轻租”现象明显；经济适用房制度存废举棋不定、限价房仍然在建以及棚户区改造任务繁重等问题。在此基础上探讨了我国公共保障性住房供给结构优化路径，主要包括：“十三五”时期按照“因地制宜、动态调整”原则，优化供给产品结构，实现应保尽保目标；整合住房保障制度，逐步建立起以公共租赁房为主的“主辅”供给结构，五年后产权型保障住房逐步退出市场；构建完善的农村住房保障产品体系，建立城乡住房保障体系相互衔接机制。

第四章　我国公共保障性住房供给城乡结构优化

自1998年《国务院关于进一步深化城镇住房制度改革加快住房建设的通知》公布实施，宣告了在我国存续多年的福利分房制度的终结和新住房制度的诞生。该《通知》明确指出：城镇住房制度改革的一个主要目标是“停止住房实物分配，逐步实行住房分配货币化；建立和完善以经济适用房为主的多层次城镇住房保障供应体系”。《通知》明确了政府保障性住房建设的思路和我国住房供应体系：最低收入家庭租赁由政府或单位提供的廉租房；中低收入家庭购买经济适用房；其他高收入阶层购买或租赁市场商品房。通过近20年的努力，我国已初步建立起了以经济适用房和廉租房为主、以公共租赁房和限价房为补充的城镇住房保障体系。城镇住房保障体系的初步建立，在解决我国城镇中低收入阶层居住问题、维护社会和谐稳定、促进经济社会可持续发展等方面都发挥了巨大作用。然而，由中国国情决定的城乡二元化经济社会结构长期存在，农村住房保障尚处在宅基地保障的初级阶段，农村与城镇在住房保障方面的差距愈来愈大。“无论户籍人口还是常住人口都超过城镇的广大农村却长期被排斥在住房保障体系之外，住房保障制度近乎空白。虽然一些地区通过‘农村安居工程’、‘农村危房改造工程’等改善了部分贫困农民的住房问题，但其覆盖范围及力度十分有限，远远不能满足农村住房困难群体的基本居住需求，而且这些‘工程’由于没有制度的支持与规范，其持续性和稳定性无法保证。”[①] 显然，这种城乡分割的住房保障制度安排有失社会公平，而且有悖于统筹城乡发展的战略以及构建和谐社会、实现

---

① 崔永亮：《基于城乡统筹的农村住房保障体系构建研究》，《农村经济》2012年第1期。

共同富裕的社会目标。

城乡住房问题是同一问题的两个不同侧面，二者之间既有区别又有联系，而且它们因“四化”同步发展关系更为紧密。因此，本章将首先分析我国保障性住房供给城乡结构现状及其原因；在此基础上以“四化”同步发展为视角来分析城乡住房问题，具体研究对象为“四化”与城乡住房保障制度耦合关系、评价指标体系；最后探讨当前我国公共保障性住房供给城乡结构优化策略。

第一节　我国公共保障性住房供给城乡结构现状及原因分析

一　我国公共保障性住房供给城乡结构现状及其影响

通过近20年的努力，我国已初步建立起了以经济适用房和廉租房为主、以公共租赁房和限价房为补充的城镇住房保障体系。城镇住房保障体系的初步建立，在解决我国城镇中低收入阶层居住问题、维护社会和谐稳定、促进经济社会可持续发展等方面都发挥了巨大作用。

与城镇较为完善的住房保障体系形成鲜明对比的是，我国广大农村地区住房保障制度还处在起步阶段。“对于生活在农村的广大农民而言，除了由集体经济组织无偿分配给其用于建造住房的宅基地外，几乎没有任何其他住房福利。农民的住房一直由农民自己出资修建，除非是农村的低保户或者五保户，否则农民不可能无偿获得政府提供的哪怕是十分简陋的住房或者在住房方面的任何补贴。”[①]《中华人民共和国基本住房保障法》对农村住房保障制度做出了相关规定，但仍限于《土地管理法》关于宅基地管理的有关条文，保障形式主要是发放建房补贴与危房改造补贴，与完善的城市住房保障制度相比，不仅条文单薄许多，而且内容无太多新意。[②] 从整体上看，当前住房保障城乡供给结构还存在着以

① 吴志宇：《我国农村多元化住房保障体系构建探析》，《现代经济探讨》2012年第5期。

② 洪运：《构建城乡统筹农村住房保障制度的基本思路——以成都市为例》，《中国房地产》2010年第8期。

下一些问题。

（一）城乡供给严重失衡，重城轻乡极为明显

所谓保障性住房供给城乡结构，是指从全社会来看，城镇住房保障与农村住房保障互动关系以及城乡保障性住房数量对比关系。从本质上讲，城乡住房问题之间是对立统一关系，二者相互影响、相互促进，城镇住房问题的根本解决有赖于农村住房问题的有效解决，反之亦是。然而，由于长时间以来我国实行的城乡二元经济社会体制，城乡住房保障制度呈现出城镇住房保障制度“一枝独秀”的局面，在城镇住房保障制度得以相当程度发展的当前，农村住房保障制度仍处在低级阶段。也就是说，从保障性住房供给城乡结构角度来讲，当前我国城乡住房保障制度发展严重失衡，农村远远落后于城镇水平，重城轻乡的现象极为明显。

城乡住房保障制度严重失衡具体表现在以下几个方面。首先，住房保障模式不同。城镇建立起了覆盖全体常住居民的分层次保障体系。根据不同收入水平家庭的住房支付能力，进行分层次保障：通过货币补贴和实物配租廉租房，解决城镇最低收入家庭住房困难；为帮助有一定支付能力的中等偏低收入家庭改善居住条件，政府提供政策优惠并结合市场化运作建设经济适用房；为满足城市“夹心层”的住房需求，政府大力推行公租房建设。城镇住房保障体系日益完善，而农村没有建立起相应的住房保障体系，仍停留在宅基地保障的低级阶段，保障模式单一，社会化水平低，家庭保障一直处于主导地位。其次，保障水平差异明显。2010 年全国住户中，享受廉租房的城镇住户为 488626 户，占全国居民住户总数的 1.24%，而乡村住户为 80885 户，仅占全国居民住户总数的 0.21%；享受经济适用房的城镇住户为 812583 户，占全国居民住户总数的 2.07%，而乡村住户为 44339 户，仅占全国居民住户总数的 0.11%（见表 4－1）。2011 年城镇保障性安居工程建设任务是 1000 万套，预计支出 1.4 万亿左右，其中政府财政资金投入 5000 亿元。而农村危房改造任务是 256 万户，资金投入仅 166 亿元。城镇住房保障投入约为农村住房保障的 84 倍。从住房的环境与

质量来看，远郊区县农民的居住情况与城市相比也存在着巨大差距。[①] 最后，从筹资渠道上看，城乡建设保障性住房资金筹集渠道不同，国家财政补贴不均衡现象较为突出。城镇住房保障制度资金来源包括财政预算安排的专项建设资金、国有土地使用权出让金净收益中的一部分、住房公积金增值收益的一部分以及社会各界捐款所得。与之不同，农村住房保障制度资金主要依靠农民自筹，中央及地方财政补助资金较少。[②] 2014 年中央财政安排用于保障性安居工程的专项资金为 2222.21 亿元，其中，补助城镇保障性安居工程 1984.1 亿元，占 89.3%，补助农村危房改造、游牧民定居工程等农村保障性安居工程 238.11 亿元，仅占 10.7%。

表 4－1　2010 年全国人口普查廉租住房与经济适用房情况

单位：户，%

住房来源	全国住户	廉租住房户	廉租住房户数比例	经济适用房住户	经济适用房住户数比例
城　市	12416562	329846	2.66	627345	5.05
镇	7554783	158780	2.10	185238	2.45
乡　村	19299627	80885	0.42	44339	0.23
合　计	39270972	569511	5.18	856922	7.73

我国城乡住房保障制度发展严重失衡带来了一系列负面影响。首先，严重阻碍了社会公平的实现。住房保障制度是社会保障制度的重要组成部分，而社会保障制度主要功能之一为实现社会公平目标。住房保障制度发展城乡失衡必然拉大城乡居民的居住水平差距。其次，不利于统筹城乡发展。当前全面建设小康社会背景下，农业农村是最大短板，而农村住房问题又是短板中的短板。显然，住房保障制度发展城乡失衡不利于统筹城乡发展，不利于共同富裕目标的实现。

（二）城乡住房保障制度相互割裂

1998 年以后，城镇逐步实施系列住房保障制度，主要包括经济适用房

---

① 童伟：《城市化进程中城乡住房保障服务均等化研究——以北京市为例》，《中央财经大学学报》2012 年第 12 期。

② 金晓菲：《中国城乡住房保障制度差异及解决路径研究》，硕士学位论文，山东财经大学，2013。

制度、廉租房制度、限价商品房制度、公共租赁制度，低收入和中低收入群体借助于住房保障制度解决住房问题。同时，城镇住房保障体系严格限定只有城镇居民（有当地城市户口）才能享受和适用相关的保障性住房的规定。因此，外来务工人员要首先申请解决户口问题，才能再申请解决保障性住房问题。而农村住宅制度是按照以户为单位向村集体申请宅基地，个人利用宅基地进行住房建设为内容构成的。有条件申请宅基地的必须是本村集体的村民，每户可以申请宅基地的标准是各地根据实际情况明确进行规定的。[①] 农村由于实行以宅基地为基础的土地保障，被普遍认为已经具备基本生活资料，一直没有被纳入住房保障范围。[②] 政府长期忽略了农村住房保障制度的建设与管理，农民没有享受到福利分房和针对住房困难家庭的住房保障制度。总之，当前我国城乡住房保障制度之间相互割裂，缺乏应有的整体性。城乡住房保障制度之间的相互割裂，其后果一是导致政府住房工作中的重城轻乡，城乡居民居住水平差距拉大；二是有碍于我国城乡统筹发展。

二 我国城乡住房保障供给失衡形成原因

（一）城乡二元结构是当前城乡住房保障制度发展失衡的根本原因

长期以来，国家通过系列制度安排将社会经济资源优先配置到城市和工业中来，在政府主导的资源单向流动下，工业和城镇的快速发展却伴随着农业缓慢发展和农村的日益凋敝，加之城乡分割的户籍制度的长期存在，形成了城乡二元经济社会结构。改革开放前，我国城乡二元结构主要是政府制度原因形成的，改革开放后，我国城乡二元结构经历了扩大、缩小、再扩大、再缩小的过程。城乡二元结构意味着农村居民没有与城市居民同等地享受经济发展成果和国民待遇，体现在住房保障政策上就是城乡割裂的住房保障政策二元结构。这种由于历史和制度原因造成的城乡二元

① 吕萍：《城乡统筹发展中统一住房保障体系的建设》，《城市发展研究》2010 年第 1 期。

② 洪运：《构建城乡统筹农村住房保障制度的基本思路——以成都市为例》，《中国房地产》2010 年第 8 期。

结构的政策，深刻地影响着城乡住房保障政策公平的实现。[①]

（二）重城轻乡的发展理念是城乡住房保障制度发展失衡的重要原因

城乡关系是我国经济社会关系中的重要关系之一。城乡关系是否协调，直接影响我国经济社会能否健康发展。然而，在我国发展史上长期存在着重城轻乡的发展理念，特别是在推行城镇化和工业化以来，这种发展理念又进一步得到强化。重城轻乡是指在城市与乡村的空间开发和资源配置上，重城镇、轻乡村。主要表现在以下两个方面：一是乡村基础设施建设严重滞后；二是农村公共服务发展严重滞后。[②] 诚然，在快速推进城镇化和实现工业化过程中，大量的人口向工业和城镇聚集，城镇住房问题不断恶化，进而需要政府进行干预，在此背景下重视城镇的发展、重点解决城镇住房问题本无可厚非，但不能因此忽视目前仍居住着大部分人口的农村地区的发展，不能忽视农村居民住房问题。城乡住房问题之间是对立统一关系，二者相辅相成，农村住房问题的解决有利于促进城镇住房问题的解决。

（三）公共财政体制阻碍了城乡住房保障均等化发展

1994 年我国开始实行分税制财政管理体制，其主要内容是明确中央与地方事权和财权的划分。中央财政主要承担国防、外交和中央国家机关运转所需经费，调整国民经济结构、协调地区经济发展、实施宏观调控所需支出；地方财政主要负担地区政权机构运行所需的经费支出以及本地区经济、社会事业发展所需支出。[③] 然而，在分权过程中，中央并没有将相应的财政同时下放，加上目前转移支付制度尚未制度化和常态化，地方政府履行社会保障责任的经济缺口更大。在有限的财力条件下，地方政府疲于应付城市户籍人口的住房问题，对于进城务工人员和农村贫困群体的住房

① 尚教蔚：《我国城乡住房保障政策公平问题及解决路径探析》，《城市》2012 年第 12 期。

② 田代贵、陈悦：《新型城镇化条件下的“两重两轻”摆脱与下一步》，《改革》2013 年第 12 期。

③ 郭红：《中央与地方政府的财政博弈——兼论分税制体制的完善》，《科技信息》（学术研究）2006 年第 12 期。

问题更是力不从心。

第二节　城乡住房保障制度耦合关系研究

一　城乡住房问题辩证关系分析

从本质上讲，城镇住房问题和农村住房问题是同一个问题的两个不同侧面，二者既相互联系又相互区别，统一于一个国家或地区的住房问题之中。

（一）城乡住房问题之间的区别

首先，两者所指对象有别。城镇住房问题主要指城镇居民由于收入水平较低，房价收入比偏高，住房支付能力偏低，城镇居民不能靠自身而需要政府和社会施以援手才能解决居住的问题。现代社会的城镇住房问题主要产生于城镇化过程中，由于城镇化进程加快，大量农村居民迁入城镇，打破了城镇住房市场原有的均衡状态，住房供不应求，住房价格节节攀升，居民支付能力降低，从而出现部分居民不能自住其力的现象。农村住房问题主要指农村地区部分居民（包括五保户、贫困家庭）由于收入水平非常低，不能住上基本生存权要求的体面的住房。农村住房问题的根源主要在于绝对贫困人口的收入水平低，无力改建或新建住房。

其次，两者的影响不同。由于城镇具有相对完善的住房市场，作为住房市场的重要组成部分，中低收入群体的住房需求及其问题势必影响整个住房市场。因此，若城镇住房问题解决不好，则对整个住房市场的影响较大。而我国农村住房市场市场化程度较低，基本处于自给自足阶段，因此，农村贫困家庭的住房问题对其他农村居民居住的影响微乎其微。而且，由于城镇居民人口密度较大，居住相对集中，若城镇住房问题解决不好，其波及面较宽，影响较大，诸如衍化成贫民窟、社会阶层对立等问题；农村居民居住相对分散，一般情况下，少数居民的住房问题的负面影响相对城镇而言较小。

（二）城乡住房问题之间的联系

1. 城镇住房问题和农村住房问题之间互为因果关系

城镇住房问题和农村住房问题是一个国家或地区内部同一个问题的两

个不同侧面，二者之间是互为因果的关系。一方面，从整体上看，城镇住房问题和农村住房问题之间仅存在着地域不同，其本质上都是居民因支付能力不足不能自住其力，需要政府和社会施以援手。城镇化过程是农村人口不断向城镇转移的过程，农村人口在向城镇转移的过程中既受到生产力较为发达的二、三产业巨大的劳动力需求与良好的生活和工作环境的吸引，又受到生产力较为落后、工作生活条件较差的农村地区的推力。特别是，在农业现代化过程中，随着农业生产力水平不断提高、农村土地就业吸纳能力降低以及隐性失业农民日益增多，不少农村剩余劳动力被迫到城市谋求生路。而这部分转移劳动力在农村的生产生活条件也较差，特别是来自我国中西部欠发达的农村地区的农民更是如此。他们的居住条件较差，绝大多数都是农村居住困难者。从农村转移到城镇来工作生活的这部分剩余劳动力就需要城市为其提供必要的住房，从而加大城镇住房刚性需求，进而在一定程度上恶化了城镇住房问题。从这一角度讲，农村住房问题是城镇住房问题形成的原因。另一方面，由于城市政府受困于有限资源，能为居住困难家庭提供的住房数量也十分有限，不能满足所有居民的居住需求。特别是，在城乡二元户籍制度下，不少地方政府为住房保障设置了严格的准入门槛，将大部分农民工和其他外来人员排除在住房保障制度之外。未能在城镇解决居住问题的农民工和其他外来人员在其流出地必将形成大量的住房需求，然而农村地区的住房保障制度十分落后，基本处于宅基地保障的初级阶段，农民住房建设得到政府和社会的帮助较少，农村住房问题不能得到妥善解决。因此，从这一角度讲，城镇住房问题没有得到有效解决也不利于农村住房问题的解决，或者说，城镇住房问题是农村住房问题的致因。

2. 农村住房问题有效解决有利于城镇住房问题的缓解，城镇住房问题的破解也有利于促进农村住房问题的解决

在城乡人口流动加速的背景下，农村住房问题的有效解决有利于城镇住房问题的缓解，反之亦然。自 20 世纪 90 年代初民工潮兴起以来，我国人口流动的主要趋势表现为由乡村流向城市。与城乡人口大量流动相伴而生的是农村住房日益衰败和城镇住房供不应求。由于常年生活在城镇，农村住房质量差加之年久失修，农民工在农村无家可归，他们需要城镇为其提供居所，因此城镇住房需求猛增，城镇住房问题日益显现。相反，如果农村住房质量较高，农民工即便有住房需求，也大多为租房而非购房需求；如果农村住房质量较高且居住环境较好，家庭化的人口流动较少，相应地城镇住房问题压力就小得多。反之，城镇住房问题的缓解有利于促进农村住房问题的解决。有效解决城镇住房问题，为进城农民工、经商者等提供更多更好的住所，以使城镇化进程加快。更多的农民定居城镇后，农村居民数量减少，有利于农民集中居住，从而有利于更好地为农村居住困难群体提供住房保障。再者，城镇住房问题的有效解决吸引更多的农民定居城镇，有利于促进城乡建设用地增减挂钩工作，进而有利于农村住房保障建设资金的筹集。

二　“四化”与城乡住房保障制度关系分析

住房制度改革以来，为了改善中低收入群体的居住水平，我国政府实施了诸如安居工程、经济适用房建设、住房公积金等一系列住房保障制度。这些制度的实施取得了不少成绩，城镇居住困难家庭居住条件大为改善。然而，住房问题并非为城镇所独有，农村地区同样面临着严重的住房问题。尽管城镇住房问题表现得较为集中和突出，但农村住房问题也同样不容小觑，甚至从某种意义上讲，在城镇住房问题得以一定程度缓解的当前，农村住房问题的解决较之城镇更为迫切。而且，城乡住房问题是住房问题紧密相关的两个侧面。遗憾的是，长期以来，我国农村住房问题一直都处于被漠视的境地。当前我国正在推进的城乡一体化战略，本质上就是使整个城乡社会全面、协调和可持续发展。统筹城乡住房保障制度又是当前我国城乡一体化发展战略的内在要求。

“四化”同步发展是党的十八大从我国经济社会发展全局出发提出的重大战略，符合我国现代化建设的客观规律和基本国情。“四化”同步与城乡一体化发展之间具有内在的统一性。如果将“城乡一体化发展”视为我国经济社会发展目标，那么，“四化”同步就是实现此目标的重要途径。既然城乡住房保障制度发展又是城乡一体化发展的内在要求，因此，“四化”同步与城乡住房保障制度之间又具有内在的逻辑关联性。鉴于此，本节将首先探讨“四化”与城乡住房保障制度之间的互动耦合关系，然后分析其耦合关系的评价指标并进行实证研究，在此基础上提出完善当前城乡住房保障制度的对策。

系统耦合（System Coupling）是指“两个或两个以上的系统或运动方式之间通过各种相互作用而彼此影响以至联合起来的现象，是在各子系统间的良性互动下，相互依赖、相互协调、相互促进的动态关联关系”。[①] 从系统耦合的定义来研判，新型城镇化、新型工业化、农业现代化、信息化“四化”与城乡住房保障制度之间存在着典型的互动耦合关系。

（一）城镇化与住房保障制度耦合机理分析

1. 城镇化催生了城乡住房问题，又为住房保障制度发展提供了契机

城镇化（Urbanization）就是“农村人口不断向城镇转移，城镇数量不断增加，城镇人口规模与地域规模不断扩大的一种历史进程”。[②] 社会科学文献出版社和上海社科院城市与区域研究中心2012年1月联合发布了《国际城市发展报告（2012）》，该报告称，预计到2020年，中国城市化率将达55%，其间1.5亿中国人将完成从农民到市民的空间和身份转换。我国庞大的人口基数以及城镇化高速发展形成的乡城之间的大规模人口流动，不仅会影响城镇现有的住房体系和政策，也将波及农村住房的利用和建设。大批农村人口迅速地向城镇转移产生了巨大的住房需求，改变了城镇住房原有供求状况，进而使城镇住房问题凸显。农村住房问题不仅表现在低收入和无收入居民无房可住、宅基地超标占用和闲置浪费，还表现在住房结构存在安全隐患、住房功能欠缺、居住环境脏乱差及公共服务设施不完善等方面。

城镇化过程不仅包括农业人口职业的转变，而且包括产业结构升级、区域产业转移和“产城融合发展”，以及城市空间布局的优化。产业结构优化升级，意味着经济活动效率的提高，经济收入增长加快，从而为住房保障制度提供必要的资金支持。“未来10年，我国将会形成3大都市圈、19个城市群或城市化地区，人口开始向多个区域集中。随着这些优化开发

① 周建群：《我国新型工业化、城镇化和农业现代化“三化”协调发展理论与实证研究》，《科学社会主义》2013年第2期。

② 张超：《城镇化与“三农”问题的实证分析》，《金融发展评论》2011年第3期。

区域的经济规模逐渐扩张，产业竞争能力不断增强，‘产城融合’发展趋势明显”。[①] 产城融合发展为完善住房保障体系创造了宝贵机遇。城市空间布局的优化，使城镇建设用地利用效率提高，从而为保障性住房建设提供用地支持。

2. 住房保障制度的发展有利于城镇化质量和内涵的提升

城镇化催生了住房问题，需要政府和社会提供越来越多的住房保障，而住房保障水平的不断提高反过来又有利于城镇化进程的推进和质量的提升。城镇化特别是以人为本的新型城镇化本质上是人的城镇化，而住房保障又是一项旨在解决贫困群体居住问题的社会制度，因此，住房保障制度与城镇化在本质上是相统一的、在内在要求上是相契合的。保障性住房建设是城镇化的重要组成部分，住房保障制度日益完善、住房保障水平不断提高，将有助于提升城镇化质量、促进城镇化进程。陈章喜等（2013）的实证研究证实了这一结论：随着保障性住房建设的不断加快，住房保障对中国城镇化的进程，无论从整体上还是在区域分布上均产生了明显的拉动效应。住房保障的发展不是城镇化的障碍，而是促进城镇化的基本因素。

（二）工业化与住房保障制度的耦合机理分析

1. 工业化引致城镇住房问题，并为住房保障制度提供资金来源

工业化是现代化的核心内容，是传统农业社会向现代工业社会转变的过程。工业化过程伴随着大量农业劳动力向工业转移、大量农村人口向城镇转移。工业化进程越快，这种转移进程也就越快。此种现象，古今中外概莫能外。我国“自清末民初开始，随着工业化的发展，农村人口向城市集中，工人群体的规模不断扩大。到 1927 年，城市手工业者达到一千二百万人，产业工人达到二百七十五万人”。[②] “随着工业化的迅速发展，美国城市人口的增长速度也在加快。1840 - 1850 年，美国城市人口数量几乎翻

① 国务院发展研究中心市场经济研究所“完善我国住房保障体系的制度与政策研究”课题组：《完善住房保障体系提高城镇化水平》，《中国经济时报》2013 年 6 月 25 日。

② 宣朝庆、赵芳婷：《工业化时代的住房保障——基于民国时期劳工住宅问题的分析》，《南开学报》（哲学社会科学版）2011 年第 4 期。

了一番；到1920年，城市人口比例已经超过了50%”。[①] 自20世纪80年代以来，在工业化迅速推进过程中，我国出现了大批“农民工”。由于住房供给缺乏弹性，农民工如潮水般涌入城市，其巨大的住房需求使得城镇住房供求失衡，城镇住房问题日益凸显。可见，工业化快速推进导致大量农村人口向工业转移和城镇集中，农村人口向工业转移和城镇集中又引致城镇住房问题。正如恩格斯所言：“当一个古老的文明国家这样从工场手工业和小生产向大工业过渡，并且这个过渡还由于情况极其顺利而加速的时期，多半也就是住宅缺乏的时期。”[②]

工业化是传统农业社会向现代工业社会转变的必由之路，是现代化的核心内容。因此，工业化不仅是工业取代农业成为国民经济主体的过程，而且还是社会生产力水平大幅度提高、社会财富激增的过程。工业化所创造的社会财富激增，政府财政收入、企业利润也就相应增长，政府和企业的住房保障缴费能力提高，从而促进了住房保障制度发展。进一步的，新型工业化更加强调处理好经济发展与人口的关系的工业化道路。走新型工业化道路，不仅追求良好的经济效益，而且更加注重以人为本的民生改善。因此，帮助贫困群体改善居住水平也是新型工业化的内在要求，新型工业化将有助于发展住房保障制度。

2. 日益完善的住房保障制度有助于工业化进程的顺利推进

日益发展与完善的住房保障制度将有效解决城镇中低收入群体，特别是进城务工人员的住房问题，居住问题的解决可为工业化提供更多优质的劳动力生产要素。卢海阳和钱文荣（2013）对浙江杭州、宁波、嘉兴等7个地级市的抽样调查数据表明，就农民工工作所属行业来看，男性农民工主要从业于机械制造业（占20.93%）和建筑业（占18.67%），女性从业首选纺织业（占33.29%）和机械制造业（占15.24%）。可以看出，农民工对于推进我国工业化进程的重要性不言而喻。然而，农村劳动力是否顺利地转移到工业生产中以及是否能在城镇扎根的关键在于其在城市是否住有所居。陈春和冯长春（2011）的研究证实了这一结论，“住房条件对农

① 苗杰、吴海峰：《国内外工业化、城镇化和农业现代化协调发展的经验及其当代启示》，《毛泽东邓小平理论研究》2012年第11期。

② 《马克思恩格斯选集》，人民出版社，1995。

民工是否留城具有重要影响，改善农民工的住房状况是促进农民工留城的一个重要手段”。

从国际来看，新加坡和日本的住房保障制度较为完善，完善的住房保障制度促进了经济社会的快速发展。新加坡把解决住房问题作为经济发展的重要因素，住房建设也推动了建筑业、建筑材料业及其相关一系列行业的发展。[①] 日本从20世纪60年代第一个住宅建设五年计划开始，推行住宅工业化的产业政策，通产省和建设省分别制定了住宅生产工业化促进补贴制度及住宅体系生产技术开发补助金制度。这一战略举措使得日本的保障性住房建设促进了工业化发展进程。[②] 从国内来看，通常来说，但凡住房保障制度较为完善、住房保障水平较高的省份，其工业化水平也较高，辽宁省、上海市、浙江省等省份即如此。例如，辽宁省要求在农民工集中的开发区和工业园区建设符合农民工特点的集体宿舍，谁用工谁承租。日益完善的住房保障制度极大地促进了辽宁省的工业化进程。

（三）农业现代化与住房保障制度耦合机理分析

1. 农业现代化是城乡住房问题的致因之一，并为城乡住房保障制度提供资金和用地支持

农业现代化是从传统农业向现代农业转变的过程，又是农村人口向非农产业和城镇转移的过程。农业现代化将伴随着农业生产力逐步提高、农村土地就业吸纳能力降低以及隐性失业农民日益增多等现象。土地就业吸纳能力降低和隐性失业增加促使农民到城镇非农产业另谋生路。另外，农业现代化过程又是农业生产集约高效的实现过程，它要求农业生产规模化经营；生产要素适度集中又是规模化经营的前提。土地是首要的农业生产要素，土地适度集中要求农村居民适度集中居住，以实现土地资源集约使用。“促进农民因地制宜、因势利导地适度集中居住，是推进农村城镇化、农业现代化的必然选择。”[③] 无论是农村剩余劳动力向城镇转移，抑或是农

---

① 姚玲珍：《中国公共住房政策模式研究》，上海财经大学出版社，2003。

② 罗应光、向春玲等编著《住有所居：中国保障性住房建设的理论与实践》，中共中央党校出版社，2011。

③ 杨继瑞：《统筹城乡背景的农民集中居住及其制度重构：以四川为例》，《改革》2010年第8期。

村居民集中居住，农业现代化引致的农业人口转移都会给转入地或集中居住点带来不同程度的住房问题，换言之，农业现代化是当前城乡住房问题的致因之一。

农业现代化的目标包含着农业综合效益的提高和农民增收。农业现代化通过提高农业综合收益，进而使政府增加源自农业或与农业相关产业的财政收入。农业现代化引致的农民增收主要通过两条途径实现，一是对于仍然从事农业生产的居村农民而言，“农业现代化改善了农业生产条件，促进了农业生产力发展，农民直接从生产力的提高中受益，改善经济状况”。[①] 二是对于转移至非农产业的农民而言，其增收又主要通过两种方式。首先，从事收入水平更高的非农业生产工作。从平均水平看，我国居民非农产业收入普遍高于农业生产收入。国家统计局数据表明，长期以来，我国城镇居民家庭人均可支配收入均为农村居民家庭人均可支配收入的 3 倍左右，更何况农村居民的部分收入还是来源于进城务工经商等非农业收入。其次，农村土地规模化经营和农村资产收益使转出农民收入增加。农业现代化过程中的土地流转和农村房屋等资产都能给农民带来收益。可见，农业现代化不仅使政府住房保障财政供给能力得以提升，而且也使增收农民的住房自我保障能力得以提高。另外，农业现代化也有助于突破当前保障性住房建设的用地瓶颈。农业现代化需要农民适度集中居住，适度集中居住有利于闲置宅基地整理与复垦，从而为农村居民点统一集中建设保障性住房提供建设用地。同时，通过城乡建设用地增减挂钩模式将农村建设用地指标配置到城镇，以缓解城镇住房建设用地紧张状况。农民适度集中居住还有利于提升政府提供住房保障的规模效益。农村居住条件差的原因之一即政府在农村住房保障制度方面的缺位，而政府缺位的主要原因之一又是为散居农民提供包括住房保障在内的公共服务边际成本太高、规模效益太低。相反，如果农民实现了相对集中居住，尽管财力有限，政府为农村住房困难户提供住房保障的意愿和能力将大为提高。

2. 城乡住房保障制度日益完善有助于促进农业现代化

城镇住房保障制度不断完善，外来人口居住水平不断提高，城市工业

① 蒋俊毅：《农业现代化与农民增收：一个新的理念框架》，《农村经济》2008 年第 6 期。

和服务业为农业剩余劳动力提供了更多的就业机会，使得农民工在城镇既进得来又留得住。也就是说，完善的城镇住房保障制度有利于吸纳农村剩余劳动力，进而有利于农村土地、劳动力等生产要素集中，实现农业生产规模化和农业现代化。劳动者素质的提高是实现农业现代化的决定因素，农业现代化需要高素质的劳动者。劳动者特别是农民素质的提高又以拥有基本的居住条件为前提。因此，从这一层面来讲，农村住房保障制度的发展与完善也有利于促进农业现代化进程。

（四）信息化与住房保障制度耦合机理分析

信息化是信息技术对人类生产生活渗透、改造的趋势和过程。就信息化与工业化、城镇化和农业现代化“三化”的关系而言，信息化可以带动和改造工业化、城镇化和农业现代化，工业化、城镇化和农业现代化反过来又可促进信息化的发展。信息化与住房保障制度的耦合关系可从直接和间接两方面来分析。从间接方面看，既然工业化、城镇化和农业现代化与城乡住房保障制度之间存在着互动关系，信息化又与工业化、城镇化和农业现代化之间关系紧密，那么，自然而然的，信息化与住房保障制度之间也存在着互促互动关系。从直接方面看，一方面，信息化有利于住房保障制度的发展与完善。随着信息化产业的日益成熟，在保障房建设、分配以及档案信息管理中计算机技术运用愈加广泛，从而使住房保障制度效率得以提升。另一方面，住房保障又是现代信息技术的重要载体和应用领域。住房保障制度发展中大量引进和使用现代信息技术，有利于促进现代信息技术的完善与发展。

综上所述，“四化”与住房保障制度之间的耦合机理可以用图 4 -1 表示。

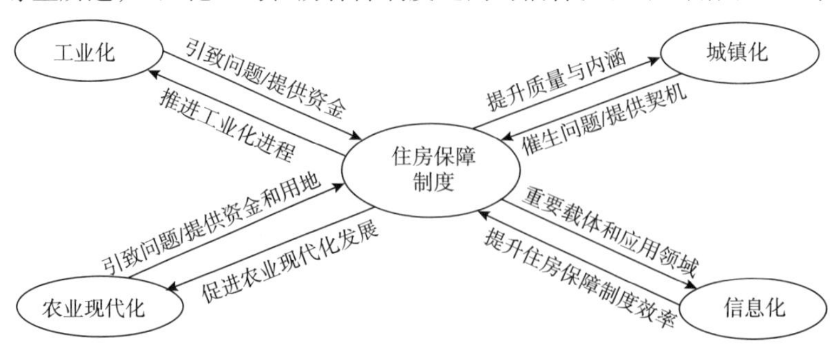

图 4 -1 “四化”与住房保障制度的耦合机理

第三节　“四化”与城镇住房保障制度互动评价指标体系及实证分析

一　“四化”与城镇住房保障制度互动评价指标体系构建

从第二节的分析结论可看出，既然“四化”均与城乡住房保障制度之间存在着紧密的互动关系，我们就可以建立一套评价标准来衡量“四化”中每“化”与住房保障制度之间的耦合关系。因此，下文将围绕“四化”与住房保障制度之间的互动关系分别设计其评价指标体系。

（一）城镇化与住房保障制度

目前，城镇化水平的衡量指标主要有常住人口城镇化率、城镇经济发展水平、城镇家庭可支配收入；与住房保障制度相关的指标有贫困人口数量、住房价格、住房保障支出水平等。因此，城镇化与住房保障制度互动关系可分解为城镇化与住房问题、经济发展水平（GDP）与住房保障制度、住房保障制度发展与城镇化率3个二级指标，以及城镇化率（UR）与城镇贫困人口数量（NPP）、城镇化率（UR）与城镇住房价格（HP）、经济发展水平（GDP）与城镇家庭可支配收入（DIUF）、经济发展水平（GDP）与住房保障支出水平（HSEL）、住房保障支出水平（HSEL）与城镇化率（UR）、解决就业支出（SEE）与城镇化率（UR）6个三级指标（见表4－2）。

表4－2　城镇化与住房保障制度互动关系评价指标体系

一级指标	二级指标	三级指标
城镇化与住房保障制度	城镇化与城镇住房问题	城镇化率与城镇贫困人口数量
		城镇化率与城镇住房价格
	经济发展水平与住房保障制度	经济发展水平与城镇家庭可支配收入
		经济发展水平与住房保障支出水平
	住房保障制度发展与城镇化率	住房保障支出水平与城镇化率
		解决就业支出与城镇化率

（二）工业化与住房保障制度

国际上衡量工业化的主要经济指标包括人均生产总值、工业化率（即工业增加值占全部生产总值的比重）、三次产业结构和就业结构以及城镇化率。因此，将工业化与住房保障制度互动关系分解成工业化与城镇住房问题、工业发展与住房保障、住房保障与工业发展3个二级指标，以及工业化率（RI）与城镇贫困人口数量（NPP）、工业化率（RI）与城镇住房价格（HP）、工业增加值（AVI）与住房保障支出水平（HSEL）、住房保障支出水平（HSEL）与工业增加值（AVI）、住房保障制度覆盖率（HSC）与工业从业人员数量（IW）5个三级指标（见表4-3）。

表4-3　工业化与住房保障制度互动关系评价指标体系

一级指标	二级指标	三级指标
工业化与住房保障制度	工业化与城镇住房问题	工业化率与城镇贫困人口数量
		工业化率与城镇住房价格
	工业发展与住房保障	工业增加值与住房保障支出水平
	住房保障与工业发展	住房保障支出水平与工业增加值
		住房保障制度覆盖率与工业从业人员数量

（三）农业现代化与住房保障制度

农业现代化衡量指标主要包括第一产业从业人员占全社会从业人员的比重、农业产业增加值占国内生产总值的比重、农业劳动生产率、农村财政收入增长、农村富余劳动力转移等。基于统计数据可得性方面的考虑，将农业现代化与住房保障制度之间的互动关系分解为农业现代化与城镇住房问题、农村要素转化与住房保障、农村财政收入增长与住房保障、住房保障制度与农业现代化4个二级指标，以及农村富余劳动力转移（RSLT）与城镇住房价格（HP）、耕地转城镇建设用地（FTUIL）与住房保障建设用地（HCL）、农村财政收入增长率（FRGC）与住房保障支出水平（HSEL）、住房保障支出水平（HSEL）与农村常住人口城镇化率（RRPUR）4个三级指标（见表4-4）。

表 4－4 农业现代化与住房保障制度互动关系评价指标体系

一级指标	二级指标	三级指标
农业现代化与住房保障制度	农业现代化与城镇住房问题	农村富余劳动力转移与城镇住房价格
	农村要素转化与住房保障	耕地转城镇建设用地与住房保障建设用地
	农村财政收入增长与住房保障	农村财政收入增长率与住房保障支出水平
	住房保障制度与农业现代化	住房保障支出水平与农村常住人口城镇化率

（四）信息化与住房保障制度

靖继鹏（1993）设计出了综合信息产业力度法指标体系来衡量信息化水平，该指标体系包括广播电视人口覆盖率、电视机普及率、计算机普及率通信技术水平等。以此为借鉴，将信息化与住房保障制度之间的互动关系分解为保障性住房信息基础设施建设、保障性住房信息化管理水平、保障性住房信息资源消费 3 个二级指标，以及保障性住房内有线电视普及率（CTPR）、联网计算机普及率（CCPR）、城域网出口宽带普及率（MEBP）、档案信息化标准建设（SAIC）、档案信息服务水平（AISL）、信息资源覆盖度（COIR）、信息资源人均消费（PCCOIR）7 个三级指标（见表 4－5）。

表 4－5 信息化与住房保障制度互动关系指标体系

一级指标	二级指标	三级指标
信息化与住房保障制度	保障性住房信息基础设施建设	有线电视普及率
		联网计算机普及率
		城域网出口宽带普及率
	保障性住房信息化管理水平	档案信息化标准建设
		档案信息服务水平
	保障性住房信息资源消费	信息资源覆盖度
		信息资源人均消费

二 “四化”与城镇住房保障制度互动关系实证分析

（一）指标选取与样本来源说明

前文已从理论上分析了城镇化、工业化、农业现代化以及信息化与住房保障制度之间的互动关系，并且建立了评价指标体系。但囿于数据缺失或者个别关系难以完全定量分析，下文将以中央公共财政住房保障预算支出为被解释变量（用 Y 表示）、“四化”下的三级指标为解释变量来分析其互动关系。按照指标可量化性和可得性原则，笔者将前文中表 4－2、表 4－3、表 4－4 中三级指标进行了筛选，分别选取国内生产总值 GDP（X_1）、城镇化率（X_2）、城镇居民可支配收入（X_3）、城镇低保人数（X_4）、城镇住宅商品销售价格（X_5）、工业增加值（X_6）、农村劳动力转移数量（X_7）等作为三级指标，构建新的评价指标体系。

中央公共财政住房保障预算支出数据来源于财政部 2008～2014 年财政统计；城镇低保人数数据来源于民政部 2008～2014 年《社会服务发展统计公报》；GDP、城镇化率、城镇住宅商品销售价格、工业增加值等均来源于国家统计局 2008～2014 年《中国统计年鉴》；农村劳动力转移数量来源于《我国农村劳动力转移数量预测及未来趋势预测》（何建新，2013）。

（二）实证结果分析

笔者使用 SPSS20 分析软件，并用积差相关系数（Pearson）分析被解释变量 Y 和解释变量 X 之间的相关性大小。Pearson 相关系数适用于两变量呈线性相关的情形，其取值介于 －1～1 之间，当两变量相关性最大，散点呈直线状时取值就为 －1 或者 1，正负号为相关方向。实证分析具体结果如表 4－6 所示。

表 4－6　中央公共财政住房保障预算支出与各自变量之间相关性

		Y	X_1	X_2	X_3	X_4	X_5	X_6	X_7
Y	Pearson 相关性	1	0.988**	0.990**	0.989**	－0.912**	0.970**	0.982**	0.986**
	显著性（双侧）		0.000	0.000	0.000	0.004	0.000	0.000	0.000
X_1	Pearson 相关性	0.988**	1	0.996**	0.998**	－0.927**	0.963**	0.994**	0.997**
	显著性（双侧）	0.000		0.000	0.000	0.003	0.000	0.000	0.000
X_2	Pearson 相关性	0.990**	0.996**	1	0.993**	－0.909**	0.982**	0.990**	0.996**
	显著性（双侧）	0.000	0.000		0.000	0.005	0.000	0.000	0.000
X_3	Pearson 相关性	0.989**	0.998**	0.993**	1	－0.946**	0.961**	0.985**	0.998**
	显著性（双侧）	0.000	0.000	0.000		0.001	0.001	0.000	0.000

续表

		Y	X_1	X_2	X_3	X_4	X_5	X_6	X_7
X_4	Pearson 相关性	-0.912**	-0.927**	-0.909**	-0.946**	1	-0.854*	-0.885**	-0.943**
	显著性（双侧）	0.004	0.003	0.005	0.001		0.015	0.008	0.001
X_5	Pearson 相关性	0.970**	0.963**	0.982**	0.961**	-0.854*	1	0.955**	0.967**
	显著性（双侧）	0.000	0.000	0.000	0.001	0.015		0.001	0.000
X_6	Pearson 相关性	0.982**	0.994**	0.990**	0.985**	-0.885**	0.955**	1	0.984**
	显著性（双侧）	0.000	0.000	0.000	0.000	0.008	0.001		0.000
X_7	Pearson 相关性	0.986**	0.997**	0.996**	0.998**	-0.943**	0.967**	0.984**	1
	显著性（双侧）	0.000	0.000	0.000	0.000	0.001	0.000	0.000	

注：** 表示在 0.01 水平（双侧）上显著相关；* 表示在 0.05 水平（双侧）上显著相关。

从表 4-6 可看出，城镇化率、GDP 规模、城镇居民可支配收入、城镇住宅销售价格、城镇低保人数、工业增加值、农村劳动力转移数均与中央公共财政住房保障预算支出在 0.01 水平（双侧）上呈显著相关。其中，城镇化率与住房保障预算支出相关性最为显著；城镇低保人数与住房保障预算支出呈反向相关关系，表明政府在城镇低保方面支出增加，需要政府帮助解决居住问题的贫困家庭相应地减少。进一步讲，前文已说明城镇化率、GDP 规模、城镇居民可支配收入等指标系“四化”各指标下的二级指标，也就是说，城镇化、工业化、农业现代化与住房保障之间也就呈显著相关关系。

第二节和第三节首先从学理上分析了城镇化、工业化、农业现代化和信息化与住房保障制度之间的耦合关系，得出了如下四个结论。第一，城镇化既催生了城乡住房问题，又为住房保障制度发展提供了契机；住房保障制度的发展有利于城镇化质量和内涵的提升。第二，工业化引致城镇住房问题，并为住房保障制度提供资金来源；日益完善的住房保障制度有助于工业化进程的顺利推进。第三，农业现代化是城乡住房问题的致因之一，并为城乡住房保障制度提供资金和用地支持；城乡住房保障制度日益完善有助于促进农业现代化。第四，信息化有利于住房保障制度的发展与完善，住房保障制度又是现代信息技术的重要载体和应用领域。在第二节理论分析基础上，第三节分别构建了城镇化与住房保障制度、工业化与住房保障制度、农业现代化与住房保障制度、信息化与住房保障制度互动关系评价指标体系。最后，以中央公共财政住房保障预算支出为被解释变量，选取GDP、城镇化率、城镇居民可支配收入、城镇低保人数、城镇住宅商品销售价格、工业增加值、农村劳动力转移数量为解释变量，用SPSS20软件进行了相关性分析。实证结果表明，GDP、城镇化率、城镇居民可支配收入、城镇低保人数、城镇住宅商品销售价格、工业增加值、农村劳动力转移数量这些变量与住房保障制度之间显著相关。这一结论也佐证了前文的理论分析结果。

基于以上分析结论，结合我国住房保障制度实践，提出了以下政策建议。首先，以当前“四化”同步发展为契机，充分利用城镇化、工业化、农业现代化和信息化“红利”大力发展住房保障制度。其次，城乡住房问题是同一个问题的两个不同侧面，两者之间因为“四化”同步发展关系更为紧密。从建设资金来源、建设用地等方面统筹解决城乡住房问题，推进城乡住房保障制度一体化发展。最后，设计城乡住房保障制度时，需将有利于推进“四化”同步发展作为其制度目标之一，也就是说，需将住房保障制度与“四化”相结合作为整体统一推进。

第四节 我国公共保障性住房供给城乡结构优化路径——基于成都市城乡住房保障均等化实践

从本章一至三节的研究结果可以看出，当前我国公共保障性住房供给城乡结构严重失衡，重城轻乡现象十分突出，城乡住房保障制度相互割裂，未能形成统一的制度。公共保障性住房供给城乡结构严重失衡的后果是进一步拉大城乡贫富差距，阻碍全面建成小康社会目标的实现。公共保障性住房供给城乡结构优化主要通过城乡住房保障均等化途径来实现。2012年7月，国务院发布的《国家基本公共服务体系“十二五”规划》将基本公共服务均等化定义为全体公民都能公平可及地获得大致均等的基本公共服务。该《规划》把住房保障均等化与其他各项基本公共服务一同进行了讨论。李农和张凤娟（2013）研究认为，城乡住房保障均等化是指，通过政府各个领域住房政策设计能达到机会均等，公民不因地域、户籍、社会地位和贫富状况不同而受到不同的待遇，都能在住房市场上获得匹配其支付能力的基本住房条件。因此，在当前举国上下共同致力于建设小康社会的时代背景下，统筹解决城乡住房问题，优化住房保障供给城乡结构，在住房保障政策设计及制定上加大向农村地区倾斜和覆盖的力度就显得尤为重要。

一　我国公共保障性住房供给城乡结构优化的指导思想

（一）有利于消弭城乡差别，实现城乡居民共同富裕

要消除城乡差别、纠正城乡失衡，从目前来看，最首要的任务就是必须消除城乡之间在居住、就业等方面的不公平现象和二元化的政策与制度。优化公共保障性住房供给城乡结构必须以实现城乡居民共同富裕为基本指导思想。我国当前城乡差距有被进一步拉大的趋势，城乡居民生活水平差距较为明显，其中表现之一为居住水平的差异。从整体上看，城镇居民居住无论是住房质量还是配套设施都明显优于农村。在住房保障制度上，城镇住房保障制度也明显优于农村地区，农村地区几乎处于住房保障制度空白状态。统筹考虑城乡住房保障体系，在城市住房保障体系统筹考虑农民工的住房问题，不仅不会减少城市居民既得利益的损失，也会为城市发展和新农村建设创造更多的空间和节省一定的资源（吕萍，2010）。因此，在大力发展城镇住房保障制度的同时，更加重视农村住房保障制度发展。从整体上优化城乡供给结构，要以实现城乡居民共同富裕为基本指导思想。

（二）符合我国城市化和城镇化发展方向

目前我国城镇化水平较低，城镇化所需成本较大，而住房保障也是城镇化成本中的重要组成部分。城市扩张和发展的城市化进程以及农村建设和发展的城镇化进程的目标和方向是一致的，都可以概括为更为有效和合理地利用土地等资源，并能够可持续地获得更大的产出与效益。统筹考虑城乡住房保障体系建设，将有利于节约城市化和城镇化的成本，促进两化的共同建设。

（三）统筹城乡，适当向农村地区倾斜

要实现城乡居民在居住方面的平等，住房保障政策必须遵循统筹城乡的指导思想。经过几十年的发展，城镇住房保障制度日益完善，城镇居民居住问题得以较大程度的缓解，农村住房问题成了我国住房问题中的最大短板。因此，在城镇住房保障制度有较大程度发展的当前，在配置住房保障资源时须适当地向农村地区倾斜，确保农村住房保障制度加快发展。

二 我国公共保障性住房供给城乡结构优化路径分析

（一）重构住房保障制度，建立覆盖城乡的住房保障制度

随着城乡统筹发展进程的推进，统筹考虑城乡住房制度和住房保障制度的完善和建设，是最终解决现有矛盾的途径（吕萍、甄辉，2010）。党的十八大报告提出“加快形成政府主导、覆盖城乡、可持续的基本公共服务体系”。这为消除城乡住房二元结构特别是城乡住房保障二元结构，实现城乡住房保障均等化提供了理论基础。[①] 针对当前我国公共保障性住房供给城乡结构严重失衡、重城轻乡现象，应该重新进行住房保障制度顶层设计，尽快建立覆盖城乡的住房保障制度。为尽快制定覆盖城乡的住房保障制度建设规划，保障城乡家庭享有均等的权利、享受住房保障福利。当然，由于城乡实际情况不同，允许城乡实施适应各自需要的住房保障手段，但是基本水平要均等，做到多层次、有重点、新老结合，逐步实现城乡住房保障协同。[②] 尽快建立统一的城乡住房保障管理体系。规范现行的农村住房保障依靠基层集体管理的现象，城乡住房保障由统一的专门机构统一管理，建立专门的管理城乡住房保障工作的监督委员会，加大对住房保障工作的监督。[③]

在统筹发展城乡住房保障制度方面，成都市的经验值得借鉴和推广。

---

① 尚教蔚：《中国城乡住房保障均等化存在的障碍及解决对策》，《黑龙江社会科学》2014年第6期。

② 谷彦芳：《我国城乡社会保障制度的差异分析与统筹对策》，《山东纺织经济》2009年第2期。

③ 金晓菲：《中国城乡住房保障差异及解决路径研究》，硕士学位论文，山东财经大学，2013。

2011 年 3 月 28 日，成都市发布了《关于建立农村住房保障体系的实施意见（试行）》，在全国率先提出了建立农村住房保障体系，使住房保障政策实现了城乡之间无缝覆盖，基本实现全市符合保障条件家庭“应保尽保”。《实施意见》规定，家庭收入和家庭财产符合当地规定的廉租住房保障标准，家庭人口在两人（含两人）以上或年满 35 周岁的低收入单身居民，人均自有产权住房（含城镇和农村）面积在 16 平方米以下，可在居住地申请住房保障，获得租赁补贴或实物配租。成都市农村住房保障体系遵循三大原则：全域覆盖、基本保障和统一管理。《实施意见》的出台和具体落实，表明成都在全国率先实现了城乡住房保障制度的统一和完善，不仅填补了成都市住房保障政策在农村地区的空白，而且也符合城乡基本公共服务均等化的内在要求。①

（二）改革现有的户籍制度和住房保障土地供给制度

现有的户籍制度及附在其上的相关社会权利是当前城市农民工和外来人口享受住房保障制度的最大壁垒。因此，若要建立城乡统筹覆盖城乡居民的统一的住房保障制度，必须改革现有的户籍制度，使农民工和外来人口与城镇居民享有同等的住房保障权利。按照现有的住房保障制度，保障性住房只能建设在国有土地上，在集体土地上建设保障性住房，必须将其转变为国有土地。这种制度设计与我国现有的仅覆盖城镇的住房保障制度是一脉相承的。而构建城乡统筹的农村住房保障体系必须允许在集体建设用地上建设农村保障性住房②，并且和城镇保障性住房用地一样，要优先满足，应保尽保。③

2007 年 6 月，成都市获批“全国统筹城乡综合配套改革试验区”以来，在户籍改革方面，围绕“实现城乡基本公共服务均等化”的目标，消除城乡户籍分置带来的身份差异，使得农民从过往的“身份”变为一种职业。而作为成都市居民，农民享受到的基本公共服务都应是均等的——不

---

① 周雪飞：《住房保障均等化的现实性探究——由成都住房保障均等化引发的启示》，《行政事业资产与财务》2012 年第 2 期。

② 苏勇：《农村地制创新与住房保障制度的变革》，《求索》2010 年第 7 期。

③ 崔永亮：《基于城乡统筹的农村住房保障体系构建研究》，《农村经济》2012 年第 1 期。

论是教育、就业、社保，还是住房保障。可以说，户籍改革为成都建立农村住房保障体系奠定了基础，提供了条件。[①]

（三）加快财税体制改革，明确各级政府住房保障责任

若要改变当前我国城乡住房保障制度发展非均衡现状，实现城乡居民住房保障服务均等化目标，务必加快财税体制改革和深化行政管理体制改革，建立各级政府间规范的转移支付制度，减少转移支付的随意性，提高事权与财权配置水平，从根本上扭转基层政府财政困难的状况；加紧出台专门的《中央与地方关系法》，将中央与地方关系纳入法制化轨道，明确中央与地方的责权利范围。就保障性住房制度而言，需要明确我国保障房建设中中央与地方政府职责划分的基本思路，按照财权与事权相统一的原则，建立中央与地方财政投入的责任分担机制。

（四）重点推进农村住房保障体系的构建[②]

农村住房问题是我国整个住房问题中的最大短板，急需补齐。统筹城乡住房保障资金的投入计划，加大农村住房保障投入。政府尽快调整住房保障方面的财政支出，城乡统筹分配，取消城镇冗余的保障项目，将资金转移到农村住房保障建设上，加大对农村住房保障的投资力度。与农村集体组织协商，划拨集体建设用地用于农村廉租房建设；有偿回收农村闲置的宅基地，作为保障性住房建设用地。在农村地区建设廉租房和经济适用房，分层次向符合条件的农村家庭提供服务。政府在建设保障性住房时，需整体规划保障房周边的配套服务设施，比如幼儿园、学校、市场等，为农村居民提供更方便的生活环境。

《关于建立农村住房保障体系的实施意见（试行）》要求各区（市）县按照确定的方式和渠道筹集房源和资金，各郊区（市）县保障性住房房源由各郊区（市）县政府通过在乡镇和农民集中居住区新建和采购保障住

---

① 周雪飞：《住房保障均等化的现实性探究——由成都住房保障均等化引发的启示》，《行政事业资产与财务》2012 年第 2 期。

② 金晓菲：《中国城乡住房保障差异及解决路径研究》，硕士学位论文，山东财经大学，2013；《我国城镇住房保障制度与农村住房保障制度协同性研究》，《商品与质量》2012 年第 1 期。

房的方式筹集，市区县两级财政将城乡住房保障资金列入地方财政年度预算安排，切实保证住房保障资金按时到位。

第五节　本章小结

我国当前城乡住房保障制度发展严重失衡，重城轻乡现象十分明显：城镇住房保障制度已得到相当程度的发展，而农村住房保障制度基本上还处于宅基地保障的低级阶段。从财政投入来看，国家财政每年都拿出巨额资金用于城镇保障性住房建设，而对于农村住房保障几乎没有任何投入。城乡住房保障制度发展严重失衡，必然导致城乡居民贫富差距进一步拉大，不利于全面建设小康社会进程的推进，而且，忽视农村住房保障制度的发展最终也不利于城镇住房问题的有效解决。城乡住房问题之间既对立又统一，二者是相互影响和相互促进的耦合关系。我国城镇住房保障制度已有一定程度的发展，而农村住房问题尚未得到真正重视，加之城乡住房保障需求特点也发生了深刻变化，因此，今后我国住房保障制度发展中应注重增强供给结构对需求变化的适应性和灵活性，住房保障资源配置应适当地向农村地区倾斜。在当前全面建设小康社会背景下，农业农村是短板，而农村住房问题又是短板中的短板。统筹解决城乡住房问题是实现全面建成小康社会目标的内在要求。坚持“以城带乡，以工促农”发展理念，统筹安排城乡保障性住房建设资金和用地是实现共同富裕的必然路径。

本章第一节首先分析了当前我国住房保障供给城乡结构现状及存在的问题；第二节分析了城乡住房问题二者之间的辩证关系，重点分析了“四化”与城乡住房保障制度之间的耦合关系；在此基础上第三节设计了“四化”与城乡住房保障制度耦合关系的实证指标体系，并进行了实证。实证结果如下。第一，城镇化既催生了城乡住房问题，又为住房保障制度发展提供了契机；住房保障制度的发展有利于城镇化质量和内涵的提升。第二，工业化引致城镇住房问题，并为住房保障制度提供资金来源；日益完善的住房保障制度有助于工业化进程的顺利推进。第三，农业现代化是城乡住房问题的致因之一，并为城乡住房保障制度提供资金和用地支持；城乡住房保障制度日益完善有助于促进农业现代化。第四，信息化有利于住房保障制度的发展与完善，住房保障制度又是现代信息技术的重要载体和应用领域。本章最后一节分析了我国保障性住房供给城乡结构优化的指导思想及路径，指出重构住房保障制度，建立覆盖城乡的住房保障制度、改革现有的户籍制度和住房保障土地供给制度、重点推进农村住房保障体系的构建是优化当前城乡住房保障供给结构的重要路径。

第五章　我国公共保障性住房供给区域结构优化

公共保障性住房供给区域结构，是指不同地区的住房保障供给数量对比关系。通常说来，住房保障供给水平受经济发展水平影响，经济发展水平越高，住房保障水平也就越高。受历史和地理区位等因素的影响，我国东部地区经济发展整体水平明显高于中西部地区，按理说，东部地区住房保障水平也应比中西部地区高。然而，实地调查结果表明，我国公共保障性住房供给区域结构失衡，中西部地区住房保障覆盖水平较高，而东部地区住房保障覆盖率较低。与住房保障供给城乡结构失衡的影响相同，住房保障供给区域结构失衡也不利于我国全面推进建设小康社会进程，不利于住房公平社会目标的实现。

第一节　我国公共保障性住房供给区域结构现状及成因

一　我国公共保障性住房供给区域结构现状

区域最早是地理学的研究对象，后来被区域经济学所借用，目前影响较大的定义是美国经济学家胡佛和杰莱佩尼于1970年给出的定义："区域是基于描述分析、管理、计划或指定政策等目的而作为一个应用性整体加以考虑的一片地区。"[①] 根据不同的标准，对区域的划分方法也不同，既可以按照行政区域划分，也可以按照经济水平、自然地理条件等标准进行划

① 〔美〕艾德加·胡佛、弗兰克·杰莱佩尼：《区域经济学导论》，郭万清等译，上海远东出版社，1992。

分。本章的研究对象公共保障性住房供给与经济发展水平密切相关，因此区域划分以经济发展水平为标准。按照经济发展水平不同，我国可以划分成东、中、西部三个地区，不考虑各区域内部发达地区与欠发达地区的差别。按照这一原则划分，东部地区包括11个省份，即北京、天津、河北、辽宁、上海、江苏、浙江、福建、山东、广东和海南；中部地区包括8个省份，即山西、吉林、黑龙江、安徽、江西、河南、湖北和湖南；西部地区包括12个省份，即内蒙古、广西、重庆、四川、贵州、云南、西藏、陕西、甘肃、青海、宁夏和新疆等。[①]

衡量住房保障水平高低，学术界的常用指标有住房保障相对水平和住房保障绝对水平，两者略有不同。住房保障相对水平值是住房保障财政投资金额与GDP之比，即GDP中多大比例用于保障性住房建设，此指标更多的是衡量地方政府提供住房保障意愿的高低；住房保障绝对水平值是住房保障财政支出额与各地低保人数之比，即每个低保人员（住房困难家庭户）得到了多少住房保障资金，因此，此指标更多的是衡量低保人员从政府获得住房保障程度的大小。从本质上看，无论是相对水平还是绝对水平，导致差异的主要因素不外乎住房保障财政支出金额、GDP以及住房保障需求人数。

由于东、中、西部地区经济社会发展水平、地方政府供给住房保障的意愿、中央财政转移支付制度、常住人口数以及人口流动趋势不同，我国东、中、西部地区住房保障供给有明显的差距，具体表现在住房保障水平上的区域差异。从住房保障绝对水平看，我国住房保障资金规模的前五名几乎都在东部地区。住房保障相对水平可以用住房保障支出占GDP的比重来衡量。从表5-1可看出，2011年我国城镇住房保障水平较低的有：北京、天津、上海、江苏、浙江、福建、山东和广东；住房保障中等水平的有河北、山西、内蒙古、辽宁、江西、河南、湖北、湖南、广西和新疆；住房保障水平较高的有海南、吉林、黑龙江、安徽、重庆、四川、贵州、云南、西藏、陕西、甘肃、青海、宁夏（见表5-1）。

---

① 边旭东：《我国区域基本公共服务均等化研究》，硕士学位论文，中央民族大学，2010。

表 5-1　我国住房保障水平排名

省份	相对住房保障水平（%）	排　名	省份	相对住房保障水平（%）	排　名
西　藏	10.03	1	广　西	0.91	17
青　海	6.35	2	山　西	0.76	18
贵　州	2.13	3	辽　宁	0.69	19
甘　肃	1.84	4	湖　南	0.64	20
云　南	1.71	5	河　北	0.58	21
宁　夏	1.61	6	河　南	0.53	22
重　庆	1.57	7	湖　北	0.52	23
黑龙江	1.46	8	上　海	0.43	24
海　南	1.37	9	北　京	0.34	25
陕　西	1.20	10	福　建	0.32	26
吉　林	1.17	11	广　东	0.28	27
四　川	1.10	12	江　苏	0.24	28
安　徽	1.05	13	天　津	0.18	29
内蒙古	0.98	14	浙　江	0.18	30
江　西	0.93	15	山　东	0.15	31
新　疆	0.92	16			

资料来源：根据《中国财政年鉴》和《中国统计年鉴》整理而得。

而且，近年来，中央保障房建设补贴的份额大多在中西部地区，东部较少。从图 5-1 可看出，2008～2009 年，中央财政本级支出和转移支付支出数前五名的分别是乌鲁木齐、西安、哈尔滨、贵阳、太原，除太原和哈尔滨外其余均位于西部地区，支出数倒数前五的分别为广州、上海、北京、合肥和宁波，这五个城市除合肥外均位于东部地区。可以看出，中央财政本级支出和转移支付的大多在西部地区，而人口密度更大、住房保障供需矛盾更突出的中东部地区得到的中央财政支持相对较少。

住房保障水平还可以用覆盖率指标来衡量。经济适用房是住房保障供给的主要形式，因此，经济适用房覆盖率在一定程度上也反映出城市住房保障水平的高低。据图 5-2 可知，乌鲁木齐、西安、哈尔滨、贵阳、太原和呼和浩特 2009 年的经济适用房覆盖率都高于 20%。从东、中、西部地区横向比较来看，我国经济适用房覆盖率较高的地区主要分布在西部，而

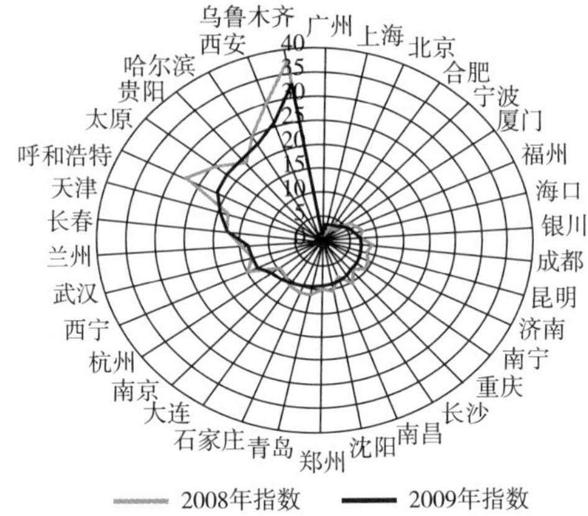

图 5-1 2008~2009 年中央财政住房保障支出及其增长情况

注：数据含中央本级支出和对地方的转移支付。

资料来源：各年度中央和地方预算执行情况与预算草案报告。

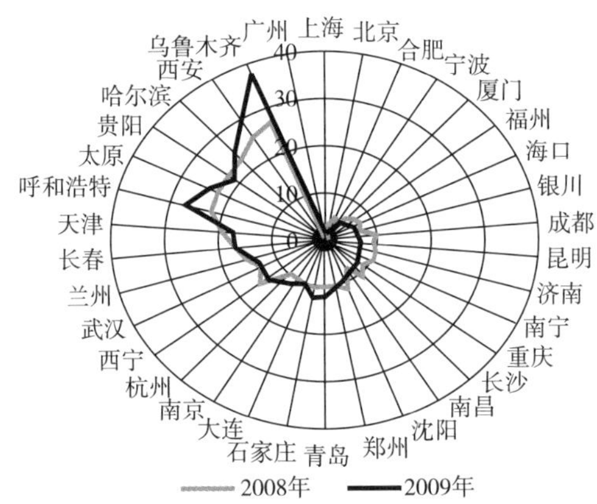

图 5-2 2008~2009 年我国部分城市经济适用房覆盖率

资料来源：高培勇主编《新型城市化背景下的住房保障》，中国财政经济出版社，2012，第117页。

覆盖率较低的地区除了合肥在中部，其余均在东部。[①]

综上所述，无论是从住房保障绝对水平，还是从住房保障相对水平，或者经济适用房覆盖率角度看，我国住房保障供给区域结构严重失衡，区域间住房保障水平相差较大。从住房保障绝对水平看，东部地区保障

① 黄姗凤：《我国城镇住房保障水平差异研究》，硕士学位论文，华东师范大学，2014。

水平明显高于中西部地区；从住房保障相对水平来看，西部地区保障水平高于东中部地区；从经济适用房覆盖率角度看，西部地区住房保障水平较高。

二　我国住房保障供给区域结构严重失衡的主要成因分析

我国住房保障供给区域结构严重失衡有较为复杂的成因，主要表现在经济社会发展水平、中央财政转移支付制度以及人口流动趋势等方面。在已有研究文献中，部分学者研究认为，影响住房保障水平高低的主要因素为经济发展水平。通常说来，一个地区的经济社会发展水平越高，人均国内生产总值和人均财政收入越高，政府提供公共物品的能力就越高。由于多方面原因，我国东中西部地区经济社会发展水平差异较大，东部地区经济社会发展水平明显高于中西部地区。按理说，东部地区住房保障水平应该高于中西部地区。然而，统计资料表明，其结果恰恰相反。就相对水平而言，西部地区高于东中部地区。欧阳华生和黄智聪（2014）的实证结果也表明，我国由经济发展带来的 GDP 规模和政府财力快速增长并未有效支持财政对住房保障的投入。也就是说，地方政府财力的大小并不是各地住房保障供给水平的决定性因素，其原因在于，除了财力以外，政府住房保障供给意愿、中央财政转移支付制度以及人口流动也是影响住房保障水平的重要因素。因此，本章将从政府住房保障供给意愿、中央财政转移支付制度和人口流动因素三个方面来分析住房保障供给区域结构的差异。

（一）住房保障的福利属性和公共产品属性决定了地方政府住房供给意愿较低

一方面，住房保障具有福利属性决定了其利润率比普通商品房低，加之在利益和政绩方面助益都不大，因此，地方政府更愿意把有限的土地资源和建设资金用于能为其带来更大收益的建设项目上，以增加地方财政收入。由于东部地区地少人多，地价远远高于中西部地区，政府不愿意投资于保障房这一情形在东部地区的地方政府身上表现得尤为明显。中央政府要求地方政府将土地出让金的10%用于保障房建设，而地方政府却把出让金视为预算外收入，作为自己的“私房钱”，并以财政困难为由与中央政府讨价还价。特别是，在中央政府将大量事权下放给地方政府的过程中并没有将相应的财权或拨款同等下放，导致地方政府责任缺口更大。因此，地方政府在住房保障制度发展上积极性较差，常常采取“上有政策、下有对策”的方式来推卸责任，以争取地方独立利益，从而“有令不行、有禁不止”，严重影响了国家整体性公共利益的实现。

另一方面，住房保障的公共产品属性也严重影响了地方政府，特别是东部地区的地方政府提供住房保障的积极性。从消费的排他性和竞争性上看，住房保障具有准公共产品属性。公共产品具有经济边界和政治边界，经济边界在一定程度上决定着政治边界，两者的关系本质上是公共产品需求方和供给方的关系。公共产品经济边界与政治边界相匹配是实现公共产品供求平衡的基本前提。正是由于住房保障具有一定的非排他性，特别是近年来随着户籍制度改革的不断深入，中央政府要求降低保障性住房申请的户籍门槛，因此，地方政府提供的住房保障不仅要覆盖本地户籍的居住贫困家庭，而且还要将外来人口中的贫困群体纳入保障范围。显而易见，此时住房保障的经济边界超越了政治边界，住房保障供求失衡。加之，地方政府将其对外来人口的住房保障投资视为人力资本投资的一部分，如若这一群体在当地工作一段时间后流动到其他城市，住房保障的社会收益就不能被此地方政府独享，地方政府便认为这一投资不合算，进而打击了地方政府提供住房保障的主动性和积极性。

（二）中央财政转移支付对中西部地区倾斜是住房保障相对水平不均衡的主要致因

基本公共服务是以一定时期经济社会发展水平为基础的，在社会共识的基础上，政府为维护经济社会的稳定和发展、保障公民的基本生存和发展权利、实现社会公平与正义而提供的公共产品与服务。建立一个覆盖全体社会成员的基本公共服务体系，并逐步实现基本公共服务均等化，对促进社会和谐、实现经济可持续发展十分必要。由于存在政府间财力分配的纵向不均衡及地区间财力分配的横向不均衡等问题，加之各地区公共服务成本差异较大，作为公共服务主要提供者的地方政府实际所能提供的公共服务水平必然是千差万别的。因此，中央政府有必要通过财政转移支付制度来实现全国范围内基本公共服务的均等化。①

《国务院关于印发国家基本公共服务体系“十二五”规划的通知》（国发〔2012〕29号）将住房保障正式纳入基本公共服务范畴。此规划明确了“十二五”时期住房保障的重点任务，制定了“十二五”时期基本住房保障服务国家基本标准以及相关保障政策措施。实现住房保障目标的主要障碍是建设资金问题。当前，我国保障性住房建设资金来源主要有四个方面：一是中央和地方的财政预算支出；二是引导社会资金投资建设和运营；三是银行政策性长期信贷资金；四是住房公积金增值收益扣除风险准备金和管理费用后的余额。其中，中央财政预算支出主要以专项资金形式进行。事实上，近年来，中央财政住房保障专项转移支付又向中西部地区倾斜。根据《国务院关于解决城市低收入家庭住房困难的若干意见》（国发〔2007〕24号）的规定，为支持中西部财政困难地区做好城市廉租住房保障工作，2007年10月10日财政部印发了《中央廉租住房保障专项补助资金实施办法》，明确对中西部财政困难地区廉租房建设工作提供支持。在2008年召开的“两会”中又提出了中西部财政困难地区每新建1平方米的廉租房，中央将补贴200～300元的政策。再如，2014年中央财政安排用于保障性安居工程的专项资金高达2222.21亿元，而分地区情况看，中央专项资金重点向中西部地区倾斜，补助中西部地区资金高达1960.66亿元，占88.2%。

中央财政专项转移支付向中西部地区倾斜或许是基于以下两方面的考虑。首先，中西部地区自有财力不足，需要中央财政的支持。其次，更好地实现区域发展战略。中央政府为了鼓励中西部地区的经济发展，吸引劳动力向该区域流动，从而增加在该区域的住房保障支出。

中央财政住房保障专项转移支付向西部地区倾斜可能导致东中西部地区间住房保障水平差距进一步扩大。其原因在于，《中央廉租住房保障专项补助资金实施办法》规定，中央廉租住房保障专项补助资金按照有关地

① 范柏乃、张鸣：《基于面板分析的中国省级行政区域获取中央财政转移支付的实证研究》，《浙江大学学报》（人文社会科学版）2011年第1期。

区的财政困难程度、上年度廉租住房保障工作进展情况等因素以及相应的权重计算分配给财政困难地区；同时，《办法》要求得到专项补助资金的困难地区要进行资金配套用于当地廉租房制度建设。因此，中西部地区有更大的经济激励和动力去发展住房保障制度。而对于东部地区而言，虽然自身财政实力较强，但由于保障性住房建设耗资大、建设周期长、成本回收慢，在现行政绩考核标准下保障房建设无助于显示政绩。而且，由于劳动力的流动性较大，住房保障的社会收益并不能被地方政府独享（例如农民工在某城市获得技能提升后可能迁移到其他城市），这样地方政府的投入和产出就无法实现匹配[①]，东部地区政府就没有相当的经济和政治激励去建设保障性住房。学界尚未对中央财政住房保障专项转移支付的效果进行探讨，但不少学者对中央财政转移支付与地方公共服务供给及均等化问题进行了大量研究。郭庆旺和贾俊雪（2008）研究了中央财政转移支付与地方公共服务提供问题，其研究结论表明，中央财政转移支付未能有效促进地方公共服务发展和均等化的原因主要在于中央政府在转移支付资金分配时对不同地方公共服务公平与效率的关注不同，进而对地方公共服务场所产生的财政激励不同。范柏乃和张鸣（2011）系统地考察了 1999 ~ 2009 年 31 个省级行政区域获取中央财政转移支付的影响因素，研究结论表明，财政转移支付资金分配不仅不利于基本公共服务均等化，而且在一定程度上扩大了地区之间公共服务供给水平的差异。因此，可以看出，不完善的中央财政转移支付制度是我国东中西部地区间住房保障水平差异的主要原因之一。

（三）人口从中西部向东部沿海地区流动和城镇人口密度不同是住房保障区域供给失衡的直接原因

我国近四次人口普查数据显示，东部地区的人口比重有延续稳步上升的势头。2010 年东部地区占全国总人口的比重达到 37.98%。中部和西部地区的人口比重继续下降，中部地区比重为 31.42%，下降了 1.16 个百分

① 郑思齐、符育明、任荣荣：《住房保障的财政成本承担：中央政府还是地方政府?》，《公共行政评论》2009 年第 6 期。

点，西部地区比重为22.38%。区域人口分布的变化反映了人口从中西部地区向东部发达地区迁移和聚集的趋势[①]（见表5－2）。

表5－2　中国人口区域分布

地　区	2010年	2000年	1990年	1982年
东部地区	37.78	35.57	34.18	33.96
中部地区	31.42	32.58	33.36	33.12
西部地区	22.38	23.41	23.68	23.86
东北地区	8.22	8.44	8.79	9.06

资料来源：1982年、1990年、2000年和2010年人口普查资料。

我国正处在城市化加速阶段，与之相随的人口流动也进入了持续高涨期。2000年在全国144390758人的流动人口中，有56%集中在东部经济发达地区，中部欠发达地区和西部不发达地区各占22.6%和21.4%。从人口省际流动角度看，我国省际流动人口规模分布不均，主要集中在广东、浙江、上海、江苏、北京、福建、天津、山东等地，2010年这八个地区省际流动人口规模高达6614万，占全国省际流动人口的77%。[②]《2013年全国农民工监测调查报告》指出，东部地区外出农民工以省内流动为主，中西部地区外出农民工以跨省流动为主。中部地区跨省流出农民工4017万人，89.9%流向东部地区；西部地区跨省农民工2840万人，82.7%流向东部地区。在跨省流动农民工中，流向东部地区6602万人，占85.3%。[③] 而且，现阶段我国人口流动呈现出家庭化特点。人口流动家庭化和大规模化首先源于城市化的发展为农民提供了职业选择空间：城市化进程中产业集群的发展放大了城市的就业需求。流动人口的居住方式较为复杂，主要为集体宿舍、自租房和与家人租房为主，三者合计为75%，而购房者仅占2.47%。[④]

① 邹湘江：《基于“六普”数据的我国人口流动与分布分析》，《人口与经济》2011年第6期。

② 马红旗：《我国省际流动人口的特征——基于全国第六次人口普查数据》，《人口研究》2012年第6期。

③ 中华人民共和国国家统计局：《2013年全国农民工监测调查报告》，2014年5月12日。

④ 刘子操：《城市化进程中的社会保障问题》，人民出版社，2006。

我国东中西部人口比重差异以及由中西部向东部地区流动的趋势造成了住房保障水平区域差异较大。将近40%的人口居住在东部地区，给东部地区地方政府住房保障工作带来巨大的压力。加之中西部地区人口不断流向东部地区，导致东部地区人口密度不断提高（见表5－3）。城镇人口密度指标直接反映居住的拥挤程度，一般情况下，人口密度越大，城镇居民家庭需要住房保障的家庭比例越高、保障量需求越大。在有限的财力条件下，东部地区城市住房供给跟不上急剧增长的需求，住房保障覆盖面就十分有限。相应的，中西部地区人口比重本来就比较低，每年又有大量人口流出，因此，该地的住房保障需求较小，住房保障供给相对水平则有大幅度提高。再者，自2007年起，中央政府开始以转移支付方式向地方政府提供住房保障资金。但是，转移支付的补助资金重点仅面向中西部财政困难地区，而且，在未考虑人口流动因素的情况下，补助资金投入与人口流动趋势之间存在一定的背离。正是中央政府提供的住房保障转移支付未能向东部地区的地方政府提供充分的资金支持或激励机制，才导致大量在城镇工作与生活的农业转移人口被排除在住房保障制度的覆盖范围之外。[①] 因此，在上述多因素的叠加影响下，我国东中西部地区住房保障水平呈现出明显差异，东部地区住房保障相对水平明显低于中西部地区。

表5－3　2000年、2005年及2011年中国城市分地区人口密度

单位：人/平方千米

地区＼年份	2000	2005	2011
东　部	1013.04	890.53	893.33
中　部	501.53	502.73	526.22
西　部	469.66	404.99	418.45
合　计	647.82	610.58	618.86

资料来源：黄洁《中国城市人口密度及其变化》，《城市人口》2014年第10期。

（四）各地经济社会发展程度差异是住房保障绝对水平不均

① 齐慧峰、王伟强：《基于人口流动的住房保障制度改善》，《城市规划》2015年第2期。

衡的决定性因素

前文已提及，住房保障绝对水平值是住房保障财政支出金额和各地低保人数之比值。各地住房保障资金主要来源于当地政府的财政收入，因此，经济发展水平（用 GDP 衡量）是各地政府提供住房保障能力的重要决定性因素。从表 5-4 可看出，2010~2014 年，东部地区人均 GDP 明显高于中西部地区，仅就 2010 年而言，东部地区上海市人均 GDP 是西部地区贵州省人均 GDP 的 5.8 倍。经济发展水平的差距决定了地方政府供给住房保障财力的大小。

表 5-4　2010~2014 年各省份人均 GDP

单位：元

地　区	省　份	2010 年	2011 年	2012 年	2013 年	2014 年
东　部	北　京	73586	81658	87475	94648	99995
	天　津	72994	85213	93173	10015	105231
	河　北	28668	33969	36584	38909	39984
	山　东	41106	47335	51768	56885	60879
	广　东	44736	50807	54095	58833	63469
	辽　宁	42355	50760	56649	61996	65201
	海　南	23831	28898	32377	35663	38924
	上　海	76074	82560	85373	90993	97370
	江　苏	52840	62290	68347	75354	81874
	浙　江	51711	59249	63374	68805	73002
	福　建	40025	47377	52763	58145	63474
中　部	江　西	21253	26150	28800	31930	34674
	山　西	26283	31357	33628	34984	35070
	吉　林	31599	38460	43415	47428	50160
	黑龙江	27076	32819	35711	37697	39226
	河　南	24446	28661	31499	34211	37072
	湖　北	27906	34197	38572	42826	47145
	湖　南	24719	29880	33480	36943	40271
	安　徽	20888	25659	28792	32001	34425

续表

地　区	省　份	2010 年	2011 年	2012 年	2013 年	2014 年
西　部	广　西	20219	25326	27952	30741	33090
	内蒙古	47347	57974	63886	67836	71046
	重　庆	27596	34500	38914	43223	47850
	四　川	21182	26133	29608	32617	35128
	贵　州	13119	16413	19710	23151	26437
	云　南	15752	19265	22195	25322	27264
	西　藏	17027	20017	22936	26326	29252
	陕　西	27133	33464	38564	43117	46929
	甘　肃	16113	19595	21978	24539	26433
	青　海	24115	29522	33181	36875	39671
	宁　夏	26860	33043	36394	39613	41843
	新　疆	25034	30087	33796	37553	40648

资料来源：2011～2015 年《中国统计年鉴》和 2010～2014 年各省份《国民经济和社会发展统计公报》。

各地低保人数也直接影响住房保障绝对水平。从表 5－5 可看出，东中西部历年城镇最低生活保障人数悬殊较大。整体上看，经济发达的东部地区的城镇最低生活保障人数较少，而欠发达的中西部地区的城镇最低生活保障人数较多。仅就 2010 年来看，东部地区除辽宁外，其他省份低保总人数都偏少，其中，天津仅有 8.3 万人，浙江仅有 9.0 万人；而西部地区的四川低保人数高达 187 万人，云南也有 92.6 万人；中部地区的黑龙江低保人数高达 151.1 万人，河南也有 149.72 万人。在地方政府住房保障财政投资额一定的情况下，低保人数的多少直接关系到每个低保人员所享受到的住房保障程度的高低。

表 5－5　2010～2014 年各省份城镇最低生活保障人数

单位：万人

省　份	2010 年	2011 年	2012 年	2013 年	2014 年
北　京	13.70	11.7	11.0	10.4	8.9
天　津	8.30	17.93	16.64	16.04	13.28
河　北	88.60	88.08	77.34	72.5	62.8

续表

省 份	2010 年	2011 年	2012 年	2013 年	2014 年
山 西	91.50	91.7	89.0	85.0	72.6
内蒙古	90.50	88.3	87.4	86.2	84.8
辽 宁	126.00	118.4	105.3	96.0	80.4
吉 林	16.60	15.7	14.5	13.2	12.0
黑龙江	151.10	155.6	152.5	143.7	127.3
上 海	24.57	23.53	19.84	16.77	15.92
江 苏	13.60	12.83	11.45	10.2	8.9
浙 江	9.00	8.8	7.8	7.3	6.4
安 徽	88.40	84.2	81.9	78.2	72.4
福 建	18.00	18.12	16.89	15.75	14.66
江 西	17.40	16.9	15.8	14.3	12.8
山 东	66.70	61.7	53.0	48.7	44.6
河 南	149.72	141.9	133.44	131.05	118.9
湖 北	137.00	136.8	129.7	126.0	107.0
湖 南	145.00	144.0	143.1	145.1	101.0
广 东	40.90	40.2	37.1	34.09	32.0
广 西	60.20	57.5	51.5	49.4	44.8
海 南	16.98	17.1	15.6	14.53	12.67
重 庆	60.41	56.85	51.53	45.81	40.98
四 川	187.00	189.02	186.2	183.5	173.0
贵 州	53.90	54.34	53.05	51.28	47.63
云 南	92.60	93.11	93.6	104.1	100.9
西 藏	4.20	4.3	4.8	4.9	4.7
陕 西	86.40	83.12	74.8	66.6	57.8
甘 肃	88.10	89.64	87.56	85.43	83.65
青 海	22.45	23.5	23.04	22.52	20.3
宁 夏	20.63	19.88	17.78	17.97	17.4
新 疆	85.10	84.8	85	82.45	79.25

资料来源：2011～2015 年《中国统计年鉴》和 2010～2014 年各省份《国民经济和社会发展统计公报》。

第二节　我国城镇住房保障供给水平区域差异实证分析

一　城镇住房保障供给水平影响因素

目前，政府是公共保障性住房首要供给主体。影响政府保障性住房供给的因素主要有：居住用地供应量、固定资产投资额和经济发展水平、恩格尔系数、城镇化率、城镇人均居住建筑面积等。

（一）经济发展水平

经济发展水平又可分为人均国内生产总值和人均财政收入两项。人均国内生产总值（Real GDP per capita），也称作“人均 GDP”，常作为发展经济学中衡量经济发展状况的指标，是重要的宏观经济指标之一，它是人们了解和把握一个国家或地区的宏观经济运行状况的有效工具，是衡量各国人民生活水平的一个重要标准。它是政府住房保障供给能力最重要的决定因素。通常情况下，人均 GDP 越高，政府住房保障财政支出就越多。财政收入，是指政府为履行其职能、实施公共政策和提供公共物品与服务需要而筹集的一切资金的总和。财政收入表现为政府部门在一定时期内（一般为一个财政年度）所取得的货币收入。财政收入是衡量一国政府财力的重要指标，政府在社会经济活动中提供公共物品和服务的范围和数量在很大程度上取决于财政收入的充裕状况。[①] 人均财政收入是财政年度收入与常住人口数之比。

（二）居住用地供应量

住房建筑在土地之上，住房建设离不开土地。居住用地供应量是指城镇土地供应中用于居住用途的土地供应数量，它直接关系到住房供给总量，从而影响到房价等。进一步地，居住用地中用于普通商品房和保障性住房的比例直接决定保障性住房的供给能力。

① 刘荣：《基于逐步回归方法的国家财政收入的影响因素分析》，《劳动保障世界》（理论版）2012 年第 5 期。

（三）固定资产投资额

“固定资产投资额是以货币表现的建造和购置固定资产活动的总量，它是反映固定资产投资规模、速度、比例关系和使用方向的综合性指标。全社会固定资产投资包括国有经济单位投资、城乡集体经济单位投资、其他各种经济类型的单位投资和城乡居民个人投资。按照我国现行管理体制，全社会固定资产投资总额分为基本建设、更新改造、房地产开发投资和其他固定资产投资四个部分”。其中，房地产开发投资额的高低影响保障性住房供给水平的高低。

（四）商品房市场价格

住房市场状况主要反映整个住房市场的供求、价格等现状，可以体现出家庭住房购买力和市场供应等情况，为住房保障的实施提供参考。[①] 住房价格是指商品住宅的市场购房价格或租金、经济适用房的微利价格或廉租房租金。住房价格与支付能力成反比，价格越高，支付能力越弱，反之越强。

（五）城市发展水平[②]

1. 城市化率

随着人类生产和生活方式由乡村型向城市型转变，乡村人口向城镇人口转移，城市规模随之扩张和发展。城市化率是衡量城市化发展程度的数量指标，一般用一定地域内城市人口占总人口的比重来表示。通常情况下，城市化率越高，要求住房保障的家庭就越多。

2. 城镇人口密度

城镇人口密度是指人口数量与其所在城镇土地面积的比率，是反映人口地理分布状况的一个指标。城镇人口密度直接反映居住的拥挤程度，一般情况下，人口密度越高，需要保障的城镇居民家庭比例越高、保障量越大。

---

① 卢畅：《基于 PEST 分析范式的辽宁省住房保障水平研究》，硕士学位论文，中国海洋大学，2011。

② 褚超孚：《城镇住房保障模式研究》，经济科学出版社，2005。

（六）恩格尔系数

从简单的情况出发，即不考虑买房，只考虑租房，应该说可以看到下述过程：随着家庭收入的增加，居住支出在总支出中所占比重可能先上升或稳定，然后呈下降趋势。H. W. Singer（1937）实证研究发现，在最低收入群体中人们用于住房维护的费用比食物的花费更多，而随着收入的增加，更多花费于食物而不是房子。一般而言，恩格尔系数越低，住房消费支出额就越高，政府住房保障财政支出就越低，但也不排除将食品消费减少额用于教育和旅游等消费的可能性，再加上买房或者租房的选择问题，情况就会更复杂。[①] 因此，政府住房保障财政支出与恩格尔系数的相关方向不能确定。

（七）城镇居民人均居住面积

居住面积标准是衡量一个家庭所使用的住房面积大小的居住标准，通常以人均使用面积或人均建筑面积来表示，反映了一个国家或地区居民家庭居住水平。一般而言，居住面积标准是随着经济发展水平和居民收入水平的提高、政府住房保障水平的改进而逐步提高的。通常说来，城镇居住面积越大，政府需要更多的住房保障财政支出。

（八）城镇最低生活保障人数

城镇最低生活保障标准又称城市居民最低生活保障线，是国家为救济社会成员中收入难以维持基本生活需求的人口而制定的一种社会救济标准。通常说来，基本生活需求需要政府救济的家庭也是住房困难家庭，也需要予以帮助，也就是说，城镇最低生活保障人数越多，政府住房保障财政支出需求就越大。

根据前面规范分析结论以及国外一些住房保障发展经验，笔者将选择以下一些因素作为影响住房保障供给的主要因素（见表5－6）。

---

① 王晓东：《中国城镇居民消费结构和住房消费》，学苑出版社，1999。

表 5-6　住房保障供给影响因素选择

一级指标	二级指标	指标描述及量化
政府财政承受能力	人均 GDP	人均年国内生产总值（元）
	人均财政收入	城镇人均年财政收入（元）
商品房价格	商品房市场价格	城镇年商品住宅价格（元）
居民居住水平	居民人均使用面积	城镇居民家庭人均使用面积（平方米）
城市发展水平	城市化率	用城镇非农居民人口数占总人口的比例近似地表示城市化率（%）
	城镇人口密度	城镇建成区居住人口数与建成区土地面积之比（%）
土地供应	住宅用地年供应量	城镇用于住宅建设的土地供应量（公顷）
固定资产投资	房地产开发投资量	房地产开发年投资总量（亿元）

第一节分析了我国东中西部地区住房保障水平区域差异的主要原因，如中央转移支付向中西部地区倾斜以及人口分布和流动因素。本节将在此基础上对住房保障供给水平区域差异进行实证分析。

二　我国城镇住房保障供给水平区域差异实证分析

（一）样本及其变量的选取

鉴于各地住房保障统计数据缺失及统计口径不尽相同，依据数据的可得性，笔者将选用住房保障财政支出作为衡量我国城镇住房保障水平的因素。住房保障财政支出数据自 2010 年才开始向社会公布，因此，笔者将采用全国 31 个省份 2010～2015 年的数据进行实证分析。以住房保障财政支出为被解释变量，人均 GDP、城镇化率、城镇居民恩格尔系数、城镇居民人均住房建筑面积以及各地城镇最低生活保障人数 5 个具体指标为解释变量。数据来源于 2011～2015 年《中国统计年鉴》以及 2010～2015 年全国各省份国民经济和社会发展统计公报。

（二）相关经济和社会发展统计指标与住房保障水平相关性分析

按照前文分析结论，影响住房保障水平的因素包括住房保障财政支出、人均 GDP、城镇化率、城镇居民恩格尔系数以及城镇居民人均建筑面积等，但事实上，各种因素不可能单独起作用。各地在进行住房保障投资决策时，也是根据该地各种影响因素综合考虑的。本部分首先将对住房保障财政支出与各经济变量之间的两两关系进行分析，然后将利用多元线性回归的方法建立住房保障水平决定模型，分析相关经济社会统计指标与住房保障水平的相关性。

为了验证本章前部分的住房保障财政支出与相关经济变量之间关系的理论分析结果，本部分首先应用 Excel 回归分析工具对附表 1 中的因变量与自变量两两关系进行逐一分析。回归分析的结果分别为：

①$y = 0.3364x + 41.037$　$R^2 = 0.3814$（y 为住房保障财政支出金额，x 为城镇低保人数）　(5-1)

②$y = -0.006x + 83.283$　$R^2 = 0.1187$（y 为住房保障财政支出金额，x 为人均 GDP）　(5-2)

③$y = -0.6899x + 89.378$　$R^2 = 0.0076$（y 为住房保障财政支出金额，x 为恩格尔系数）　(5-3)

④$y = -2.571x + 144.07$　$R^2 = 0.1106$（y 为住房保障财政支出金额，x 为人均住房建筑面积）　(5-4)

⑤$y = 0.3671x + 82.17$　$R^2 = 0.037$（y 为住房保障财政支出金额，x 为城镇化率）　(5-5)

上述回归结果是对住房保障财政支出与 5 个相关因素两两关系分析得出的，事实上，在实际经济运行中，经济变量相互作用、相互影响，相互间关系复杂得多。因此，笔者再综合分析一下这些经济变量之间的关系。

由于考虑影响住房保障财政支出金额的因素共有 5 个，样本量为 31 个，再算上影响因素的随机误差项 ε，这样矩阵 X 就是一个 6×12 阶矩阵，计算相当烦琐。因此，我们采用 excel 中的回归分析工具进行数据拟合。住房保障水平与其相关经济变量统计数据在附录中共有 2010～2014 年 4 张表，为了简便起见，笔者只选择了 2010 年的统计数据进行分析。由于各项数据的单位不同，数据大小悬殊，我们对表中各项数据进行了标准化处理，处理结果见表 5-7。

表 5-7　住房保障水平及其相关经济变量标准化值

省　份	y	x_1	x_2	x_3	x_4	x_5
北　京	0.48	0.18	2.07	0.84	0.92	1.65
天　津	0.18	0.27	2.16	0.97	1.03	1.54
河　北	1.27	1.33	0.86	0.91	1.00	0.87
山　西	0.75	1.39	0.80	0.84	0.94	0.95
内蒙古	1.25	1.34	1.47	0.84	0.89	1.09
辽　宁	1.35	1.79	1.29	0.95	0.85	1.23
吉　林	1.10	0.24	0.98	0.88	0.90	1.02
黑龙江	1.63	2.35	0.83	0.97	0.83	1.08
上　海	0.73	0.36	2.09	0.95	1.06	1.71
江　苏	1.06	0.19	1.58	0.97	1.09	1.19
浙　江	0.52	0.13	1.50	0.93	1.16	1.19
安　徽	1.43	1.27	0.65	1.07	1.02	0.86
福　建	0.50	0.27	1.20	1.05	1.19	1.11
江　西	0.96	0.26	0.66	1.04	1.23	0.88
山　东	0.60	0.93	1.20	1.03	1.04	0.98
河　南	1.27	2.15	0.73	0.91	1.07	0.78
湖　北	0.91	2.07	0.87	0.97	1.11	0.99
湖　南	1.13	2.18	0.76	0.99	1.01	0.87
广　东	1.30	0.61	1.29	0.99	1.08	1.28
广　西	0.95	0.87	0.64	1.06	1.23	0.80
海　南	0.31	0.26	0.73	1.20	0.92	0.97
重　庆	1.40	0.86	0.87	1.05	0.99	1.06
四　川	2.05	2.86	0.66	1.09	0.98	0.80
贵　州	1.08	0.82	0.42	1.09	0.87	0.67
云　南	1.35	1.41	0.49	1.11	0.95	0.71
西　藏	0.54	0.07	0.51	1.16	1.15	0.41
陕　西	1.33	1.26	0.85	1.09	0.92	0.91
甘　肃	0.82	1.36	0.50	1.11	0.92	0.71
青　海	0.94	0.36	0.75	1.04	0.81	0.89
宁　夏	0.30	0.30	0.84	0.93	0.95	0.96
新　疆	1.51	1.28	0.76	0.99	0.89	0.83

注：其中，y 表示住房保障财政支出金额，x_1 表示各地城镇低保人数，x_2 表示人均 GDP，x_3 表示恩格尔系数，x_4 表示人均建筑面积，x_5 表示城镇化率。

为了相对准确地分析它们之间的相互关系，笔者进一步地将表 5-7 中的数据进行了回归分析。回归结果见表 5-8。

表 5－8　回归分析计算结果

回归统计								
Multiple R	0.725517298							
R Square	0.52637535							
Adjusted R Square	0.43165042							
标准误差	0.329338186							
观测值	31							
方差分析								
	df	SS	MS	F	Significance F			
回归分析	5	3.013598781	0.602719756	5.556882967	0.001416067			
残差	25	2.711591011	0.10846364					
总　计	30	5.725189792						
	Coefficients	标准误差	*t* Stat	*P* - value	Lower 95%	Upper 95%	下限 95.0%	上限 95.0%
Intercept	0.99959947	1.124639673	0.888817542	0.382573795	-1.316639275	3.315838215	-1.316639275	3.315838215
X Variable 1	0.350917911	0.090941325	3.858728789	0.00071151	0.163620746	0.538215075	0.163620746	0.538215075
X Variable 2	-0.276767775	0.384677716	-0.719479615	0.478517895	-1.069026354	0.515490805	-1.069026354	0.515490805
X Variable 3	-0.014177937	0.812850842	-0.017442237	0.986222273	-1.688275571	1.659919697	-1.688275571	1.659919697
X Variable 4	-0.333976785	0.562673515	-0.593553413	0.558143462	-1.492824572	0.824871001	-1.492824572	0.824871001
X Variable 5	0.274502856	0.618324542	0.443946242	0.660900366	-0.998960365	1.547966077	-0.998960365	1.547966077

在表 5－8 的输出结果中，包含了三个模块的内容。

（1）回归统计表

在回归统计表中，包括了以下几部分内容。

①Mutiple R（复相关系数）用来衡量自变量与因变量相关程度的大小，用来进行拟合优度检验。本模型中，R＝0.72552，说明方程的拟合程度较好。

②R Square（即复测定系数 R^2）作用与 Mutiple R 相似。R^2＝0.52638，也说明模型的拟合程度也较好。

③Adjusted R Square（调整复测定系数）的数值为 0.43165，说明这 5 个因素的变化可以解释住房保障财政支出变化的 43.17%。

④标准误差：又称为标准回归误差或估计标准误差，它用来衡量拟合程度的大小。此值越小，说明拟合程度越好。本模型中，标准误差约为 0.32934。

⑤观测值：指用于估计回归方程的数据的样本个数，该模型选用了 31 个样本。

（2）方差分析表

方差分析表的目的是通过 F 检验判断回归方程的回归效果。该模型中的 F 统计量为 5.55688，F_a 的临界值为 0.00142，$F > F_a$，故可以认为方程是显著的。

（3）回归参数表

回归参数表主要用于回归方程的描述和回归参数的推断。该模型中，各因素回归系数的 p 值只有一个小于 0.05，其他都大于 0.05，说明模型所选取的自变量有一些是不显著的，同住房保障财政支出的关系不明显。

（4）模型

根据表 5－8 所示，各参数估计值及它们在置信水平为 95% 的近似置信区间分别为：

$\beta_0 = 0.9996$，95% 的置信区间为（－1.3166，3.3158）；

$\beta_1 = 0.3509$，95% 的置信区间为（0.1636，0.5382）；

$\beta_2 = -0.2768$，95% 的置信区间为（－1.0690，0.5155）；

$\beta_3 = -0.0142$，95% 的置信区间为（－1.6883，1.6599）；

$\beta_4 = -0.3340$，95% 的置信区间为（－1.4928，0.8249）；

$\beta_5=0.2745$，95%的置信区间为（-0.9989，1.5480）；

据此写出住房保障财政支出与相关经济变量之间的多元线性回归模型如下：

$$y=0.9996+0.3509x_1-0.2768x_2-0.0142x_3-0.3340x_3+0.2745x_5 \quad (5-6)$$

其中，y 为地方政府住房保障财政支出金额（亿元）；

x_1 为城镇最低生活保障人数（万人）；

x_2 为各省份人均 GDP（元）；

x_3 为城镇居民恩格尔系数（%）；

x_4 为城镇居民人居住均建筑面积（平方米）；

x_5 为各地城镇化率（%）

从式（5-1）、式（5-2）、式（5-3）、式（5-4）和式（5-5）5个回归方程来看，两两回归和多元线性回归结果基本一致。如果不考虑其他因素，住房保障财政支出金额与城镇低保人数和城镇化率之间呈正相关关系，与人均 GDP、恩格尔系数、人均住房建筑面积呈负相关关系。城镇低保人数越多，特别是城镇低保人群中住房困难家庭越多，就需要政府更多的住房保障财政支出，但此回归方程中复测定系数 R^2 不高，仅为 0.3814，表明城镇最低生活保障人数的变化只能解释政府住房保障财政支出变化的 38.14%；城镇化率越高，政府住房保障财政支出就越大，R^2 更低，仅为 0.037。可看出，尽管住房保障财政支出与城镇低保人数和城镇化率之间呈正相关关系，但相关度并不高。笔者认为，其原因大致有二，首先，政府住房保障财政支出受到诸多因素的影响，不会因为某个单因素而较大幅度地变动支出金额；其次，当前政府住房保障财政支出随意性较大，受该地经济社会发展实际的影响不是特别大，进一步的，这种现象表明，政府在进行住房保障财政支出决策时，有可能更多地受是否可以提升本届政府政绩、中央财政配套资金多寡等因素的影响。另外，住房保障财政支出与人均 GDP、人均住房建筑面积之间呈负相关关系，这一回归结果与前面的理论分析结论恰好相悖。对此，笔者认为，人均 GDP 越大，表明该地经济发展水平越高，该地住房困难人口就相对较少，政府住房保障财政支出就越少；人均住房建筑面积越大，该地居住水平就越高，需要政府帮助解决居住问题的人口就越少，相应地，政府住房保障财政支出也就越少。再者，回归结果表明，政府住房保障财政支出与恩格尔系数呈负相关关系，这一结果与前文理论分析结论也不相符。笔者认为，恩格尔系数是反映居民生活水平高低的一个重要指标，但它不是政府做住房保障财政支出决策时的一个重要参考因素。通常说来，恩格尔系数越高，表明某地经济发展水平和人民生活水平越低，进而该地政府财政收入就越少，可用于住房保障财政支出的资金就越少。

（三）各省份住房保障水平比较分析

住房保障水平是衡量住房保障程度的量化指标，是考察住房保障适度性的关键要素之一。褚超孚（2005）研究认为，住房保障水平反映的是一个国家或地区对于居民住房保障程度的高低，常用住房保障支出占国内生产总值的比重来表示。余凌志（2007）研究认为，廉租房保障水平可以用保障覆盖率、相对水平以及绝对水平来测度。绝对水平反映的是一定时期内某一城镇政府对实际享受廉租房保障家庭的户均保障支出金额，而相对水平反映的是一定时期内某一城镇政府对实际享受廉租房保障家庭的户均支出金额占应保障家庭户均 GDP 的比例。李辉婕（2008）借鉴社会保障水平测度模型，以“人均廉租住房保障支出占人均国内生产总值的比重”作为衡量廉租房保障水平的指标。本部分在分析住房保障水平时将采用上述三位学者的研究成果，分别对我国 31 个省份住房保障的绝对水平和相对水平进行比较分析。

1. 各省份住房保障相对水平比较

在住房保障相对水平测算方面，余凌志和李辉婕两位学者使用了户均/人均支出和户均/人均 GDP 数据，由于分子和分母都有户均或人均数据，计算时可以被同时约去，笔者直接利用住房保障投资资金总额和 GDP 数据，即利用公式（1）来计算。

$$\text{住房保障相对水平} = \frac{\text{住房保障财政投资资金}}{\text{GDP}} \quad (1)$$

利用附表 1、附表 2、附表 3、附表 4 和附表 5 中相关数据，根据此公式，可以测算出 2010 ~ 2014 年我国 31 个省份住房保障相对水平。计算结果见表 5 - 9。

表 5-9 2010～2014 年我国 31 个省份住房保障相对水平

单位：%

区域	省 份	2010 年	2011 年	2012 年	2013 年	2014 年
东部	北 京	0.0032	0.0034	0.0025	0.0024	0.0031
	天 津	0.0007	0.0018	0.0007	0.0010	0.0010
	河 北	0.0025	0.0058	0.0051	0.0047	0.0043
	辽 宁	0.0045	0.0069	0.0094	0.0056	0.0061
	上 海	0.0031	0.0043	0.0056	0.0048	0.0051
	江 苏	0.0018	0.0024	0.0025	0.0028	0.0029
	浙 江	0.0011	0.0018	0.0019	0.0022	0.0025
	福 建	0.0019	0.0032	0.0027	0.0024	0.0038
	山 东	0.0009	0.0015	0.0025	0.0023	0.0030
	广 东	0.0019	0.0028	0.0032	0.0033	0.0039
	海 南	0.0115	0.0137	0.0157	0.0114	0.0112
中部	山 西	0.0058	0.0076	0.0071	0.0076	0.0073
	吉 林	0.0100	0.0117	0.0122	0.0107	0.0099
	黑龙江	0.0105	0.0146	0.0160	0.0125	0.0098
	安 徽	0.0076	0.0105	0.0144	0.0117	0.0112
	江 西	0.0072	0.0093	0.0104	0.0139	0.0125
	河 南	0.0033	0.0053	0.0063	0.0059	0.0071
	湖 北	0.0035	0.0052	0.0063	0.0050	0.0054
	湖 南	0.0051	0.0064	0.0084	0.0071	0.0076
西部	重 庆	0.0101	0.0157	0.0155	0.0060	0.0045
	四 川	0.0062	0.0110	0.0095	0.0085	0.0108
	贵 州	0.0190	0.0178	0.0189	0.0236	0.0312
	云 南	0.0155	0.0147	0.0224	0.0175	0.0129
	西 藏	0.0206	0.0867	0.0587	0.0637	0.0766
	陕 西	0.0068	0.0120	0.0093	0.0103	0.0129
	甘 肃	0.0141	0.0184	0.0161	0.0162	0.0166
	青 海	0.0452	0.0635	0.0369	0.0296	0.0294
	宁 夏	0.0166	0.0161	0.0218	0.0216	0.0296
	新 疆	0.0166	0.0257	0.0236	0.0237	0.0294
	广 西	0.0062	0.0091	0.0103	0.0075	0.0073
	内蒙古	0.0072	0.0098	0.0104	0.0105	0.0089

从表5－9可看出，就东、中、西部内部各省份而言，其住房保障相对水平存在一定差异。在东部地区，海南省和辽宁省的住房保障水平相对较高，而山东省、浙江省和天津市的住房保障水平相对较低，特别是天津市住房保障水平几乎年年在全国垫底。在中部地区，黑龙江省、安徽省和吉林省住房保障水平排名相对靠前，特别是黑龙江省在全国排名都在前10名左右，而河南省和湖北省排名相对靠后，两省排名都在全国20名左右徘徊。在西部地区，西藏自治区、青海省、新疆维吾尔自治区和贵州省排名相对靠前，特别是西藏自治区在全国排名都是名列前茅，而内蒙古自治区、四川省和广西壮族自治区排名靠后，这三个省份在全国处在中等偏下水平。

为了比较分析我国东中西部住房保障相对水平的差距，分别计算出各个年度31个省份住房保障水平的算术平均值，以及东部地区11个省份、中部地区8个省份以及西部地区12个省份的算术平均值，然后将东、中、西部算术平均值进行标准化处理。2010～2014年东、中、西部住房保障相对水平标准化值见表5－10。

表5－10　2010～2014年东、中、西部住房保障相对水平标准化值

区　域	2010年	2011年	2012年	2013年	2014年
东　部	0.2988	0.3185	0.3920	0.3391	0.3600
中　部	0.7685	0.6666	0.7440	0.7565	0.7120
西　部	1.7686	1.5550	1.6880	1.7304	1.8000

由表5－10我们可以看出，整体上看，2010～2014年我国东、中、西部三个地区住房保障相对水平差异明显：东部地区住房保障相对水平较低，仅相当于全国平均水平的30%左右，最高的2012年也不到全国平均水平的40%；中部地区住房保障相对水平明显高于东部地区，相当于全国平均水平70%左右；西部地区住房保障相对水平较高，达到全国平均水平的1.5倍，2014年甚至达到了全国平均水平的1.8倍。

2. 各省份住房保障绝对水平比较

住房保障绝对水平是指一定时期内政府对实际享受保障房家庭的户均保障支出金额。由于我国农村住房保障制度尚未正式建立，即便是在个别地区实施了安居工程，但对于农村低收入家庭住房需求而言也不过是杯水车薪。因此，笔者将各省份每年的住房保障财政支出视为对城镇低收入群体住房困难家庭的住房保障支出，同时由于缺乏各地住房困难群体的统计数据，笔者将各地城镇最低生活保障人数近似地视为住房困难居民人数，然后利用附表4中的住房保障财政支出和各地城镇最低生活保障人数两个数据，按照公式（2）计算出全国31个省份2010～2014年住房保障绝对水平。计算结果见表5-11。

$$住房保障绝对水平=\frac{住房保障财政支出额}{各地城镇最低生活保障人数} \tag{2}$$

表5-11　2010～2014年我国31个省份住房保障绝对水平

单位：万元/人

区域	省　份	2010年	2011年	2012年	2013年	2014年
东部	北　京	3.34	4.66	4.07	4.66	7.52
	天　津	0.76	1.16	0.58	0.93	1.17
	河　北	0.59	1.62	1.76	1.86	2.02
	辽　宁	0.67	1.29	1.15	1.59	2.17
	上　海	2.13	3.50	5.68	6.28	7.49
	江　苏	5.35	9.27	11.70	16.60	21.30
	浙　江	3.29	6.60	8.37	11.18	15.60
	福　建	1.56	3.12	3.13	3.28	6.24
	山　东	0.53	1.09	2.33	2.60	4.06
	广　东	2.17	3.64	4.86	6.05	8.28
	海　南	1.40	2.02	2.87	2.50	3.11
中部	山　西	0.58	0.93	0.96	1.13	1.29
	吉　林	5.23	7.91	10.01	10.54	11.44
	黑龙江	0.72	1.18	1.43	1.26	1.16
	安　徽	1.06	1.91	3.04	2.89	3.21
	江　西	3.91	6.41	8.51	13.39	15.40
	河　南	0.52	1.01	1.39	1.46	2.08
	湖　北	0.41	0.75	1.08	0.98	1.37
	湖　南	0.56	0.88	1.30	1.20	2.06

续表

区域	省　份	2010 年	2011 年	2012 年	2013 年	2014 年
西部	重　庆	1.32	2.77	3.44	1.69	1.57
	四　川	0.57	1.22	1.22	1.22	1.78
	贵　州	1.63	2.24	2.44	3.71	6.07
	云　南	1.21	1.63	2.47	1.99	1.63
	西　藏	2.49	14.14	8.57	10.60	15.00
	陕　西	0.80	1.81	2.03	2.52	3.94
	甘　肃	0.66	1.03	1.17	1.20	1.36
	青　海	2.72	4.52	3.67	2.79	3.34
	宁　夏	1.36	1.70	3.16	3.10	4.68
	新　疆	1.06	2.01	2.35	2.43	2.51
	广　西	0.98	1.86	2.61	2.20	2.56
	内蒙古	0.93	1.59	1.89	1.97	1.86

表 5－11 已将全国 31 个省份按东、中、西部进行了分类，然后分别算出每个年份各地区住房保障绝对水平的算术平均值和全国住房保障绝对水平的算术平均值，在此基础上对东、中、西部住房保障绝对水平进行标准化处理。标准化处理结果见表 5－12。

表 5－12　2010～2014 年东、中、西部住房保障绝对水平标准化值

区　域	2010 年	2011 年	2012 年	2013 年	2014 年
东　部	1.21	1.12	1.19	1.28	1.35
中　部	0.99	0.85	0.98	1.01	0.89
西　部	0.80	0.99	0.82	0.72	0.76

从表 5－11 可以看出，在各区域内部住房保障绝对水平存在着明显差异。就东部地区而言，江苏省、浙江省、北京市、上海市和广东省处于领先位置，而河北省和天津市排名靠后；就中部地区而言，江西省和吉林省人均住房保障财政支出较高，而山西省、湖南省以及湖北省人均住房保障财政支出水平较低；就西部地区而言，西藏自治区、青海省和贵州省住房保障绝对水平较高，而四川省、甘肃省和内蒙古自治区住房保障绝对水平较低。从表 5－12 可以看出，我国东、中、西部住房保障绝对水平差异较

大。东部地区明显高于中西部地区，中部地区又略高于西部地区。这一排名情况与我国经济社会发展程度的东中西部差异相吻合。特别是西部地区，最差的年份是 2013 年，其住房保障绝对水平仅相当于全国平均水平的 72%。

无论是区域间还是区域内部，住房保障绝对水平差异的主要原因是各地财政实力和城镇最低生活保障人数不同。显而易见，财政实力越强，居民生活水平越高，城镇最低生活保障人数越少，住房保障绝对水平就越高。但西部地区情况略有不同，财政收入水平较低的西藏自治区、青海省和贵州省三省份住房保障绝对水平靠前，其主要原因在于中央财政对这三个省份住房保障支持力度较大，转移支付水平较高，而且这三个省份享受城镇最低生活保障的绝对人数较少。

综上所述，从相对水平来看，我国西部地区住房保障水平最高，其次是中部地区，东部地区最低；从绝对水平来看，我国东部地区住房保障水平最高，其次是中部地区，西部地区最低。事实上，笔者认为，住房保障相对水平和住房保障绝对水平蕴含的经济学意义有所不同，相对水平体现了 GDP 中多大比例用于住房保障，表明政府从事住房保障的意愿和能力；而绝对水平体现了每个低保人员获得住房保障金额的多寡，表明低保家庭实际获得政府住房保障的程度。其政策含义是，从相对水平角度看，由于东部地区人口密度较大且是我国主要流动人口流入地，当地政府又有较高的提供住房保障的能力，中央财政住房保障专项资金须适当地向东部地区倾斜，调动东部地区政府提供住房保障的积极性，以缓解东部人口密集地区低收入者的住房问题；从绝对水平角度看，由于西部地区经济社会发展滞后，贫困群体数量较大，贫困程度较深，住房困难家庭较多，在加大中央财政住房保障专项资金转移支付的同时，大力推进扶贫帮困工作，着力解决贫困群体的住房问题。

第三节　我国住房保障供给区域结构优化的重要性及措施分析

一　我国住房保障供给区域结构优化的重要性

当前我国公共保障性住房供给区域结构严重失衡，从相对水平来看，我国西部地区住房保障水平最高，其次是中部地区，东部地区最低；从绝对水平来看，我国东部地区住房保障水平最高，其次是中部地区，西部地区最低。与住房保障供给城乡结构失衡的影响相同，住房保障供给区域结构失衡也不利于我国全面推进建设小康社会进程，不利于住房公平社会目标的实现。优化住房保障供给区域结构的重要性在于以下几方面。

（一）优化住房保障供给区域结构是当前推进供给侧结构性改革的需要

化解房地产库存被列为我国经济结构性改革的四大歼灭战之一，房地产产能过剩将直接带来金融和经济系统的危机。“十三五”期间，我国房地产业去产能、去库存压力较大，是供给侧结构性改革的重点领域。对于当前我国的房地产市场，总体来看，房地产及相关产业链存在明显过剩；从区域来看，三、四线城市和部分二线城市存在明显过剩；按照房地产属性来看，也存在结构性过剩。作为住房市场的重要组成部分，我国部分地方保障性住房闲置率不断攀升，造成了“有人无房住，有房无人住”的奇怪现象。因此，住房保障供给侧对于当前推进经济供给侧结构性改革势在必行、意义重大。在住房需求压力较大的地区继续推进保障性住房建设，而在住房需求小特别是有住房闲置的地方应该压缩保障性住房建设计划，在全国范围内统筹安排、优化配置住房保障资源，提高供给效率，实现供需相配。

（二）优化住房保障供给区域结构是区域经济社会协调发展的需要

新中国成立以来，我国采取了非均衡区域发展战略。这种非均衡区域发展战略措施之一即中央政府采取的带有明显倾向性的宏观经济政策。宏观经济政策并不单单指财政和金融政策，而且还包括收入分配和就业等方面的政策。住房保障是社会保障的重要组成部分，而社会保障又是收入分配的主要实现形式，其手段是通过中央财政转移支付缩小区域间居民收入水平差距。正如前文所述及，中央财政转移支付对中西部地区倾斜是住房保障供给相对水平失衡的主要致因。住房保障供给区域结构失衡又进一步破坏了区域经济协调发展。区域经济协调发展是我国实现全面建设小康社会目标和共同富裕的内在要求，因此，优化住房保障供给区域结构使全国各地群众享有大致均等的住房保障水平，就是区域经济社会协调发展的需要。

（三）优化住房保障供给区域结构是实现住房公平的现实需要

从公平分配理论的角度来看，机会的不平等导致不同人群之间收入分配的不公平，是产生社会弱势群体的主要原因，这部分弱势群体难以通过自身努力在住房市场中找到适合自己的居所，因此，政府有责任为其提供住房保障以缓解社会的不公平状态。住房公平不仅指在同一地区内政府应该注重住房公平分配，通过对中低收入阶层的补助，缩小他们与其他阶层在居住水平上的差距，使他们能够达到政府规定的住房水准，从而获得体面的居住权利，而且还指不同区域的居民能从政府和社会获得大致相当的住房保障水平。在人口密度较小、人口总数较少的中西部地区，人均住房建筑面积远远大于人口密度大、人口总数大、住房压力大的东部地区，西部地区部分家庭户均几套房，而东部地区“蚁族”“蜗居”随处可见，这就是住房不公平的直接体现。因此，优化住房保障供给区域结构是当前实现住房公平的现实需要。

（四）优化住房保障供给区域结构是促进我国人口合理流动的需要

改革开放以来，我国人口流动的主要趋势一直是从中西部向东部和东南沿海一带流动。经济因素是吸引劳动力流入的主要因素，城镇收入水平高和人均 GDP 高的地区可能成为流入劳动力集中的地区。然而，这种人口流动趋势的经济社会后果已逐渐显现，东部地区大城市和超大城市人口规模迅速膨胀，沿海的经济中心地区人口更为密集，城市资源承载能力日益脆弱，城市病愈发严重，而中西部和东北地区由于青年人的持续流出导致人口老年化加速。面对这一状况，有效疏解东部和沿海地区人口压力、科学引导人口流动成为解决对策之一，而疏解东部及沿海地区人口压力、科学引导人口流动的举措之一即优化住房保障供给区域结构，通过提高中西部地区住房保障绝对水平、提高流动到西部地区的居民的住房获得感，促进人口的合理流动。

二　我国住房保障供给区域结构优化措施分析

通过前文分析，我国住房保障供给区域间水平差异较为明显，其成因主要有四个：一是由于保障性住房具有公共产品属性和福利属性，地方政府特别是东部及沿海地区地方政府住房保障供给意愿较低；二是长期以来中央住房保障专项资金向中西部地区倾斜，导致东部及沿海地区地方政府住房保障供给中经济激励不足；三是我国从中西部向东部及沿海地区人口流动趋势导致这些地区住房保障需求激增；四是我国中西部地区经济社会发展整体水平滞后、贫困人口较多给中西部地区地方政府提供住房保障造成了巨大压力。对于此，笔者认为，优化我国住房保障供给区域结构须从以下几个方面着手。

（一）强化地方政府社会服务功能，增强地方政府全局观念和大局意识

地方政府特别是东部及沿海地区地方政府在住房保障建设方面态度不够积极，其原因在于在现行的政绩考核标准下保障房建设无助于显示政绩。在仍然以 GDP 为主要政绩指标的当前，地方政府依然热衷于经济增长而忽视民生改善。因此，有必要转变当前政绩考核模式，弱化地方政府经济建设职能，强化其社会服务功能，引导其将主要精力放到民生改善事业中来。另外，东部及沿海地区地方政府狭隘的地域主义思想是其消极给外来流动人口提供住房保障的主要原因之一。因此，中央政府有必要采取相关措施帮助地方政府增强全局观念和大局意识，要求地方政府在实际工作中树立全国一盘棋的大局观和整体观，自觉摒弃地域意识和行政壁垒，将住房保障工作抓好抓实。

（二）中央财政住房保障专项资金适当地向东部及沿海地区倾斜

既然多年来中央财政住房保障专项资金向西部地区倾斜是当前我国中

西部地区住房保障水平差异明显的重要原因之一，因此有必要扭转当前中央财政住房保障专项资金转移支付结构。尽管东部及沿海地区经济发展水平较高，但其地方政府不太愿意主动拿出巨额财政资金从事保障性住房建设，而且这些地方外来人口聚集度较高、住房保障需求较大，因此，中央政府不能完全寄希望于地方政府会自觉主动地提高住房保障，而应利用经济刺激手段，适当地将中央财政住房保障专项资金向东部及沿海地区（特别是特大城市和大城市）倾斜，促使地方政府增加住房保障供给。

（三）积极引导人口合理流动，分流东部及沿海地区住房保障压力

随着社会主义市场经济体制的日臻完善，我国人口迁移流动将进一步增加，在现行户籍制度条件下，流动人口可在21世纪上半叶累计达到3亿人以上。总人口和流动人口规模巨大、两大高峰相互叠加，将对我国政府在政治、经济、社会等领域的治理能力提出严峻考验。引导人口合理流动，既是我国经济可持续发展的需要，又是分流东部及沿海地区住房保障压力的需要。首先，大力促进中西部地区产业发展，以产业的集聚吸引人口的集中。以我国经济产业从东部和沿海地区向中西部梯度转移为契机，积极创造更多的就业岗位，加大对中西部地区住房保障的投入力度，筑巢引凤，吸引流动人口向中西部地区转移。其次，建立适合于人口发展功能区形成的区域利益分配机制。确立中央财政资金流向与人口流向相统一原则，充分考虑人口流入地所支付的基础设施建设及居民福利成本，完善中央对各方财政转移支付的分配。最后，增强人口流入地人口承载力和吸引力。加大对这些区域基础设施建设、教育、社会保障、就业、住房等人口福利政策的投入。

第四节　本章小结

优化区域间住房保障水平均等化既是当前深入推进经济供给侧结构性改革的需要，又是区域经济协调发展、在全国范围内实现住房公平的需要，还是促进我国人口合理流动的需要。

本章首先分析了我国住房保障供给区域结构现状及其成因，指出我国当前东中西部地区住房保障水平存在着较大差异，从相对水平来看，东部地区最差，中部地区次之，西部地区较高。造成这一现状的原因主要有地方政府供给意愿不高、中央财政住房保障专项转移支付向西部地区倾斜、东部和沿海地区人口密集且是多年来流动人口主要流入地、中西部地区经济社会发展滞后、贫困人口较多等。第二节对我国住房保障供给区域结构进行了实证分析，首先从理论上分析了影响我国住房保障水平的经济社会因素，包括人均 GDP、城市化水平、居住用地供应量、固定资产投资额、商品房市场价格、恩格尔系数、城镇居民人均居住建筑面积、最低生活保障人数等，然后根据数据的可得性选择了人均 GDP、城镇化率、恩格尔系数、城镇居民人均居住建筑面积以及最低生活保障人数作为解释变量，以住房保障财政支出额为被解释变量，对住房保障财政支出额和解释变量之间的关系进行了回归分析，并对回归结果进行了分析。第三节分析了优化住房保障供给区域结构的重要意义和具体路径，提出了强化地方政府社会服务功能，增强地方政府全局观念及大局意识，中央财政住房保障专项资金适当地向东部及沿海地区倾斜，积极引导人口合理流动，分流东部及沿海地区住房保障压力等政策建议。

第六章　我国公共保障性住房建设资金供给主体选择*

为了解决城镇中低收入群体的住房困难问题，保障住房消费的公平性，克服住房市场失灵的缺陷，我国政府于1995年正式启动安居工程，实施住房制度改革。其主要目标之一为建立和完善以经济适用房为主的多层次城镇住房保障供应体系。经过近20年的努力，我国已初步建立起了以经济适用房和廉租房为主、以公共租赁和限价房为补充的城镇住房保障体系，为解决城镇中低收入阶层居住问题、维护社会和谐稳定、促进经济社会可持续发展发挥了重要作用。然而，尽管如此，从整体上看，当前我国住房保障覆盖率偏低，保障水平不高，离“住有所居”目标仍相去甚远。毋庸讳言，住房保障覆盖率低、保障水平不高的主要原因在于巨大的建设资金瓶颈。

另外，住房问题并非为城镇所独有，广大农村地区同样面临着住房问题，亟待解决。尽管城镇住房问题表现得较为集中和突出，但农村住房问题也同样不容小觑，甚至从某种意义上讲，在城镇住房问题得以一定程度缓解的当前，农村住房问题的解决较之城镇更为迫切。而且，城乡住房问题是住房问题紧密相关的两个侧面。遗憾的是，长期以来，我国农村住房问题一直都处于被漠视之境地。“无论户籍人口还是常住人口都超过城镇的广大农村却长期被排斥在住房保障体系之外，住房保障制度近乎空白。”[①] 目前，我国农村地区住房保障制度仍处于宅基地保障的低级阶段，农民无偿获得宅基地后自筹资金建房，但由于绝大多数农村贫困家庭收入

---

* 本部分第一节和第二节以《我国城乡保障性住房建设资金供给主体研究——基于“四化”同步发展视角》为题发表在《成都师范学院学报》2016年第8期上，内容略有删减。

① 崔永亮：《基于城乡统筹的农村住房保障体系构建研究》，《农村经济》2012年第1期。

来源少、资金筹集渠道狭窄，基本居住水平成了他们难以实现的梦想。因此，当前农村住房问题的最大症结就是建设资金匮乏。

截至目前，学术界关于当前我国保障性住房建设资金供给困境、解决路径以及国外经验分析借鉴的研究成果极为丰硕且较为深入，为解决当前保障房建设资金瓶颈问题提供了大量有益的政策参考。然而，已有文献对当前保障性住房建设资金瓶颈问题的成因研究不够，更多的是探讨对策。显然，若对成因研究不透彻，就不能提出针对性较强的对策。笔者认为，当前保障性住房建设资金瓶颈问题的成因为来源单一（主要为政府财政资金投入），而资金来源单一的成因为保障房建设主体单一。循此逻辑推演，当前城乡保障性住房建设资金瓶颈问题症结在于建设主体单一、责任不明，用工企事业单位、农村集体经济组织等未能承担起保障性住房供给主体责任。鉴于以上分析，笔者将首先分析当前我国保障性住房建设资金供给主体及存在的问题，然后以“四化”同步发展为视角，分析除政府外其他组织或机构作为供给主体的必要性和必然性，在此基础上探讨当前为实现保障性住房资金供给主体多元化目标需进行的相关制度创新。

第一节　当前我国保障性住房建设资金供给主体及存在的问题

通常说来，市场主体包括商品或劳务供给主体和需求主体。同理，保障性住房市场主体也包括供给主体和需求主体。保障性住房供给主体是指从事保障性住房生产的个人或组织。要研究保障性住房供给，一个必须首先解决的问题就是确定谁是供给主体，即保障性住房由谁来供给这一关键性问题。供给主体的确定是解决资金来源等问题的前提。市场经济理论表明，商品性质不同，生产提供此商品的市场主体也就各异。因此，本节将首先探讨保障性住房的产品属性，在此基础上分析其供给主体选择，并探讨当前我国保障性住房供给主体现状及存在的问题。

一　保障性住房产品属性：准公共产品

根据西方公共产品理论，消费上的排他性（exclusiveness in consumption）和竞争性（competitiveness in consumption）是区别不同性质产品的重要标准。按照排他性和竞争性的组合不同，可将产品分为四类：纯公共产品、纯私人产品、混合产品和俱乐部产品。若某产品在消费上同时具备竞争性和排他性，那么它属于纯私人产品；若某产品在消费上同时具备非竞争性和非排他性，即它可以被许多人共同消费，且排他成本极高，则它属于纯公共产品；若某产品同时具备消费上的非竞争性和排他性或者同时具备竞争性和非排他性，那么它是介于纯公共产品和纯私人产品之间的混合产品（其类型之一为俱乐部产品），又称准公共产品（quasi - public goods）。

保障性住房是指，为了解决中低收入群体的基本居住问题，由政府直接投资建造或由政府以一定方式对建房机构提供补助、由建房机构建设并以较低价格或租金向中低收入家庭出售或出租的住房。根据西方经济学关于产品分类及其特征的论述可以判断，保障性住房产品的属性为准公共产品。其理由如下。第一，从排他性上看，保障性住房消费的非排他性具有一定范围。此处的"一定范围"既指地域范围，又指保障对象身份。我国法律法规明文规定，保障性住房仅供中低收入阶层中的住房困难家庭购买或者租用，承租或购买者必须符合政府制定的户籍和收入两个标准。从这一角度来看，保障性住房消费的非排他性是具有特定范围的。换言之，保障性住房消费的非排他性是局限在政策规定范围之内的，超出此范围，它就具有排他性。第二，从竞争性上看，保障性住房具有明显的竞争性。其竞争性主要源于它的稀缺性。由于多方面原因，相对于巨大的需求而言，我国保障性住房资源十分稀缺。尽管近年来政府加大了财政投入力度，但保障房市场仍然处于供不应求状态。

保障性住房属于地方准公共产品。西方学者 Breton 根据公共产品提供的地理区域将公共产品分为地方公共产品、区域公共产品和国家公共产品。地方公共产品（Local Public Goods）是指满足某一特定区域而非全国范围内的消费需求的产品或服务。从制度覆盖范围来看，各地的保障性住房通常都只覆盖了当地的中低收入家庭。由此，我们可以进一步做出判断：从属性上看，保障性住房属于地方准公共产品。

二　保障性住房供给主体选择标准：公平与效率兼顾

公共产品供给主体选择，是指为了实现公共产品供给目的，在公共产品的供给主体（政府、市场、第三部门）中选择一个供给主体或者一个供给主体组合来供给公共产品的取舍行为。[①]

面对各种不同的公共产品供给方式，政府如何做出选择，选择的标准是什么，从各国经济管理实践分析，主要有效率标准和公平标准。公共产品供给主体选择的效率标准是指，供给方式要有利于提高公共产品的供给效率，力争做到在投入既定时，能够为居民、企业和其他社会组织提供数量更多、质量更好的公共产品。照此标准，如果公共产品由私人企业提供，且比政府等公共组织提供效率更高，就应选择私人供给模式。亚当·斯密曾以效率标准来分析公共产品供给主体的选择问题。他认为，确定公共产品的供给主体，只要私人供给效率高就应该交由市场来供给。为了说明公共设施可以由私人提供，并且运行良好，他还举了欧洲一些地方的运河或水闸由私人经营的例子。“欧洲许多地方的运河通行税或水闸税，是个人的私有财产，这些人为保持这些利益，自然竭力维护这运河……如果运河的通行税，交给那些利不干己的委员们征收，他们对于产生这通行税的工程的维持，一定不像个人那样注意。”[②] 公共产品供给主体选择的公平标准，是指公共产品的供给有利于为社会成员创造一个平等竞争的环境，缩小人们在收入等方面的差距。公共产品供给主体的选择，不仅要提高供给效率，而且要有利于体现社会公平，维护经济社会稳定。与效率标准不同，公平标准是一定时期内人们心理上的一种价值判断，因而，公共产品供给主体的选择需要得到大多数社会成员的理解和支持。

公平标准和效率标准是选择公共产品供给主体时必须坚持的两大标准。之所以坚持效率标准，原因在于一定时期内一个经济体可用于公共产品生产和供给的社会资源是有限的，为了充分利用现有资源，必须提高供给效率。之所以坚持公平标准，原因在于公共产品在消费上具有非竞争性和非排他性，其获利性较低，私人企业不愿意生产和提供，而这些产品又是社会成员生产生活所必需的。因此，出于社会公平角度考虑，政府需提供公共产品以缩小社会成员之间的贫富差距。

---

① 王磊：《公共产品供给主体选择与变迁的制度经济学分析——一个理论分析框架及在中国的应用》，经济科学出版社，2009。

② 〔英〕亚当·斯密：《国民财富的性质和原因研究》（下卷），商务印书馆，1996。

三　当前我国保障性住房供给主体构成及存在的问题

我国公共住房保障制度经历了一个产生、发展和逐步完善的过程，保障房种类也随着经济社会发展的需要日趋多样化。纵观我国住房保障制度发展历程，经济适用房和廉租房具有较强的社会保障属性，而公共租赁和限价房的社会保障属性相对较弱、商品属性相对较强。从供给主体来看，经济适用房和廉租房供给主体均为政府，资金筹集和具体建设均由政府全权负责。公共租赁房的资金来源主要以政府财政投入为主，运用市场机制吸引社会资金的投入，形成了政府、市场和个人共同参与的资金供给模式。限价房带有住房保障性质，但本质上是商品房，由房地产开发企业生产和经营，并在住宅市场上销售，虽然其价格受到限制，但房地产开发企业仍可获得一定的利润。由此可看出，在当前，政府是经济适用房和廉租房唯一的供给主体，公共租赁房供给主体为政府和市场，限价房的供给主体为市场。从四种类型的保障性住房来看，限价房由于更具商品属性，其供给主体为市场，其余三种类型要么以政府为唯一的供给主体，要么以政府为主导。而且，事实上，即便是对于有市场和个人参与的公共租赁房而言，由于投资规模大、收益水平低、只租不售且资金回报周期长，政府相关制度不完善，吸引投融资较为困难，鲜有市场或者个人愿意参与供给。也就是说，当前我国保障性住房供给主体过于单一，政府占据着主体而并非主导地位，其他主体不能或者不愿意参与供给。供给主体单一的直接后果就是保障性住房建设资金来源单一，仅靠“政府从事保障性住房建设、运营与管理，会因财政压力和经营效率低下等而具有不可持续性”。[①]

从公共产品供给主体选择的公平和效率两大标准来看，当前以政府为主体的保障性住房供给模式既缺乏公平又缺少效率。从公平方面看，政府有限的财政资金投入难以满足庞大的保障性住房需求，致使住房保障制度覆盖率偏低，尚有大量的中低收入家庭仍未享受到政策性住房；从效率方面看，政府为主体的供给模式效率低下，具体表现在供给总量不足且供给

① 胡金星：《社会资本参与公共租赁房建设、运营与管理：荷兰模式与启示》，《城市发展研究》2013 年第 4 期。

结构性过剩、分配中的寻租腐败和高昂的交易费用。为此，需在兼顾公平与效率的前提下更加注重效率，完善制度鼓励各相关市场主体积极参与保障性住房供给。

第二节　城乡保障性住房建设资金来源拓展——基于“四化”同步发展视角

如上所述，当前我国城乡保障性住房建设面临着巨大的资金瓶颈约束，资金来源单一，主要依靠中央和地方政府的财政投入。而资金来源单一问题本质上又是因为供给主体单一，由政府大包大揽，而其他本应成为供给主体的组织机构和企业却袖手旁观，在保障性住房建设上不作为或消极作为。既然如此，打破保障性住房建设资金瓶颈的办法就是尽力动员一切社会力量，为其创造条件，鼓励其参与到保障性住房建设中来，从而实现供给主体多元化目标。下文将以“四化”同步发展为视角，探讨城乡保障性住房建设资金供给主体多元化的必要性和具体举措。

一　“四化”同步发展与保障性住房建设供给主体选择多元化

2012 年党的十八大提出：“坚持走中国特色新型工业化、信息化、城镇化、农业现代化道路，推动信息化与工业化深度融合、工业化与城镇化良性互动、城镇化和农业现代化相互协调，促进工业化、信息化、城镇化、农业现代化同步发展。”“四化”同步发展是党的十八大从我国经济社会发展全局出发提出的重大战略，符合现代化建设的客观规律和我国基本国情。“四化”同步与城乡一体化发展之间又具有内在统一性。如果将“城乡一体化发展”视为我国经济社会发展目标，那么，“四化”同步就是实现此目标的重要路径。城乡住房保障制度发展又是城乡一体化发展的内在要求，因此，“四化”同步与城乡住房保障制度之间又具有内在的逻辑关联性。

城镇化（Urbanization）就是“农村人口不断向城镇转移，城镇数量不断增加，城镇人口规模与地域规模不断扩大的一种历史进程”。[①] 我国庞大

① 张超：《城镇化与“三农”问题的实证分析》，《金融发展评论》2011 年第 3 期。

的人口基数以及城镇化高速发展形成的乡城之间的大规模人口流动，不仅会影响城镇现有的住房体系和政策，也将波及农村住房的利用和建设。就是说，城镇化催生了城乡住房问题。城镇化特别是以人为本的新型城镇化本质上是人的城镇化，而住房保障又是一项旨在解决贫困群体居住问题的社会制度，因此，住房保障制度与城镇化在本质上是相统一的，在内在要求上是相契合的。保障性住房建设是城镇化的重要组成部分，住房保障制度日益完善、住房保障水平不断提高，有助于提升城镇化质量、推进城镇化进程。另外，“政府，尤其是地方政府作为城镇化的推动者、组织者和领导者，其行为和运作方式深刻影响着城镇化发展的速度和方向”。① 城镇化快速推进需要大量的公共物品以满足城镇居民和城镇规模扩张的外在需求，因此，作为城镇化推动者、组织者和领导者的政府对于提供准公共产品——住房保障就责无旁贷，政府理所当然地作为供给主体筹集保障性住房建设所需的资金。

工业化是现代化的核心内容，是传统农业社会向现代工业社会转变的过程。工业化需要大量廉价劳动力。例如，在英国工业化进程中，大量劳动力从农村转移到城市。“1751～1780 年间，离开农业的劳动力每十年约 2.5 万人，1781～1790 年间升至 7.8 万人，1801～1810 年间达 13.8 万人，1811～1820 年达 21.4 万人，1821～1830 年达 26.7 万人”。② 工业化快速推进导致大量农村人口向工业转移和城镇集中，农村人口向工业转移和城镇集中又引致城镇住房问题。正如恩格斯所言：“当一个古老的文明国家这样从工场手工业和小生产向大工业过渡，并且这个过渡还由于情况极其顺利而加速的时期，多半也就是住宅缺乏的时期。”③ 换一个角度讲，工业化进程伴随着劳动力等生产要素配置到工业中来的过程，劳动力实现了从农业向工业的转移。而作为工业化主体的企业，正是大量农村劳动力要素的需求者和使用者。马克思认为，在任何社会生产中，总是能够区分出劳动的两个部分，一部分的产品直接由生产者及其家属用于个人消费。直接由

---

① 陈书奇：《地方政府在城镇化中的角色竞争及优化策略》，《郑州大学学报》（哲学社会科学版）2015 年第 4 期。

② 〔法〕米歇尔·博德：《资本主义史 1500－1980》，吴艾美等译，东方出版社，1986。

③ 《马克思恩格斯选集》（第 3 卷），人民出版社，1995。

生产者及其家属用于个人消费的产品称为必要产品，其表现形式为工人工资。满足工人及其家属基本生活需要的工资是社会生产的重要前提和基础。因此，从社会生产的可持续性角度讲，工资应该达到满足工人衣食住行等基本生活需要的水平。再者，马克思曾指出，在进行劳动者个人分配之前，须对社会总产品做各项必要的扣除。社会总产品的扣除就包括为社会提供公共产品所需的资金。而这些社会总产品的必要扣除又源于工人创造的价值，即剩余价值。因此，从以上推演我们可以得出，企业不仅应在发给工人的工资中，而且应从其所得的剩余价值（利润）中，提供给工人用以解决基本居住问题的所需资金。就是说，用工企业也理应成为保障性住房建设资金供给者。而且，企业参与保障性住房建设项目，帮助解决职工居住问题，也能为企业延揽人才。

农业现代化伴随着农业生产力逐步提高、农村土地就业吸纳能力降低以及隐性失业农民日益增多。土地就业吸纳能力降低和隐性失业增加促使农民到城镇非农产业另谋生路。农业现代化过程又是农业生产集约高效的实现过程，它要求农业生产规模化经营；生产要素适度集中又是规模化经营的前提。土地是首要的农业生产要素，土地适度集中要求农村居民适度集中居住。无论是农村剩余劳动力向城镇转移，抑或是农村居民集中居住，农业现代化引致的农业人口转移都会给转入地或集中居住点带来不同程度的住房问题，换言之，农业现代化也是当前城乡住房问题的致因之一。再者，如前所述，农业现代化还要求集约节约利用农村建设用地。而我国农村建设用地（主要是农村宅基地）超标占用、闲置等浪费现象也较为突出。“假设每年有 1200 多万农村人口要转移到城镇，每年将约有 18.36 万公顷的农村宅基地闲置。”① 2010 年《中国统计年鉴》显示，与 1990 年相比，农村人均住房面积由 17.8 平方米上升到 33.6 平方米，增加了 88.76%；与 2000 年相比，人均住房面积增加了 35.48%。② 因此，整理与复垦农村闲置宅基地、推进农民适度集中居住既是提高农村建设用地效率的需要，又是推进农业现代化快速发展的需要。在城乡统筹发展背景

① 黄贻芳、钟涨宝：《不同类型农户对宅基地退出的响应——以重庆梁平县为例》，《长江流域资源与环境》2013 年第 7 期。

② 刘卫柏：《农村宅基地流转的模式与路径研究》，《经济地理》2012 年第 2 期。

下，通过城乡建设用地增减挂钩、地票交易等形式可将节省下来的农村建设用地指标配置到城镇建设中去。土地由农村农业配置到城镇非农产业后产生了巨大的增值收益——级差收益。由于农村集体经济组织行使着土地公有权，对集体土地、财产等进行统一管理，因此，农村集体经济组织成为参与增值收益分配的利益主体。既然农业现代化是城乡住房问题的致因之一，而农村集体经济组织又是农业现代化所释放的红利的直接受益者，它就有义务帮助为农业现代化做出贡献和牺牲的农民解决包括住房保障在内的社会保障问题。就是说，农村集体经济组织也应成为农村保障性住房建设资金供给者。

二　实现城乡保障性住房建设资金供给主体多元化目标的相关配套制度改革

从上文理论分析可看出，尽管政府、用工企业、农村集体经济组织等应该承担起保障性住房建设资金供给责任，但从当前我国制度环境来看，若要实现城乡保障性住房建设资金供给主体多元化目标，还需进行系列相关配套制度的改革。

（一）构建新型政府间关系，使其在保障性住房建设中各司其职、相互协作

1994 年分权化改革后，我国地方政府和中央政府利益目标不尽相同。在住房制度方面，中央政府代表着整体与长远利益，其目标既包括促进经济增长，又含有建立有效的住房保障体系促进住房制度公平；地方政府的目标为实现地方经济收益最大化和政治利益最大化，因此以经济发展为直接目标，更多地关注当地中短期发展。正因为如此，央地两级政府在保障房建设上行动不完全一致，尤其是在资金供给方面形成了相互博弈的关系。

若要有效解决央地两级政府在保障性住房资金供给方面的相互推诿和博弈问题，必须通过制度创新，规范博弈行为，兼顾中央和地方利益，确保二者在住房保障方面行动协调一致。具体而言，需构建新型政府间关系，建立规范的转移支付制度，减少转移支付的随意性，提高各层级政府事权和财权配置水平。明确保障房建设中中央和地方政府职责划分的基本

思路，按照财权和事权相统一的原则，建立中央和地方财政投入的责任分担机制。从公共产品的经济边界角度来讲，保障性住房属于地方公共产品，因此，其建设资金应主要由地方政府供给，中央政府主要负责制度供给和提供配套资金。

（二）适当提高保障房租售价格，创新住房保障供给模式，吸引社会资本投资保障房

保障性住房作为一种准公共产品，虽然在消费上具有一定程度的非排他性和非竞争性，但只要解决了其成本回收问题及实现一定水平的利润，私人（即社会资本）就愿意供给。事实上，长期以来，我国保障性住房租售定价不合理，而且利润水平偏低。“一般经济适用房项目利润率按照成本的3%来确定，加上1%左右的委托费和1%左右的代建费，总计利润在5%左右，廉租房和公租房更低，而市场化住宅开发净利润一般在15%以上。”① 面对如此低的利润率，以追求利润最大化为目标的社会资本不愿意涉足保障房建设也就不足为奇。为了吸引更多的社会资本，务必在照顾中低收入家庭支付能力的基础上，适当提高保障性住房租售价格，给开发商（社会资本）留有一定的利润空间。

同时，需创新政府和社会资本共同建设保障房的合作模式。贾康（2011）研究认为，PPP模式有利于解决当前保障房市场出现的争议与困惑，PPP模式的实践创新已势在必行。据了解，不少地方在保障房建设过程中开始尝试PPP模式并成功引入了社会资本。例如，重庆市为解决“夹心层”群体的住房问题，决定公共租赁房的建设主要由国有企业承担，同时鼓励引入社会资金、采取BT模式参与建设；深圳市宝龙工业城保障性住房和大工业区聚龙山保障性住房，以及万科北京（公司）在北京开发的回龙观项目，都是引入社会资本建设保障性住房的成功案例。要在保障房建设中成功引入PPP模式，还需进行相关制度创新，包括两个方面。第一，完善政策法律法规体系。制定适合PPP模式的国家级法规和针对民间投资的立法，确保社会资本的权利。第二，转变政府职能，加强监管与激

① 张安岳：《房地产企业参建保障性住房的利益驱动和主要风险》，《科学发展》2011年第11期。

励。政府部门须转变为与私人部门合作提供保障房的指导者和合作者；依据保障房 PPP 项目各参与方的表现制定公平、明确的奖罚制度，形成完善的监管机制。[①]

（三）加大政策优惠力度，完善相关制度，鼓励和监督用工企事业单位提供住房保障

近年来，政府为了鼓励用工企业参与保障性住房建设，相继出台了多项优惠政策。比如：参建企业可以低成本拿地，利用自有的工业用地建设保障性住房，不仅可获得多渠道资金支持而且可获得地方政府的直接建设补贴，在城镇土地使用税、营业税、房产税、印花税等方面均有优惠减免。然而，由于投资建设保障性住房势必增加成本，加之保障性住房的微利性、成本回收周期太长，企业自身经营风险加大，以追求利润最大化为经营目标的企业对于参建保障性住房积极性仍然不高。对此，政府应该加大政策优惠力度，鼓励用工企业积极为职工提供住房保障。具体说来，可采取的措施如下。首先，进一步落实土地政策，降低参建企业土地成本。尽量采用划拨方式供地，最大限度地降低企业土地成本；[②] 进一步推广年租制，通过每年交付地租的方式减轻参建企业前期财务压力。其次，加强金融支持力度，拓展参建企业融资渠道。采取措施鼓励金融部门为参建企业提供包括土地开发环节在内的针对性强的金融服务，同时帮助参建企业以增加银行贷款、发行企业债、吸引保险资金、社保资金注入、发行房地产信托等渠道拓展融资渠道。最后，具体落实土地使用税、营业税、房产税、印花税优惠减免政策，吸引用工企业参建保障性住房。但须指出的是，鼓励企事业单位参与提供保障性住房，必须杜绝以集资建房名义变相搞住房实物分配的行为，必须确保参与集资建房分配的为企事业单位的住房困难户（困难标准可参考当地政府制定的收入和住房面积标准）。

用工企事业单位参与住房保障制度的另一形式为替职工缴纳住房公积金。2002 年修订后的《住房公积金管理条例》第 2 条明文规定：“所有国

---

① 陈华：《基于公私合作（PPP）的保障房投融资创新研究》，《财政研究》2012 年第 4 期。

② 当然，采取划拨方式供地主要是针对公共租赁房、廉租房、经适房等保障性住房而言，对于限价商品房应仍然采用市场竞价方式供地。

家机关、企业、社会团体及其在职职工都必须缴纳住房公积金。”但目前现实情况是，不少私营和外资企业都不愿意为其职工缴纳住房公积金，致使住房公积金制度覆盖率偏低。鉴于此，政府可采取的措施有如下三点。第一，严格执行《住房公积金管理条例》，对于那些不办理住房公积金缴存登记或者不为职工办理住房公积金设立手续的，以及未按时缴存住房公积金的单位，可申请人民法院强制执行。第二，将建立住房公积金制度列入有关部门和企业的考核指标中，规定不缴纳住房公积金的企事业单位及其负责人不能“评优评先”，不能享受各项优惠政策。第三，将住房公积金列入企事业单位的经营成本，在税前开支以合理避税，提高企事业单位缴纳住房公积金的积极性和主动性。

（四）实行减免税优惠政策和拨付专项资金，鼓励农村集体经济组织参与保障房建设

如前所述，农村集体经济组织是城镇化、工业化和农业现代化发展成果的受惠者，它们有义务为农村贫困家庭提供必要的住房保障。然而，我国当前农村集体经济组织还面临着集体资产产权不完整、市场不健全、承担了大量农村公共服务职能、缺乏必要的优惠扶持政策等发展障碍，对于筹资建设农村保障性住房，绝大部分集体经济组织都显得力不从心。尤其是农村集体经济组织的税收负担和公共开支日益增加，已严重威胁到集体经济组织的发展。例如，柳松和李大胜（2007）的调研数据表明，在广东惠州等较发达地区，农村集体经济组织需要缴纳的营业税、城建税等6种税的综合税率为19.6%。在公共支出方面，“2009年全国农村集体经济组织承担村级组织管理费用503亿元，村均8.2万元，是各级财政对村民委员会和党支部补助的2.7倍，支付的公共服务费用达102亿元”。[①] 鉴于此，为了增强农村集体经济组织保障房建设筹资能力，笔者建议：第一，政府应将因新增建设用地指标而获得的土地出让金等收益拨付一部分给农民集体经济组织，专款用于农村保障性住房建设；第二，对于经济欠发达地区的农村集体经济组织实行免税政策，对经济发达地区的农

① 郑锐捷：《新时期发展壮大农村集体经济组织的实践与探索》，《毛泽东邓小平理论研究》2011年第5期。

村集体经济组织实行减税政策，通过减免税鼓励农村集体经济组织创收，发展壮大自身经济实力，从而为农村住房保障建设提供资金。

当然，农村集体经济组织参与农村住房保障建设也可以农民集资合作建房、农村集体经济组织提供建房补贴的形式进行。而农民集资合作建房面临着缺乏专业的开发技术和管理能力，在资金管理、选地、施工、分配等方面交易成本较大，单个住宅合作社项目与城市规划相矛盾等问题，因此，需要政府提供相应的技术和管理方面的支持。

第三节　公共保障性住房供给中地方政府与中央政府的博弈分析

根据前文分析结论，政府是公共保障性住房的首要供给主体，它应该与其他供给主体紧密合作，共同为社会中低收入群体中住房弱势群体提供住房。就政府而言，它又可分成不同层级的政府，比如中央政府和地方政府。然而，地方政府与中央政府在公共保障性住房问题上的态度并不是一致的，二者在保障性住房问题上在一定范围内是相互博弈的关系。本节中，我们首先探讨地方政府与中央政府在保障房建设问题上博弈关系的形成原因，然后分析解决二者博弈问题的策略。

一　公共保障房供给中地方政府与中央政府博弈关系形成原因

（一）地方政府和中央政府之间委托代理关系及代理问题

委托代理理论（Theory of Principal - Agent）是20世纪60年代末西方经济学家研究企业内部信息不对称和激励问题发展起来的新古典经济学研究范式之一。委托代理关系是指“一个或多个行为主体根据一种明示或隐含的契约，指定、雇佣另一些行为主体为其服务，同时授予后者一定的决策权利，并根据后者提供的服务数量和质量对其支付相应的报酬。授权者就是委托人，被授权者即代理人”。[①] 一般说来，一项委托代理关系需具备

① 蒋鲲：《公共管理中的“委托—代理”——以亳州市谯城区“为民服务全程代理”为例》，《人民论坛》2011年第10期。

三要素：信息不对称、契约关系和利益关系。就地方和中央两级政府而言，首先，在地方事务方面，两者所拥有的信息不对称。通常情况下，中央政府对各地方政府的真实情况不够了解，只能依据以往地方政府在政策执行中的表现来决定赋予其执行政策的各种资源。而且，在执行过程中，中央政府难以分辨地方政府的努力程度，而地方政府更了解政策执行中的各种信息和公众意愿。其次，中央和地方政府之间的管理交易是一种契约关系。随着社会分工的不断深化和所面临环境的复杂化，当今世界上任何一个中央政府都不可能大包大揽国内所有政治、经济和社会事务，必须设置并委托一些地方政府管理当地社会事务。最后，在“经济人”假设下，尤其是在行政分权和经济分权改革后，地方政府和中央政府利益目标也出现了殊异。由此，根据委托代理关系的三要素判断，地方政府与中央政府之间是一种典型的委托代理关系。

从契约属性来看，住房保障制度中中央和地方政府之间是不完全契约关系。不完全契约（Incomplete Contract）是指，由于契约当事人的有限理性，未能考虑所有可能发生的事件，没有规定在各种可能下事件发生时契约各方的权利和义务，并且给第三方仲裁带来理解和执行上的障碍。中央和地方政府之间契约的不完全性主要由以下两方面原因所致。首先，双方信息严重不对称。在住房保障制度执行过程中，中央政府没有能力将低收入群体数量及其住房需求、房屋租售情况、地方土地转让或出让收入等信息一网打尽。我国幅员辽阔、各地居住习惯不尽相同，中央政府收集的信息量庞杂，这使信息的收集和甄别工作难度加大。由此，中央政府在进行住房保障制度安排时显得力不从心，不得不出台一些指导性政策，从而给地方政府留下博弈空间。其次，长期契约关系与官员任期的短期化矛盾。中央政府和地方政府之间契约关系长期化与政府领导官僚和政府合约的短期化矛盾加剧了代理人危机。虽然政府之间的委托代理关系是强制性的、永久的，但是政府的领导官僚与政府的合约是有期限的。由于政府官僚的任期通常为 5 至 10 年，政府官僚之间的委托合约是一个短期合同，而委托代理关系中的代理人短期行为危机的存在就难以规避。这种长期与短期的矛盾，在住房保障制度建设上体现为：中央政府为了国家的长治久安而力推住房保障制度，而地方政府领导更重视自己任内的政绩，急于求成，重经济利益、轻社会保障。

在委托代理关系中，由于委托人与代理人的效用函数并非完全一致，加之双方掌握的信息量多寡不同、契约关系的不完备，在没有有效制度约束的情况下，代理人很可能损害委托人的利益，此即所谓的委托代理问题。委托代理问题一般包括代理人的败德行为和逆向选择（Adverse Selection）。典型的败德行为有偷懒、搭便车等，是在契约双方签约后，代理方利用其信息优势的投机行为。逆向选择是指在信息不对称状态下，代理方一般拥有“隐蔽信息”并且利用委托方信息缺乏的特点而使对方不利，从而使博弈或交易的过程偏离委托人的意愿。中央政府与地方政府之间委托代理关系及代理问题的客观存在是二者在住房保障制度方面产生博弈的重要原因。

（二）分权化改革后地方政府与中央政府利益目标殊异

西方古典经济学中的理性经济人假说同样适用于对政府行为的分析。政府是由理性的个体组成，他们都追求效用最大化。组成政府的政治家和官僚的利益在于获得权力、地位和威望，他们的这些追求未必符合公共利益。布坎南对“仁慈的政府”（benevolent government）的假设产生了质疑，认为政府是自利的，是追求自身利益最大化的组织，只是这种利益不一定是财富。Anthony Downs 认为，“政府官僚就是其产出不能通过市场途径来衡量的组织或个人，政府官僚只依赖其上级来晋升，所以，他们的行为准则是上级的偏好”。[①] “综合布坎南和 Downs 的观点，可以看出，政府是自利的、晋升偏好的和保守的；每级政府组织都是一个利益集团，一方面，他们要完成本辖区内的经济与社会管理任务，履行其管理职能；另一方面，他们又要在仕途上获得晋升和政治支持最大化：中央政府希望获得最大化的国民政治支持，地方政府则是期望晋升官职。”[②] 政府作为公共权力的行使主体，维护和实现公共利益是其基本责任。但作为组织实体，不同层级政府所代表的公共利益范围和目标长短不同，中央政府代表整体性公共利益和长期利益，而地

① Anthony D.，“A Theory of Bureaucracy”，*American Economic Review*，55（1965）：439 - 446.

② 夏永祥：《中央政府与地方政府的政策博弈及其治理》，《当代经济科学》2006 年第 2 期。

方政府代表的是局部利益和短期利益，二者并非总是一致。而且，两者在政治目标、经济目标以及社会福利目标上也各不相同（见表6-1）。

表6-1　中央政府与地方政府利益目标对比

	政治目标	经济目标	社会福利目标
中央政府	保持政治合法性	积极发展经济	积极提供服务
地方政府	追求职务晋升	积极发展经济	消极提供服务

当前我国正处于住房制度改革深化与完善阶段，中央政府和地方政府利益目标不完全一致。中央政府目标既包括促进经济增长，又含有建立有效的住房保障体系，促进住房制度公平，代表着整体和长期利益。地方政府目标为实现地方经济收益最大化和政治利益最大化，因此以经济发展为直接目标，更关注本地中短期内的发展。其中，经济收益包括地区经济发展、政府财政收入和官员个人收入，政治收益主要指职务的升迁，如表6-2所示。正是由于利益目标的殊异，央地两级政府之间在保障房建设问题上行动不一致，进而表现为一定范围内的博弈。

表6-2　1998年至今住房制度改革深化与完善阶段中央与地方政府利益目标比较①

	总目标	具体目标
中央政府	深化和完善与社会主义市场经济体制相适应的城镇住房制度	①彻底解除中央财政负担，实现商品化 ②大力发展住宅业，使其成为国民经济新的增长点 ③促进住房制度公平，建立有效的住房保障体系
地方政府	积极发展房地产业，实现经济利益和政治利益的最大化	①积极发展房地产业，实现地方财政收入最大化 ②进行住房制度创新，实现政治利益最大化

（三）分权化改革后地方政府与中央政府之间财权事权不相匹配

长期以来，建设资金短缺是制约我国保障房建设的最大瓶颈。由于保障性住房利润率较低，在利益和政绩方面助益不大，地方政府更愿意把有

① 张丽凤：《中国城镇住房制度变迁中政府行为目标的逻辑演进（1949～2008）》，博士学位论文，辽宁大学，2009。

限的土地资源作为商品房开发用地，以增加地方财政收入。中央要求地方政府将土地出让金的10%用于廉租房建设中去，而地方政府却把土地出让金视为自己的“私房钱”不愿投入到保障房建设，并以财政困难为由抵制中央政策。“1994年我国开始实行分税制财政管理体制，其主要内容是明确中央与地方事权和财权的划分。中央财政主要承担国防、外交和中央国家机关运转所需经费，调整国民经济结构、协调地区经济发展、实施宏观调控所需支出；地方财政主要承担地区政权机构运行所需的经费支出以及本地区经济、社会事业发展所需支出。”① 然而，在分权过程中，中央并没有将相应的财权同时下放，加上目前转移支付制度尚未制度化，地方政府履行社会保障责任的经济缺口更大。据统计，2004～2014年，地方财政收入占财政总收入的比例一直在50%左右，而财政支出不断上涨，2014年更是高达85.1%（见表6－3、表6－4）。地方政府收入与支出在总收入和支出中的占比与中央和地方事权划分不相匹配，大大降低了地方政府在社会保障方面的资金供给能力。

表6－3　2004～2014年中央和地方财政收入比重

单位：%

年份	2004	2005	2006	2007	2008	2009	2010	2011	2012	2013	2014
中央	54.9	52.3	52.8	54.1	53.3	52.4	51.1	49.5	47.6	46.6	45.9
地方	45.1	47.7	47.2	45.9	46.7	47.6	48.9	50.5	52.4	53.4	54.1

资料来源：2004～2015年《中国统计年鉴》。

表6－4　2004～2014年中央和地方财政支出比重

单位：%

年份	2004	2005	2006	2007	2008	2009	2010	2011	2012	2013	2014
中央	27.7	25.9	24.7	23.0	21.3	20.0	17.8	15.1	14.9	14.6	14.9
地方	72.3	74.1	75.3	77.0	78.7	80.0	82.2	84.9	85.1	85.4	85.1

资料来源：2004～2015年《中国统计年鉴》。

在保障房建设实践中，中央财政安排专项资金补贴后，地方财政提供

① 郭红：《中央政府与地方政府的财政博弈——兼论分税制体制的完善》，《科技信息》（学术版）2006年第12期。

配套资金，其中地方政府承担部分超过90%。[①] 因此，由于利益目标不同于中央，加之受制于有限的财政能力，地方政府在执行保障房制度上大打折扣，采取“上有政策、下有对策”策略对抗中央住房保障政策。

二　公共保障性住房供给中地方政府的博弈策略

正是由于上述三方面原因，地方政府与中央在保障性住房问题上做出不同的策略选择。作为中央政策的执行机构，在个人效用最大化的价值观指导下和地方利益驱使下，地方政府将从以下几个方面博弈中央的住房保障政策。

首先，“曲解政策，为我所用”地选择性执行中央政策。中央推出的政策一般都是全局性、方向性和原则性的，而地方政府在解读和贯彻这些政策时，由于受个人或地方利益的影响，对政策的精神实质和内容进行曲解或取舍。例如，按照中央规定，保障房仅仅指廉租房、经济适用房、公共租赁房和限价商品房，而一些地方政府在上报数据时故意曲解保障性住房概念，将棚户区改造、危旧房改造、拆迁安置房列入保障房范畴；或者，将廉租房解读为廉价房；为了不影响土地出让金收入，有些地方政府将廉租房建在偏远城郊，造成了部分廉租房闲置。

其次，消极对待、变相抵制，或迟缓执行中央政策。我国廉租房制度实施已有10余年时间，尽管中央三令五申地要求地方政府予以高度重视，但不少地方政府态度依然消极，以致廉租房建设进展十分缓慢。截至2006年底，全国实际享受过廉租房政策的家庭仅26.8万户，占400万户低保家庭的6.7%，占低收入住房困难家庭的2.7%，占全国城市家庭的0.15%。[②] 2009年第3季度，全国人大常委会调研发现，全国当年保障性住房任务完成率仅为23.6%，在全国城镇低保家庭中，各级政府通过各种方式缓解住房困难的仅占7%左右。[③]

最后，在保障房建设资金筹措上的博弈。尽管国务院2007年24号文

① 王炜：《建好保障房是政府的一项职责》，《人民日报》2010年9月30日。

② 刘泉：《廉租房制度保障范围扩至城市低收入家庭》，《人民日报》2007年8月31日。

③ 建设部课题组：《住房、住房制度改革和房地产市场专题研究》，中国建筑工业出版社，2007。

明确规定，解决低收入家庭住房困难，省级负总责，市县抓落实，但在财政支出责任上只是给出了定性规定，并没有具体的量的要求，缺乏与政府保障房责任相对应的量化的财政责任安排。其结果是，在资金筹措上，地方政府与中央相互推诿责任。由于保障性住房利润率较低，在利益和政绩方面都无多大助益，地方政府更愿意把有限的土地资源作为商品房开发用地，以增加地方财政收入和推进城市化进程。相关数据显示，2010 年地方政府土地出让收入高达 2.9 万亿元，其中仅有 463 亿元用于廉租房保障支出，提取比例不足 1.6%；2010 年审计署发布的审计报告显示，北京、上海、重庆、成都等 22 个城市从土地出让净收益中提取廉租住房保障资金的比例均未达到规定要求，2007～2009 年，这些城市共计少提取 146.23 亿元。

三　公共保障性住房供给中地方政府与中央博弈问题的治理

（一）强化住房保障对象和地方人大的监督作用，建立科学的信息披露制度

在保障房立项、开发过程中，保障房的原始委托人——低收入群体往往被排除在立项决策和开发建设之外。作为保障房的直接受益者，低收入群体对于监督地方政府的住房保障工作具有较高的积极性。如果能正确引导和发挥他们的积极性来监督地方政府行为，将会起到有效防止地方政府逆向选择和败德行为的作用。因此，政府应该为低收入群体参与监督保障房开发建设过程创造条件，使其承担一部分监督责任。

各级政府是保障房的供给主体，如果由政府对自己的行为进行监管和评价难免会因为自作自评自议而难以令人信服，因此，监督责任应该交给全国人大和地方人大来履行。根据我国宪法和各级地方人大与政府组织法的规定，各级人大是权力机关，代表民众行使权力，对政府进行监督；各级政府是人民权力的执行机关，向本级人大汇报工作并对其负责。因此，地方政府应定期向人大提交工作报告，人大机构则利用自身社会渠道广泛的优势采集社会各方意见和建议，通过日常交流和每年的

人大会议对保障房工作进行评定。[①] 评定结果可以作为考核地方政府政绩的重要指标之一。

如前所述，信息不对称是央地两级政府间博弈的主要原因之一。科学的信息披露制度是减少信息不对称最直接而有效的办法。我国目前的信息披露制度还很不完善，这为地方政府利用信息优势博弈中央政策创造了机会。因此，中央应该督促地方政府及时准确披露保障房建设相关信息，例如保障房制度建立、资金投入、土地划拨、建设进度、住房分配等方面信息，使其主动接受社会监督。

（二）深化经济政治体制改革，构建新型政府间关系

当前，面对政治体制改革任务，要坚持国家统一和保证长期社会稳定，关键是要处理好中央集权和地方分权的关系。适当集权与合理分权相辅相成、相得益彰，合理分权更有利于中央集权。在政治体制改革中，在保证中央集权的前提下尽量扩大地方权力，兼顾中央和地方政府利益，充分发挥地方的积极性。在保障房建设问题上，使地方政府在思想认识上与中央保持高度一致，使解决保障房建设等社会民生问题内化为地方政府的自觉行为。另外，中央与地方政府之间的经济利益关系是两者关系的核心。要有效地解决中央与地方的利益矛盾和政策冲突，实现“帕累托最优”，必须通过制度创新，完善博弈规则，规范博弈行为，兼顾中央与地方利益，实现两者的均衡发展。既要体现全局利益的统一性，又要在统一指导下兼顾局部利益的灵活性。

同时，要构建新型中央与地方政府关系，务必深化我国行政管理体制改革，建立各级政府间规范的转移支付制度，减少转移支付的随意性，提高事权与财权配置水平，从根本上扭转基层政府财政困难的状况；加紧出台专门的《中央与地方关系法》，将中央与地方关系纳入法制化轨道，明确中央与地方的责权利范围。就保障性住房制度而言，需要明确我国保障房建设中中央与地方政府职责划分的基本思路，按照财权与事权相统一的原则，建立中央与地方财政投入的责任分担机制。根据本章第一部分的分

---

① 洪远朋：《地方利益与中国经济发展》，《财经论丛》2001 年第 7 期。

析结论，公共保障性住房属于地方公共产品，所以，应该由各级地方政府承担主要的供给责任，中央政府则主要负责制度供给和提供配套资金。蒋来用（2011）研究认为，中央财政住房保障建设资金主要用于支持中西部财政困难县市；各省、市、自治区要担当起住房保障的主要职责，向住房困难比较突出的城市投入财政资金；县市政府则根据财力和住房保障实际需要量力而行。各级政府住房保障主要职责划分及资金安排见表6－5。

表6－5　中国各级政府住房保障主要职责划分及资金安排①

政府层级	主要职责	住房保障财政支出
中央政府	①立法 ②制定住房保障政策 ③监督检查 ④宏观调节	①提供资金保障军队、在京部级以上领导干部、特殊人才住房 ②通过转移支付方式支持落后地区建设保障性住房
省级政府	①制定住房保障具体规划和方案 ②监督下级政府落实中央政策 ③监督检查	统筹安排行政辖区保障性住房建设资金
地级市政府 县级政府	①具体组织实施保障性住房的建设、分配 ②发放住房保障补贴	①地方财政收入多的，完全提供保障性住房建设资金，上级财政不再给予转移支付 ②地方财政收入较少的，与上级政府按一定比例承担责任 ③财政收入困难的，完全依靠财政转移支付
街道办、乡镇	①统计中低收入家庭数量，负责家庭收入核查 ②协助发放住房补贴、分配保障性住房 ③对保障性住房进行管理维护	无财政支出职能

① 蒋来用:《住房保障财政政策研究》，中国社会科学出版社，2011。

（三）转变政府绩效考核方式，树立科学的发展观和政绩观

客观地说，地方政府在保障房制度上态度消极、延缓执行的另一个重要原因，就是在现行的政绩考核标准下，保障房建设无助于显示政绩。多年来，在中央政府对地方政府考核中，GDP指标占据着很大部分权重。这种考核方式变相地鼓励了地方政府重经济建设、轻民生改善。因此，在改善民生尚未内化为地方政府自身价值追求的情况下，完善政治晋升激励和约束机制、转变对地方政府政绩考核标准是当务之急。当前，应当针对住房保障的特殊性设置具体可行、科学有效的绩效考核体系，把地方政府履行住房保障职责的具体情况，包括保障性住房的建设情况、民众的满意度、政府的服务质量等纳入考核指标，促使地方政府更加积极地履行社会保障责任。[①]

四　蒂布特模型视角下的地方政府公共保障性住房供给[②]

（一）蒂布特地方公共产品均衡模型[③]

蒂布特1956年发表了《地方支出的纯理论》一文，文中讨论了有效地提供公共产品的方式，以及有效运作方式所需要的条件。

首先，蒂布特阐述了地方公共产品不同于全国性公共产品的选择机制。蒂布特认为，因为同一国家的消费者是可以选择一个自己喜欢的地区作为自己的居住地的，因此，不同地方公共产品之间如同私人产品一样存在竞争性。就是说，在公共产品选择中，消费者也可以通过类似市场的选择进行。消费者通过对在某地所能享用的公共产品与为此支付的税收额的比较来决定是否选择该地作为自己的居住地。如果某消费者从某地公共产品消费中获得的效用能够弥补自己支付的税收所造成的效用损失，那么他就将选择该地作为居住地，相反，他将离开而选择其他地区。显然，与面

---

① 蔡冰菲：《保障性住房建设中地方政府与中央政府的博弈分析》，《社会科学家》2009年第12期。

② 本部分内容本可纳入本节第四部分，但为了平衡文章结构起见，另起章节进行论述。

③ Tiebout, C. M., "A Pure Theory of Local Expenditure", *Journal of Public Economy*, 64 (1956): 416-424.

对全国性公共产品时不同，消费者可以通过效用比较，以“用脚投票”方式来表达自己对某地公共产品的偏好。

其次，蒂布特的地方公共产品理论也深入论述了形成最佳社区，即提供适度公共产品数量必须具备的条件。他认为，要形成适度公共产品数量的最佳社区，必须具备七个条件：（1）消费者可在各社区之间不受任何限制地流动，迁移是无成本的；（2）居民拥有关于社区间税收—服务组合的完全信息；（3）有足够多的社区可供消费者选择；（4）社区成员收入不存在地理性约束；（5）公共产品和服务在社区间没有外部性；（6）任一类型的社区都有一个最优规模；（7）低于最低规模的社区将会寻找新居民以降低公共产品的平均成本。①

最后，蒂布特论述了地方公共产品适度供给量的确定。蒂布特认为，“既然消费者能够完全按照自己的偏好来选择自己居住的社区，那么居住在同一社区的居民应该有相同的公共产品需求曲线和边际收益曲线”。如图 6－1 所示，“MB_i 线代表任一消费者的边际收益曲线，$\sum MB_i$ 为总需求曲线，等于所有个人需求曲线的垂直相加；由于同一社区的每个消费者的需求曲线都相同，所以 $\sum MB_i = nMB_i$，n 为消费者人数。其中，MC 为边际成本，H_i 为任一消费者分摊的成本。在完全竞争条件下，边际收益等于边际成本，二者相交处的公共服务数量 E^* 为公共产品的适度数量”。②

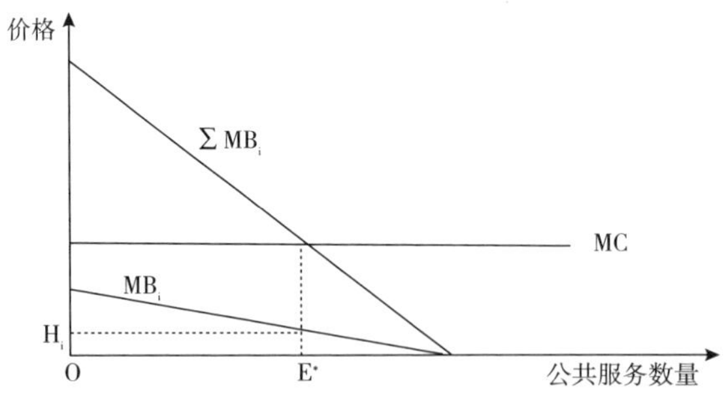

图 6－1　地方公共产品适度供给量的确定

① 曹荣湘：《蒂布特模型》，社会科学文献出版社，2004。

② 许彬：《蒂布特模型与地方公共产品的有效供给》，《中共浙江省委党校学报》2005 年第 2 期。

由于在现实的经济生活中，不可能满足上述地方公共产品适度供给量的七个条件，因此蒂布特模型存在明显的局限性。首先，现实中不可能有足够多的社区来满足消费者对公共产品的不同偏好；其次，社会成员的流动性是不完全的，迁移不仅有制度成本，而且有经济成本；最后，人们不可能掌握全部信息，信息不对称是常态。[①] 但尽管如此，蒂布特模型对地方公共产品的供给模式和供给效率进行了有价值的探讨，对当前我国公共保障性住房的供给具有一定的借鉴意义。

（二）我国公共保障性住房有效供给的路径选择

1. 在保障性住房供给中引入竞争激励机制

蒂布特地方公共产品理论最突出的贡献在于设计了消费者公共产品偏好显示机制，从而在公共产品供给中引入了竞争激励机制。我国保障性住房申请群体包括当地“土著”居民中的居住弱势群体、新近就业的大学生以及外来务工人员。相对而言，新近就业的大学生和外来务工人员流动性较大，在是否选择在某地就业时自由度也较大。某地住房价格、住房保障水平等都是这些群体在选择工作地点时常常考虑的重要因素，住房保障水平高的城市无疑对他们更具吸引力；相反，如果某城市住房保障水平低，就不能吸引更多人才到此就业，甚至已经在此就业的也有可能选择离开到其他地方工作。这就是常说的“用脚投票”。[②] 以“用脚投票”方式评价某城市住房保障水平将在一定程度上给城市政府带来压力，为了吸引或留住更多的人才或廉价劳动力，他们有积极性搞好当地的住房保障事业。如此一来，城市政府间

---

① 孙丽梅：《俱乐部理论：布坎南模型与蒂布特模型的比较分析》，《广东财经职业学院学报》2005 年第 4 期。

② 需要特别指出的是，这一结论的成立基于蒂布特模型中的“社区选择不影响就业机会”假设，也就是说，理性的消费者在进行工作地点选择时无须考虑就业，因为迁出地和迁入地都能给消费者提供足够多的工资水平没有区别的工作岗位。事实上，这一假定成立的可能性较小。就我国实际而言，就业机会、工资水平或许在沿海发达地区城市间的差别较小，不足以成为制约消费者自由迁移的障碍，然而就东、中、西部而言，这种差距就相当明显。所以，理性的消费者在选择工作地点时，既要考虑某地的社会保障水平，又要考虑其就业和工资水平。不过，沿海发达城市之间或者沿海与内地发展程度相当的城市之间，不同程度的社会保障水平对劳动力的吸引程度不同，进而可以激励地方政府间竞相发展社会保障事业。

形成了一种竞争激励机制，都将住房保障等社会保障工作作为工作重点抓实抓好。这一结论可以在我国城市住房保障实践中得以证实。从总体上看，经济较发达地区的城市政府比经济欠发达地区的政府更为重视住房保障工作，其目的之一就是更多地吸引或留住人才。

2. 加快户籍制度改革进程，保障居民的自由流动

居民以“用脚投票”的方式来评价某地保障性住房水平高低，那就必须满足居民的自由流动这一前提条件。如果没有理性个体的自由流动，那么就不能构成对辖区政府的制约和激励，迁移行为就无法替代常见的对购买意愿进行检验的市场方式，理性个体对公共产品的需求偏好机制就无法揭示出来。

当前，我国居民自由流动最大的障碍之一就是不合理的户籍管理制度。在此户籍制度下，居民跨地区流动困难较大，还存在着对非城市户口或非本地户口的歧视，这在很大程度上限制了居民在不同社区之间的自由选择。蒂布特模型表明，居民自由流动给流出地政府带来两方面的压力：税收减少和人才流失。因此，改革户籍管理制度使居民自由流动是在地方政府之间形成保障性住房供给激励机制的前提条件。具体而言，在保障性住房申请方面，可以适当放宽准入条件。[①] 例如，近年来重庆市在保障性住房建设中进行了一系列具体制度创新，其中包括，规定公共租赁房覆盖人群打破城乡和内外差别，不设户籍限制，凡年满 18 周岁，在重庆有稳定工作和收入来源，符合政府规定收入限制的本市无住房或家庭人均住房建筑面积低于 13 平方米的住房困难家庭、大中专院校及职校毕业生就业和进城务工人员，区县以上政府引进的专业人才，以及外地来渝工作人员，都可以申请公共租赁房。[②] 毫无疑问，重庆市这一住房保障领域的户籍改革将吸引大量人才，助推当地经济社会大力发展。

3. 公共保障性住房供给应尽量满足中低收入群体中不同消费层次的需求

蒂布特模型中，理性消费者之所以在不同社区之间迁移流动，主要原

---

① 尽管此举将给某城市政府带来更大的社会保障压力，但根据蒂布特模型，当某地保障房需求远远超过保障房供给，即出现“保障房公共产品拥挤”，而且这种拥挤不能在短时间内得以解决时，觉察到自己效用水平降低的居民又将选择其他城市作为工作地，从而使该地保障房供需趋于平衡。

② 张定宇：《公共租赁房建设的重庆实践》，《改革》2010 年第 3 期。

因在于不同社区公共产品给他们带来的效用水平不同。此处的不同效用水平有两层含义：一是公共产品数量的多少影响居民效用水平高低，二是公共产品不同供给结构给消费者带来的效用水平不同。如果仅有充足的公共产品数量，而产品结构不能满足消费者的偏好，那么，消费者也会认为该地的公共产品供给水平较低。我国保障房政策对象是中低收入群体，而这一群体还可进一步细分。而且，不同层次收入群体的消费需求又不尽相同，最低收入群体偏好于租赁廉租房，中低收入群体中新近就业大学生或农民工倾向于租赁公租房，而低收入或中低收入群体中的常住人口由于受东方置业文化影响更喜好购买经济适用房或限价商品房。再者，各地住房保障对象构成又有很大不同，比起内地，沿海经济发达城市中外来农民工人数较多；相比中小城市，大中城市新近就业的大学毕业生较多；城市更新压力较大的城市产生的保障房被动需求较大。因此，地方政府在建设保障性住房时应该充分调查研究本地保障房需求状况，尽量满足不同群体需求，提高中低收入群体居住效用水平。

4. 在考核地方政府住房保障工作成绩时引入保障房申请者满意度指标

蒂布特地方公共产品理论一个重要基点就是消费者效用理论。消费者将通过对从某地供给的公共产品中获得效用增加与因缴纳的税收效用损失进行比较，来判断该地公共产品供给水平。如果认为效用损失大于效用的增加，那么他将选择离开该地。因此，消费者的满意程度也是评价地方政府公共产品供给水平的一个重要指标。学术界已有的研究文献更为注重从供给角度来考察住房保障，而忽略了从保障房消费者需求的角度来衡量地方政府住房保障工作成绩。这种“重供给、轻需求”的指导思想将误导保障性住房的发展，有可能提供一批质量低、户型设计不合理、选址偏僻的保障性住房，其结果是降低了保障房的有效供给，造成社会资源的巨大浪费。因此，中央政府在考核地方政府政绩时也可将保障房建设情况纳入考核范围，特别是应将保障房申请者满意度指标作为考核指标，充分听取保障性住房消费者的评价和建议。

蒂布特地方公共产品模型是一个基于严格假定的理想化模型，首先，蒂布特模型忽视了消费者“自由流动”的成本。事实上，现实中客观存在着的居民自由迁徙的法律限制或者经济限制在很大程度上制约了劳动力要素的自由流动。其次，“社区选择不影响就业机会”的假定也与现实相去甚远。实际情况是，居民在选择工作地的时候会考虑社会保障水平等因素。同样，在考虑社会保障水平时，他们更要考虑一个城市的就业水平，包括就业岗位的多寡、工资水平的高低等。但尽管如此，蒂布特模型对公共产品特别是地方公共产品的供给效率的分析，对于当前我国发展住房保障事业具有较大的启示，我们可以借鉴其某些思路来激励地方政府供给保障性住房。

第四节 农民市民化进程中住房保障资金供给主体研究

一 农民工群体的城市化需求与居住现状

城市化是指农业人口转为非农业人口，以让进城就业的农民在城市定居，并享有城市居民享有的一切权利的过程。城市化是构筑中国经济增长基础的关键因素，也是中国实现经济和社会现代化的必经之路。我国城市化率在 1996 年首次达到 30% 以上（30.48%），之后城市化率明显上升，并保持了十余年的高速发展，这标志着我国从 1996 年开始进入城市化高速发展时期。到 2010 年，我国城市化水平达到了 49.95%，城市人口已经超过农村人口。到 2030 年前后，我国的城市化水平将达到 66% ~70%，城镇人口将接近 10 亿人。国家统计局根据农民工监测调查结果推算，2009 年度全国农民工总量为 22978 万人，其中外出农民工 14533 万人，与 2008 年相比，农民工总量增加 436 万人，增长 1.9%。根据国家发展和改革委员会公布的数据，2015 年我国常住人口城镇化率已经达到 56.1%，仅“十二五”时期，我国城镇化率年均提高 1.23 个百分点，每年城镇人口增加 2000 万人。[①] 由此可看出，当前我国城市化率速度较快。

根据国家统计局 2006 年的调查，有 55.14% 的农民工设想未来在城市发展、定居，仅有 28.55% 的农民工想赚钱或学到技术后回家乡生活。有 19.62% 的农民工最希望政府在住房和医疗保障方面给予帮助，有 13.60%

---

① 张丽明：《推进农民工市民化的关键》，《开发研究》2016 年第 2 期。

的农民工最希望政府在维护农民工正当权益方面给予帮助。根据国务院发展研究中心课题组2010年在嘉兴、武汉、郑州、重庆四市的调查，接纳一个农民工转化为城市市民，政府大致需要支出8万元；从上述支出需求时间分布来看，近期主要是农民工子女教育和保障性住房支出需求；青壮年农民工工作和生活趋于稳定，希望在城里拥有自己的或能够长期租住的住房。①

根据国家统计局农民工监测调查，外出务工农民的住宿是以雇主或单位提供住房为主，四成外出农民工的雇主或单位不能提供住宿也没有住房补贴。从外出农民工住所类型来看，由雇主或单位提供宿舍的占33.9%，在工地或工棚居住的占10.3%，在生产经营场所居住的占7.6%，与人合租住房的占17.5%，独立租赁住房的占17.1%，有9.3%的外出农民工在乡镇以外从业但每天回家居住，仅有0.8%的外出农民工在务工地自购房。从外出农民工的居住成本看，50.5%的农民工由雇主或单位提供免费住宿；7.4%的农民工雇主或单位不提供住宿，但有住房补贴；42.1%的农民工雇主或单位不提供住宿也没有住房补贴。雇主或单位不提供免费住宿的农民工每人每月均有居住支出245元。另据国家统计局对于新生代农民工的调查，由于新生代农民工行业分布的特点，新生代农民工和上一代农民工在居住情况上也有所差异。新生代农民工居住在单位宿舍的比例高达43.9%，居住在工地工棚和生产经营场所的比例相对较低，分别为6.5%和8.2%。与上一代农民工相比，新生代农民工与人合租住房的比例相对较高，但独立租赁住房的比例较低，租房的比例合计为36.8%。另外，新生代农民工在务工地自购房的比例仅为0.7%。可以看出，如果新生代农民工想在城市定居下来，住房将是一个重要的制约因素。② 卢海阳和钱文荣（2013）对浙江杭州、宁波、嘉兴等7个地级市的抽样调查数据表明，就农民工工作所属行业来看，男性农民工主要从事机械制造业（占

① 国家统计局：《农民工生活质量调查之三：对城市生活的评价和希望》，2006；《推进农民工市民化的财政政策》，《国务院发展研究中心调查研究报告》2011年第87号（总3842号）。

② 国家统计局：《2009年农民工监测调查报告》，《新生代农民工的数量、结构和特点》，2011。

20.93%）和建筑业（占 18.67%），女性农民工首选从事纺织业（占 33.29%）和机械制造业（占 15.24%）。可以看出，农民工对于推进我国工业化进程的重要性不言而喻。然而，农村劳动力是否顺利地转移到工业生产中来以及在城镇是否留得住的关键在于其在城市是否住有所居。陈春和冯长春（2011）的研究证实了这一结论，“住房条件对农民工是否留城具有重要影响，改善农民工的住房状况是促进农民工留城的一个重要手段”。

中国社科院发布的蓝皮书指出，今后 20 年内，中国将有近 5 亿农民需要实现市民化，人均市民化成本 10 万元，为此至少需要 40 万亿～50 万亿元的成本。[①] 显而易见，农民市民化过程需要巨额成本支出。农民市民化成本是指农村转移人员成为城镇居民所需要投入的资金，市民化成本是影响市民化进程的重要因素，市民化成本分担问题将关系到整个市民化进程的推进。外出务工农民居住问题主要涉及住房保障成本分担问题，如何进行制度顶层设计，科学有效地化解农民工住房保障成本是包括农民工在内的农民市民化的关键所在。由于农民市民化不仅仅指农民工市民化，还包括其他类型的农民市民化，因此，本章节后面部分首先以农民分化视角分析农民市民化成本分担问题，然后在此基础上专门探讨农民市民化进程中的住房保障供给主体问题。

二 农民群体分化视角下的市民化成本分担研究[②]

世界各国的工业化和城市化进程都伴随着农民市民化，我国也不例外。随着我国由传统农业社会逐步向现代工业社会转变，农民市民化过程也渐次展开和不断深入。农民市民化也受到了社会各界的高度关注。

近年来，学术界研究市民化的视角涵盖市民化的基本概念、重要意义、市民化与工业化、城市化的关系、市民化实现路径和形式及其制约因素等。农民工市民化是市民化研究中的热点，而农民工市民化成本又是热点中的焦点。张国胜（2009）、申兵（2012）等探讨了农民工市民化成本

① 廖文根：《新型城镇化的难点是人的城镇化——访民建中央副主席辜胜阻》，《人民日报》2013 年 1 月 16 日。

② 本部分以《农民群体分化视角下的市民化成本分担研究》为题发表在《开发研究》2014 年第 5 期上。

内涵、构成等问题。农民工市民化成本测算也是学者们感兴趣的一个重要课题。周晓津（2011）等构建成本模型、确定代表性指标、引入相应数据对农民工市民化成本进行了具体测算。高拓和王玲杰（2013）对农民工市民化成本分担主体进行了研究，认为要形成政府发挥主导作用，中央政府和地方政府各负其责，农民工、企业和社会三方为辅的多元化成本分担主体，同时建立综合协调机制、动态互补机制和监督考核机制以促进农民工市民化成本分担机制有效运行。

尽管当前学术界对于农民工市民化，尤其是对于市民化成本的研究成果较多且较为深入，但也存在着明显的缺陷。首先，不顾当前农民群体已然分化的事实，以对农民工市民化的研究取代对农民市民化的研究。例如，刘传江（2005）认为，农民市民化至多只是一个针对性不强的抽象命题，我国亟须关注的是“农民工市民化”问题，而不是泛泛意义上的农民市民化问题。农民市民化与农民工市民化是一对既有联系又有区别的概念。重农民工市民化而轻其他类型的农民市民化，不利于当前城乡发展二元格局的消弭。其次，已有研究对于农民工市民化成本的测算方法值得商榷。大多数学者在测算市民化成本时，所选取的样本城市均为大城市或沿海城市。事实上，第六次全国人口普查资料表明，在全国流动人口中，有相当一部分是省内流动，而并非全都涌向沿海城市或大城市。通常情况下，内地中小城市生活成本较之沿海城市或大城市要低一些，农民工市民化成本也就相应地低一些。最后，进城农民工又可分为第一代农民工和新生代农民工两个亚群体。新生代农民工长期居住在城市，已有较为稳定的工作和工资收入，思想观念和生活习惯已被城市化，因此，其市民化成本较之其父辈要低。张国胜（2009）的研究证明了这一结论：东部沿海地区第一代农民工市民化成本和第二代农民工市民化成本分别为 97792 元和 86319 元，内陆地区第一代农民工市民化成本和第二代农民工市民化成本分别为 57137 元和 49271 元。这些研究不足的成因之一是忽略了农民群体已然分化的事实，没有对农民群体进行细分，分别考量各类群体市民化成本。鉴于此，本节将在界定农民市民化相关概念内涵基础上，分别讨论包括住房保障成本在内的各类农民市民化成本构成情况、分担主体及资金来源问题。

（一）农民市民化相关概念界定

从传统意义上讲，农民是以农业生产为主，在农村居住，收入绝大部分来自农业的生产主体。“农民”有三层含义：首先是职业农民，即以土地为主要生产资料，并长期从事农业生产的劳动者；其次是户籍身份为农民，即拥有农民户口的人；最后是社区农民，即居住在农村社区的人，又称居村农民。改革开放后，随着家庭联产承包责任制的确立和人民公社管理体制的解体，农村社会出现了大规模的人员跨区域、跨产业流动，原来同质化、单一化的农民阶层迅速解体，身份农民与职业农民逐步分离。[①]“农民大国”里的农民，事实上包括了两大类群体：农业劳动者和农民工。农业劳动者主要是指那些单纯从事种植业、养殖业和林业生产的全职农民；而农民工是指从农民中分化出来、与土地保持着一定经济联系、从事非农业生产和经营、以工资收入为基本生活来源并具有非城镇居民身份的非农从业人员，主要包括进城农民工、乡镇企业职工和城郊失地农民三部分人员。[②]

农民市民化是指农民离开土地和农业生产，向城市转移并在城市非农产业就业，其身份、地位、价值观念、社会心理、工作方式、生活方式、行为方式和交际方式，以及就业、住房、社会保障等方面向城市居民转换的经济社会过程。[③] 从市民化的现实途径来看，农民市民化主要有四种：进城务工、进入乡镇企业工作、城郊失地农民市民化以及农村城镇化；根据主体是否发生转移，农民可以通过两条路径转化为市民，即异地转移和就地转移；就农民市民化阶段来看，可分为身份市民化和思想观念、生活习惯市民化。

农民市民化本质上是人口城镇化过程。然而，城镇化又有传统城镇化和新型城镇化之分。显然，前述农民市民化定义的出发点为传统城镇化，其特征之一就是强调农民从农村到城市的地理位置转移。然而，当前正当

① 田珍：《农民群体分化与农民工市民化》，《宁夏社会科学》2009 年第 5 期。

② 刘传江：《当代农民发展以及面临的问题（二）：农民工生存状态的边缘化与市民化》，《人口与计划生育》2004 年第 11 期。

③ 姜作培：《从战略高度认识农民市民化》，《现代经济探讨》2002 年第 12 期。

其时的新型城镇化是以城乡统筹、城乡一体、和谐发展为基本特征的城镇化，是大中小城市、小城镇、新型农村社区协调发展、互促共进的城镇化。由此，新型城镇化要求农民市民化的路径应该多元化。基于当前农民群体分化的事实，农民市民化就应该至少包括进城农民工市民化（即传统城镇化模式下的农村人口市民化）、城郊失地农民市民化、乡镇企业职工市民化和居村农民市民化四条路径。从概念内涵上看，农民工市民化包含于农民市民化；从时间序列上看，农民工市民化是农民市民化的早期阶段；从发展层次上看，农民工市民化是农民市民化的初级阶段，而包括进城农民工、乡镇企业职工、失地农民和居村农民在内的全方位市民化是市民化的高级阶段，是整体推进的市民化阶段。

（二）农民市民化成本构成分析

既然农民群体已分化成进城农民工、城郊失地农民、乡镇企业职工和居村农民，那么，农民市民化成本除了进城农民工市民化成本外，还应包括城郊失地农民市民化成本、乡镇企业职工市民化成本和居村农民市民化成本。

1. 农民工市民化成本

农民工市民化成本，就是指要将原本只覆盖城镇本地户籍居民的基本公共服务扩展到农民工并保障其特殊权益，需要额外的投入。[①] 农民工市民化成本又可分为公共成本和私人成本两部分。私人成本是农民工向市民转换过程中自身所必须支付的费用支出，包括私人生活成本、智力成本、住房成本和社会保障成本。私人生活成本衡量农民工市民化后在城镇生活的日常开支，包括城镇生活的人均水、电、气、交通、通信、食物等方面的支出；智力成本衡量农民工市民化后获得城镇居民平均水平的劳动技能所发生的人均教育费支出；住房成本是保障农民工市民化后能在城市安家而必须进行的最低资金投入；社会保障成本是农民工市民化后，在城市的基本养老、医疗、工伤等社会保险而需投入的最低资金。[②] 公共成本是市

---

① 申兵：《“十二五”时期农民工市民化成本测算及其分担机制构建——以跨省农民工集中流入地区宁波市为案例》，《城市发展研究》2012 年第 1 期。

② 张国胜：《基于社会成本考虑的农民工市民化：一个转轨中发展大国的视角与政策选择》，《中国软科学》2009 年第 4 期。

民化给城镇政府带来的费用支出，包括城市基础设施建设成本、社会保障成本、公共管理成本和教育成本。其中，教育成本既包括农民工本人的转业培训成本，又包括其随迁子女义务教育成本。农民工群体可细分为第一代农民工和新生代农民工。与第一代农民工相比，新生代农民工具有受教育程度高、职业期望值高、渴望融入城市、重视社会保障、维权意识强以及城市融入程度高等特点。新生代农民工的价值观念、社会心理、工作方式、生活方式、行为方式和交际方式与城市本土居民几无差异，因此其市民化成本主要集中在就业、住房、社会保障等方面。

2. 失地农民市民化成本

近年来，随着城市化进程加快，大量城郊农村土地被征用，越来越多的农民失去了赖以生存的土地而成为失地农民。据预测，到2030年，我国失地农民群体将达到1.1亿人。[①] 失地农民市民化既是失地农民获得城市居民目前所拥有的城市户口以及依附在此身份上的各种权利的过程，同时又是失地农民个体通过接触和学习城市文化、城市生活方式，培养城市意识和融入城市生活的过程。与进城农民工市民化成本相类似，失地农民市民化成本也主要由公共成本和私人成本两大部分构成。公共成本包括政府支付的基础设施成本、生态环境成本及公共管理成本；私人成本包括个人支付的生活成本、就业成本及社会保障成本等。但失地农民市民化成本又与进城农民工市民化成本略有不同，主要体现在：第一，就业培训成本较大。较之进城务工农民，由于其本身原有生活水平较高、维权意识较强，城郊失地农民对于工作环境和待遇的期望值明显较高，转化为市民后不愿意从事脏活累活，而是希望到第二或第三产业就业，因此需要大量的就业培训成本。第二，包括养老保险、医疗保险和最低生活保障在内的社会保障成本较大。对于农民而言，土地不仅是当前的基本生产资料，而且还具有对未来基本生活的保障功能。一旦失去土地，农民自觉未来生活风险增加，迫切要求解决未来的老有所养、病有所医等问题。住房保障成本高低要视具体情况而定。若失地农民房屋被拆迁、宅基地被征用，住房保障成本将增大。

---

① 曲天雄：《农民失地的原因分析及对策》，《中国土地资源经济》2004年第3期。

3. 乡镇企业职工市民化成本

乡镇企业是指以农村集体经济组织或者农民投资为主，在乡镇（包括所辖村）举办的各类企业，包括乡镇办企业、村办企业、农民联营合作企业、个体企业等。20 世纪 80 年代以来，乡镇企业的飞速发展在改变我国农村单一的产业结构、缩小城乡和工农差别等方面发挥了极其重要的作用。据统计，2012 年我国乡镇企业吸纳就业人员已高达 1.64 亿，农民人均纯收入中有 2800 元来自乡镇企业，约占农民人均纯收入的 35.4%；乡镇企业职工市民化成了当前农民市民化的一个重要路径。乡镇企业职工市民化需要的成本包括：私人支付的生活成本、就业成本、社会保障成本；政府支付的公共管理成本、基础设施建设成本、社会保障成本、生态环境成本和教育成本；企业支付的社会保障成本、就业培训成本以及住房保障成本。乡镇企业职工市民化成本构成中占比较大的为就业培训和社会保障成本，其次是子女入学教育成本和住房保障成本。乡镇企业职工由农业转入非农业，工作方式的变化要求他们必须接受岗前培训。随着乡镇企业规模不断扩大和吸纳的农业剩余劳动力增加，岗前培训成本将急剧上升。与其他“离土”农民相类似，当乡镇企业职工被割断其与自己农村承包地的“脐带”时，他们也渴望成为被养老保险、工伤保险等社会保障制度所覆盖的群体。

4. 居村农民市民化成本

在我国农民群体中，进城务工、进入乡镇企业和居住在城市郊区的农民只占其总数的一小部分，而大多数仍散居住在广大的农村地区（包括建制镇、集镇和村庄），他们更需要市民化。因此，我国农民市民化的重头戏是居村农民市民化。居村农民市民化是相对于进城打工的农民工和城市郊区的农民市民化而言的，指居住在建制镇、集镇及村庄内的农民转化为市民的过程。[①] 居村农民市民化的内生动力为农村工业的迅速发展，农业产业化经营以及新农村建设。与进城农民工、失地农民以及乡镇企业职工市民化不同，居村农民市民化的主要特点在于就地市民化，其市民化过程

---

① 吴业苗：《居村农民市民化：何以可能？——基于城乡一体化进路的理论与实证分析》，《社会科学》2010 年第 7 期。

在居住空间上表现为在同一地域内由散居转变为聚居，生产组织方式由原先以家庭为单位为主转变为以农村集体经济组织或乡镇集体经济组织为主，劳动内容主要由种植和养殖转变为农产品深加工、休闲观光农业以及特色农业。居村农民又可分为建制镇农民、集镇农民和村庄农民，此三类农民市民化成本构成略有不同。对于建制镇农民而言，由于其已经多年居住在此，且已有较为稳定的职业（绝大多数为个体户或在乡镇企业就业），其市民化成本主要有社会保障成本和公共管理成本；对于集镇农民而言，由于集镇现有规模较小，对市民化容纳能力极为有限，市民化将增加政府社会保障成本、基础设施成本、生态环境成本以及公共管理成本。无论是生活方式、思想观念、行为习惯，还是社会保障、居住和就业方面，村庄农民与建制镇农民和集镇农民尚有不小差距，更遑论相较于城市居民，因此，中国农民市民化难点在于居村农民市民化，而居村农民市民化的难点又在于村庄农民市民化。对于村庄农民而言，要使其集中到建制镇、集镇或者居民点集中居住而逐步市民化，政府要增加公共管理成本、社会保障成本、就业培训成本、基础设施成本以及生态环境成本。当然，居村农民市民化成本支付也有轻重缓急之分。其中，公共管理成本、住房保障成本、就业培训成本、基础设施成本是亟须支付的，而社会保障成本、子女就学成本等可逐步解决。特别是对于那些已开展新农保试点的地区而言，养老保险就主要涉及养老金转移接续问题，新增成本较小。

（三）农民市民化成本分担机制研究

农民市民化成本涉及公共卫生、就业扶持、子女教育和住房保障、社会保障、公共管理、基础设施等多项公共服务，加之当前我国城乡经济社会发展差距的现状，待转移的农民群体规模庞大，巨额成本成为当前市民化的拦路虎。然而，农民市民化是当今社会不可逆转的发展趋势，又是经济社会现代化的必由之路，因此，必须建立科学合理、切实可行的成本分担机制，以顺利推进农民市民化进程。

1. 农民市民化成本分担原则

中国农民市民化是一项任务繁重、涉及面宽、障碍重重的社会系统工程。需要市民化的农民群体数量庞大、构成复杂，且城乡二元发展格局由来已久，所需成本极其巨大，因此，化解巨额成本是当前市民化的重中之重，需要科学完善的制度顶层设计。

从总体上讲，设计农民市民化成本分担机制须遵循“中央主导，地方主体”“注重公平，务实求效”“承认差异，分类改革”“整体谋划，渐次推进”的原则。在公共成本分担中，要遵循“中央主导，地方主体”原则。中央政府主要通过“区域统筹、增量挂钩、专项扶持”，对农民工集中流入地区、中西部相对落后地区加大投入，从总体上谋划推进市民化进程；地方政府应扮演好主体角色，既要规划好本辖区内的市民化，又要具体负责筹措市民化所需资金。构建市民化成本分担机制时，须遵循公平与效率兼顾的原则。在中央财政转移支付上，要兼顾农民工输出和输入两地利益，统筹考虑农民工集中区和非集中区，建立财政转移支付同农业转移人口市民化挂钩机制，健全中央财政对农民工集中地区稳定、长效的转移支付制度；在市民化成本筹集上，遵循“责、权、利”相结合原则，形成政府、企业、农民个人三方共担的多元化筹措机制。鉴于当前农民群体分化的现实，承认不同农民群体之间的差异，切忌搞一刀切式的市民化，而应尊重农民意愿、分类指导和推进农民市民化，充分发挥农民自身的主动性和积极性。构建农民市民化成本分担机制还需坚持整体谋划和渐次推进相结合，坚持重点领域突破与渐进式改革相结合，积极稳妥、分类型分步骤、有先行先试又有梯度地推进。

2. 农民市民化成本分担主体

进城农民工市民化成本主要包括私人生活成本、智力成本、住房保障成本、基础设施建设成本、社会保障成本、公共管理成本和教育成本等。其中，作为市民化的直接受益者，进城农民工个人需承担衣食住行等方面的基本生活成本，以及养老、医疗、失业、教育培训、子女入学、住房保障成本中个人应承担部分；用工企业（单位）需承担工伤、部分养老、医疗、劳动技能培训、住房保障等成本；政府应负责承担基础设施投资、公共教育、公共卫生、住房保障、社会保障、生态环境保护等方面的成本。在公共成本分担中，按照中央政府和地方政府职能权责划分，发挥中央政府在农民工分担机制中的引导扶持作用，突出地方政府的主要分担主体作用。进一步的，从各主体负担的成本来源看，农民工个人负责的成本主要来源于工资收入、创业投资收入和农村土地流转收益；用工企业（单位）负责的成本主要源于企业利润或单位年金；中央和地方政府负责的成本主要源于税收、城镇土地转让收益和专项收入、地方政府债券收益（含一般债券和专项债券）以及通过 PPP 模式吸引的社会资本。

城郊失地农民市民化成本主要包括基础设施成本、生态环境成本、公共管理成本、个人支付的生活成本、就业成本及社会保障成本。其中，失地农民个人应负责私人生活、养老、医疗、失业培训、子女入学，以及住房保障等成本支出，其资金来源有工资收入、创业投资收入、（土地）股份分红收入、征地补偿费和房屋拆迁补偿费；用工企业（单位）主要负责工伤、部分养老、医疗、劳动技能培训、住房保障等成本，其资金来源为企业利润或单位年金、征地企业土地级差收益等；中央和地方政府主要负责基础设施投资、公共教育、公共卫生、住房保障、社会保障、生态环境保护等方面的成本，其主要资金来源为税收收入、城镇土地转让收益、农村土地流转收益和专项收入、地方政府债券收益（含一般债券和专项债券）以及通过 PPP 模式吸引的社会资本。

乡镇企业职工市民化成本主要包括私人生活成本、就业培训成本、社会保障成本、公共管理成本、基础设施成本、生态环境成本、教育成本。其中，企业职工个人应负责私人生活成本、部分就业培训、社会保障、住房保障成本，其资金来源主要为工资收入、农村土地流转收入以及股份分红收入；用工企业应负责部分就业培训成本、社会保障成本以及住房保障成本，其资金来源主要为企业利润、征地企业土地级差收益等；中央和地方政府主要负责基础设施投资、公共教育、住房保障、社会保障、就业培训、生态环境保护等方面的成本，其资金来源主要为财政收入、城镇土地转让收益、农村土地流转收益、专项收入、地方政府债券收益（含一般债券和专项债券）以及通过 PPP 模式吸引的社会资本。

居村农民市民化成本主要包括私人生活成本、基础设施成本、公共管理成本、就业培训成本、居民集中点打造成本、社会保障成本、生态环境成本等。其中，居村农民个人应负责私人生活成本、部分就业培训成本、社会保障成本和住房保障成本，其资金来源主要为工资收入、农业生产收入、城镇土地转让收益、土地流转收益、股份分红收入以及创业投资收入；对于进入企业就业的居村农民，用工企业应负责其就业培训、工伤、住房保障、部分社会保障成本，其资金来源主要为企业利润、征地企业土地级差收益；中央和地方政府主要负责建制镇、集镇和居民集中点的基础设施建设、公共教育、住房保障、社会保障、就业培训、生态环境保护等方面的成本，其资金来源主要为税收收入、城镇土地转让收益、农村土地流转收益、专项收入、地方政府债券收益（含一般债券和专项债券）以及通过 PPP 模式吸引的社会资本等。

综上，农民市民化成本由政府、企业、个人共同分担，其中公共成本主要由政府承担（见表 6 - 6）。中央政府通过转移支付方式，承担农业转移人口市民化义务教育、劳动就业、基本养老、基本医疗卫生、保障性住房以及市政设施等方面的公共成本。地方政府通过财政配套承担一部分，主要用于支付农民工市民化的教育、公租房等住房成本支出。企业要加大职工技能培训投入，依法为市民化农民缴纳职工养老、医疗、工伤、失业、生育等社会保险费用，重点承担一部分住房保障、社会保障等成本支出。农民工要积极参加城镇社会保险、职业教育和技能培训等，并按照规定承担相关费用，提升融入城市社会的能力。各主体承担具体比例建议为：中央政府 60%，地方政府 20%，用工企业 10%，个人 10%。

农民市民化是我国经济社会现代化的必由之路，而成本约束又是当前市民化的最大障碍。农民市民化群体已分化成进城农民工、城郊失地农民、乡镇企业职工和居村农民四个亚群体。尽管农民工市民化是当前我国市民化的主要方式，但经济社会发展实际决定了农民市民化路径应该也能够多样化。不同群体农民的市民化成本构成不尽相同，分担主体各异，资金来源有别。在进行农民市民化成本分担制度顶层设计时，需遵循“中央主导，地方主体”“注重公平，务实求效”“承认差异，分类改革”“整体谋划，渐次推进”的原则，做到责任主体多元化、资金来源多样化、筹资途径常态化，最终实现农民融入企业、子女融入学校、家庭融入社区、群体融入社会的农民市民化目标。

表 6－6　农民市民化成本构成、分担主体和资金来源

农民类型	市民化成本构成	分担主体	资金来源
进城农民工	生活成本、智力成本、住房、社会保障、子女就学	农民工	工资收入、创业投资收入和农村土地流转收益
	工伤、基本养老保险和医疗保险费用、企业年金、劳动培训费用、住房保障	企业	企业利润或单位年金
	基础设施投资、公共教育、公共卫生、住房保障、社会保障、生态环境保护	政府	税收、城镇土地转让收益和专项收入、地方政府债券收益、社会资本
城郊失地农民	生活成本、社会保障、失业培训、子女入学、住房保障	失地农民	工资、创业投资收入、股份分红、征地补偿费、房屋拆迁补偿费
	工伤、养老、医疗、劳动培训、住房保障	企业	企业利润或单位年金、征地企业土地级差收益
	基础设施投资、公共教育、公共卫生、住房保障、社会保障、生态环境保护	政府	税收、城镇土地转让收益、农村土地流转收益和专项收入、地方政府债券收益、社会资本
乡镇企业职工	生活成本、就业培训、社会保障、住房保障成本	企业职工	工资、农村土地流转收入以及股份分红收入
	就业培训、社会保障以及住房保障成本	企业	企业利润、征地企业土地级差收益
	基础设施投资、公共教育、住房保障、社会保障、就业培训、生态环境保护	政府	税收、城镇土地转让收益、农村土地流转收益、专项收入、地方政府债券收益、社会资本
居村农民	生活成本、就业培训、社会保障、住房保障成本	农民	工资、农业生产收入、城镇土地转让收益、土地流转收益、股份分红收入以及创业投资收入
	就业培训、工伤、社会保障、住房保障	企业	企业利润、征地企业土地级差收益
	基础设施建设、公共教育、住房保障、社会保障、就业培训、生态环境保护	政府	税收收入、城镇土地转让收益、农村土地流转收益、专项收入、地方政府债券收益、社会资本

三　农民市民化进程中住房保障资金供给主体分析

前文分析结论已表明，住房问题是农民市民化进程中必须破解的难题之一，它关系到农民在城市是否进得来和留得住，关系到整个城镇化的顺利推进。“当前，我国农民工问题作为较突出的一大社会问题，关系着我国城镇化进程、社会稳定、社会公平正义、贫富差距等方面，而解决农民工诸多复杂问题的关键和突破口正在于改善其在务工地的居住问题，将农民工纳入城镇住房保障体系兼具经济和社会效益”。[①] 整体上看，农民工纳入城镇住房保障体系的经济效应包括：推动城镇化进程；推动二、三产业的发展；带动消费、拉动内需以及为经济的持续发展累积人力财富；其社会效益主要是体现公平正义、维护社会稳定以及缩小贫富差距。

（一）化解农民市民化住房保障成本的基本思路

住房保障是农民市民化成本的重要组成部分，那么，农民市民化进程是否顺利在相当程度上取决于住房保障这一成本的分担与化解。农民市民化住房保障成本化解问题是一个复杂的系统工程，与工业化进程、经济发展阶段、农民工自身素质和能力发展、城乡土地制度和城市住房体制、户籍制度和城乡公共服务均等化、城乡一体化发展等都有着紧密的联系。在农民市民化成本化解方面，以中央和地方政府财政资金为主，积极促进供给方式多元化，鼓励社会资本参与保障性住房配建，允许农民工集中的开发区和产业园区建设单元型或宿舍型公共租赁住房，允许农民工用工数量较多的企业在符合规定标准的用地范围内建设农民工集体宿舍，在政策允许范围内积极探索由集体经济组织利用农村集体建设用地建设公共租赁房。[②]

具体而言，当前，我国化解农民市民化住房保障成本的基本思路包括以下三点。第一，化解农民工市民化住房保障成本问题必须以政府为主

---

① 王培艺：《论将农民工纳入城镇住房保障体系的双重效应——基于发展型社会政策理念的分析》，《商》2013 年第 10Z 期。

② 方蔚琼：《我国农民工城镇住房保障研究》，博士学位论文，福建师范大学，2015。

导。农民工的城市住房问题必须以政府为主导，用工企业和农民自身积极参与，通过完善相关住房保障制度，强化其保障职责，加大保障力度，增强农民工对城市住房的可及性，提升城市化发展的质量和效率，切实肩负起城镇化治理的历史责任。政府应增强解决农民工城市住房问题的紧迫感和使命感，站在城市化潮流和长远发展的战略高度，统筹考虑转移群体的住房保障问题。同时，要协调好农民工城市住房保障责任在中央与地方政府之间的分配，保证住房保障政策和职责有效落实。第二，分类化解市民化不同意愿和能力的农民工的城市住房成本问题。根据农民工市民化意愿和能力的差异，将农民工分类，对不同类型的农民工采取不同的、有所侧重的住房保障成本化解措施，以提高政策的针对性和有效性。第三，循序渐进化解进城农民工的住房保障成本。从经济发展阶段和水平出发，按近、中、远期时间框架，分阶段设置目标任务，循序渐进，分阶段、分步骤地推动化解农民工市民化住房保障成本。[①]

（二）农民市民化住房保障资金供给主体

根据前文的分析结论，农民市民化成本应该由政府、用工企业和农民自身三方共同分担。

1. 政府

政府是农民市民化住房保障的主导力量和责任主体。政府作为公共政策的制定者和住房保障制度的供给者，利用其公权力和公共资源保障居民的基本居住条件是国家、政府的基本职能和责任。因此，中央政府有责任和义务承担农民工市民化的住房保障成本。就中央和地方两级政府而言，中央政府承担主要的住房保障财政支出责任，负责基本财力保障，地方财政负责少量支出责任，主要负责住房保障的具体实施等事权责任（方蔚琼，2015）。中央政府可通过专项补助资金和税收返还等措施对农民市民化住房保障提供直接的资金支持，地方政府可通过各级财政预算资金、提取一定比例的土地出让金收入、公积金增值收益、出租公租房回收的资金等提供保障，同时还可对一些企业提供税收减免、优惠出让土地等政策，

---

① 熊景维：《我国进城农民工城市住房问题研究》，博士学位论文，武汉大学，2013。

鼓励企业为本单位职工提供保障性住房。

2. 用工企业

虽然用工企业并非农民工住房保障责任的主要承担者，但用工企业直接或间接影响了农民工的住房条件。企业参与保障性住房建设项目，帮助解决职工居住问题，也能为企业延揽人才。日益发展与完善住房保障制度将有效解决城镇中低收入群体，特别是进城务工人员的住房问题。居住问题的解决可为企业提供更多优质的劳动力生产要素。因此，用工企业应客观认识到保障农民工住房问题有利于解决用工荒问题，保障稳定的劳动力供给，降低企业的培训和招工成本等重要意义。一方面，用工企业必须为农民工提供住房公积金，并根据自身实际情况选择性发放住房补贴；另一方面，有条件的企业可以按照规定标准，自建集体宿舍，为单身或流动性较大的农民工提供住房。①

3. 农民自身

与其他社会群体相比，收入水平较低是制约农民市民化的重要因素。绝大多数农民受教育年限短、文化程度低、劳动技能不高，这直接导致了这一群体主要在非正规市场就业和总体收入水平低下。尽管如此，农民自身积极主动参与到住房保障供给中来是他们义不容辞的责任。农民工应自觉缴纳住房公积金、参加职业培训，提升职业技能，增加就业稳定性和收入水平，从而不断提高自我保障能力。具体而言，农民自身承担市民化住房保障成本的资金来源包括工资收入、创业投资收入、农村土地流转收益等。

第五节　“小产权房”转化为保障性住房研究

20 世纪 90 年代后期，随着城镇化和工业化进程不断加快，人口不断向城镇聚集，城镇住房需求急剧增加，“小产权房”开始出现并迅猛发展。所谓小产权房，是指在农村集体土地上建设的、未缴纳土地出让金等相关税费，面向社会公开销售，购买人与开发商或乡政府、村委会签订购买协

① 丁萧：《农民工市民住房供给成本研究——以广东省佛山市为例》，《调研世界》2014 年第 11 期。

议，产权证由乡政府或村委会颁发而不是由政府房管部门颁发的房屋。[①] 对于小产权房，不少学者和民众给予了肯定，在他们看来，小产权房不仅可以增加农民收入，改善农村环境，而且在当前保障性住房供给不足的情况下可帮助城镇中低收入家庭实现住有所居梦想，甚至还可在一定程度上抑制飞速上涨的房价。

从本章第二节分析结论来看，从实现保障性住房供给主体多元化的角度来看，应该鼓励农村集体经济组织参与保障性住房建设，建在农村集体土地上的小产权房也应该得到政府的承认和许可。然而，从其产生之日起，小产权房就一直遭到权力中心的封杀，处于被打压的境地。早在1999年国务院《关于加强土地转让管理严禁炒卖土地的通知》就声明“严禁非法占用农民集体土地进行房地产开发，农民的住宅不得向城市出售”；2004年《关于深化改革严格土地管理的决定》又重申“加强农村宅基地管理，禁止城镇居民在农村购置宅基地”；2007年《关于严格执行有关农村集体建设用地法律和政策的通知》再次强调“农村住宅用地只能分配给本村村民，城镇居民不得到农村购买宅基地、农民住宅或小产权房”。[②] 2010年1月29日，国土资源部有关负责人要求所有在建或在售的小产权房必须全部停建或停售，以地方为主体组织摸底，对小产权房现状进行调查，并拿出相关处理意见和办法。对此，我们不禁要问，当前蓬勃发展的小产权房为何得不到官方认可并实现“转正”？与发轫于20世纪70年代末的家庭联产承包责任制度相比，同是源于农村土地制度改革而为何命运却如此殊异？本节将首先以制度变迁理论为研究视角考察小产权房制度及其合法化的路径，在此基础上探讨小产权房转化为保障性住房问题。

一　农村集体经济组织供给“小产权房”合法化研究[③]

近年来，学术界对小产权房的研究成果较为丰硕，具有代表性的成果

---

① 张占录：《小产权房的帕累托改进及土地发展权配置研究》，《国家行政学院学报》2011年第3期。

② 冯张美：《“小产权房”出路探究——基于地役权的制度创新》，《法治研究》2012年第3期。

③ 本部分以《基于制度变迁理论的“小产权房”合法化研究》为题发表在《商业研究》2013年第3期上。

如下。(1) 以土地制度为切入点的研究。江奇和谭术魁（2011）分析了土地制度安排的非均衡问题，揭示了“小产权房”供地市场的制度成因，得出的结论为，国家对土地市场制度改革的滞后，导致农村集体经济组织容易进行诱致性制度安排，从而形成小产权房供地市场。王重润和李晶晶（2011）认为，解决小产权房问题，政府必须进行正式的制度创新，改革我国农村集体土地制度，内化现有制度下小产权房的负外部性，在新的制度安排上彻底消除滋生小产权房的土壤。(2) 以小产权房的成因和治理途径为视角。芦一峰和王蓓（2011）从现行法律制度层面考察了小产权房问题，并提出了解决对策：一是在目前的法律和政策框架内采取分类解决的办法；二是通过土地制度改革从根本上解决小产权房问题。朱伟明（2011）将小产权房产生的原因归纳为：制度原因——源于我国的土地所有权制度；催生原因——不断飙升的城市商品房价格；推动原因——城市土地利益之间的争夺，并提出了尊重合法财产、取缔非法建筑、改革土地政策等解决办法。(3) 以小产权房持有主体为视角。陈杰和郭继（2012）对4省12市的小产权房持有主体状况进行实地调研和分析，认为信息因素和知识因素对“小产权房”持有主体的行为选择有一定程度的影响，小产权房的持有行为与持有主体的家庭收入呈负相关性，价差因素是民众选择持有小产权房的主要动机。(4) 以产权为研究视角。黄维芳（2011）认为，要从根本上解决小产权房的过度开发，需要明晰农地产权属性，在相关权益之间进行产权缔约，从财产权益、利益结构和房产税管制制度上进行全面考量。可以看出，目前学术界对小产权房的研究视角主要集中在土地制度、小产权房成因及其治理对策、持有主体或开发动机分析以及产权四个方面。然而，这些研究成果并不能回答为何小产权房得不到官方的认可而一直被打压这一问题。笔者认为，要解决这一问题，需从小产权房制度变迁模式角度出发，对该项制度转化为供给主导型制度的障碍进行深入分析，在此基础上探究小产权房合法化的路径。

（一）小产权房属性及其制度变迁模式分析

1. 小产权房属性分析

“小产权房”与我国住房制度市场化取向改革相伴而生，并随着房地产业发展而不断壮大。据国土资源部（2010）不完全统计，全国小产权房建筑面积已超过 66 亿平方米，相当于中国近 10 年来的开发总量，包括北京在内的很多地区，小产权房已经占到了房地产市场份额的 20% 以上，深圳等地更是高达 40% ~50%。据全国工商联房地产商会统计，1995 ~2010 年全国小产权房竣工建筑面积累计达到 7.6 亿平方米，北京市的小产权房面积占所有住房面积的 20%，深圳市的小产权房占总建筑面积的 50%。

随着全国各地小产权房建设规模的日益扩大，学界围绕其属性的争论也愈来愈多。部分学者认为，尽管不具有完整产权，但其供给、定价、买卖或者租赁等过程都具有明显的市场经济特征，因此，小产权房属于商品房。而另外一部分学者认为，小产权房具有保障性住房属性。“由于城市商品房价格的迅速上涨，很多城镇低收入家庭选择购买郊区的小产权房，应该说小产权房起到了部分住房保障的功能。小产权房的对外处置形式很多是以租代售的，这具有廉租房的特征，而小产权房的购买人与经济房的购买人一样均不能取得土地使用权，这与经济适用房特征类似。小产权房与保障性住房制度的功能出现交叉”。[①] 笔者赞同小产权房具有保障性住房属性的观点，虽然它与廉租房、经适房以及公租房等保障性住房存在着明显的差异，但就其社会功能而言，它与保障性住房的社会保障功能之间有一定的交叉。正因为此，本节将讨论具有一定社会保障功能的小产权房的合法化问题。

2. 小产权房制度变迁模式分析

诺思认为，制度是一种社会博弈规则，是人们所创造的用以限制人们相互交往的行为的框架，其主要作用是通过建立一个人们相互作用的稳定的（但不一定有效的）结构来减少不确定性。[②] 所谓制度变迁，是指制度的替代、转换与交易过程。制度变迁可以被理解为一种效益更高的制度对另一种制度的替代过程。[③] 从模式上分，制度变迁可以分为需求诱致型和

---

① 苏勇：《小产权房转化为保障性住房的路径选择》，《现代经济探讨》2011 年第 2 期。

② 〔美〕道格拉斯 · C. 诺思：《制度、制度变迁与经济绩效》，刘守英译，上海三联书店，1994。

③ 卢现祥：《西方新制度经济学》（修订版），中国发展出版社，2003。

供给主导型两类。需求诱致型制度变迁指的是现行制度安排的变更与替代，或者是新制度安排的创造，由个人或一群人在响应获利机会时自发倡导、组织和实行（林毅夫，1992）。需求诱致型制度变迁必须由某种在原有制度安排下无法得到的获利机会引起。供给主导型制度变迁则是指由权力中心推进的强制性制度变迁。需求诱致型制度变迁与供给主导型制度变迁都是对制度不均衡的反应，两者都遵循成本—收益相比较的基本原则，但它们在制度变迁主体和制度变迁优势上不同。

随着我国住房制度市场取向改革以来，由于住房市场供给数量有限、投机性和投资性需求不断膨胀以及居民收入差距进一步拉大，不少中低收入家庭被普通商品房市场无情抛弃，而只能望房兴叹。在此背景下，中低收入家庭自然而然地就会对建设在城乡接合部且价格低廉的小产权房趋之若鹜。有需求就有供给。当住房市场上出现对廉价住房的巨大需求时，作为理性的市场经济主体，乡镇政府、农村集体经济组织和农民个体在市场经济体制熏陶下，市场意识被最大限度地唤醒，他们在农村集体建设用地或者耕地上建造房屋出售给城市居民。长期以来，我国土地所有制为国家所有和农村集体所有两种形式，而农村集体土地和国有土地同地不同权、不同价现象十分严重。农村集体土地不能自由进入市场，只有依法征为国有土地出让给房地产企业才能进行住宅建设，而集体经济组织和农民个体只能获得少量的征地补偿费。因此，城乡接合地带小产权房的出现既是农民个体和农村集体经济组织对自己所拥有土地巨大的获利机会的主动捕捉，又是对征地过程中政府对自身经济利益损害的有力回应。

根据制度的定义和制度变迁模型的分类，可以看出，当前小产权房制度变迁模式为需求诱致型。在此过程中，乡镇政府、农村集体经济组织和农民个体充当了制度变迁主体，小产权房制度是他们在响应城镇化和工业化过程中土地巨大升值这一获利机会时自发组织和倡导的。此时的乡镇政府、农村集体经济组织和农民个体又可称为制度变迁中的初级行动团体。当初级行动团体发现现有制度供给不均衡且在新制度安排下具有外部利润时，他们就会自发地进行制度创新。我国小产权房从点到面、从局部到整体的发展历程也已充分体现出其自下而上的渐进性变迁特征。

（二）小产权房难以“转正”的原因分析

1. 小产权房制度侵犯了权力中心的利益

需求诱致型制度变迁模式下做出的制度安排首先适用于特定范围的特定人群，而供给主导型变迁模式做出的制度安排一般情况下适用于全体社会成员。因此，笔者认为，诱致型制度变迁模式下做出的制度安排属于非正式制度，在成为正式制度之前其约束力局限在特定范围内；而供给主导型制度变迁模式做出的制度安排因其被上升为国家意志具有广泛的约束力，故可以视其为正式制度安排。通常说来，一国特定时间内制度变迁特征是以某种模式为主、另一模式为辅，而且不同模式之间可相互转化。例如，我国在向市场经济过渡中制度变迁模式的转换就是依次经过供给主导型、中间扩散型和需求诱致型制度变迁三个阶段。当市场经济制度正式确立并获得较大程度发展但产权规则尚不健全时，追求利益最大化的市场主体就会主动寻求制度变迁，不仅如此，他们还希望权力中心通过国家法律的形式将自己发起的制度创新确立为正式制度，即完成由需求诱致型制度变迁向供给主导型变迁模式的转换。然而，这一转换过程也不是一帆风顺的，其主要决定因素之一为权力中心制度供给意愿及供给能力，制度供给意愿又主要取决于成本—收益比较结果。权力中心进行供给型制度变迁的充分必要条件是政治收益、社会收益和经济收益都大于零且各项收益之和大于其推行新制度的成本。因此，起源于特定范围的诱致型制度安排要上升为适用于更大范围的供给主导型制度安排，一个必要条件是权力中心的预期收益高于它推行制度变迁的成本。

若将加速城乡融合、增加农民收入、改善农村环境、解决城市中低收入家庭住居困难、降低城市人口密度、减轻城市公共负担以及抑制城市房地产价格上涨视为小产权房制度的收益，那么，在权力中心看来，打破政府对建设用地供给垄断、减少财政收入、打乱城市规划、建设用地失控、不利于耕地保护等就是推行小产权房制度所耗费的成本。现行国家《土地管理法》明文规定，农村集体土地只有通过政府征地途径才能转变为城市建设用地，而小产权房建设在土地买卖环节上“巧妙”地架空地方政府，“侵吞”了原有制度安排下本属于地方政府的土地出让金，这对于将土地出让金视为第二财政的地方政府而言是难以接受的，这是权力中心三番五次叫停、不断打压小产权房的重要原因之一。同时，近年来，在经营城市理念的指导下和城市化及工业化加速推进的影响下，不少地方政府热衷于追求本城市的迅速扩容，不断地进行“圈地运动”，将城乡接合部纳入城镇规划范围。而小产权房建设和规划上的混乱与无序又正好与城市政府的城镇化相冲突。再者，除经济利益和社会收益外，政府制度创新还包括政治目标：实现政治支持最大化，政府期望新的制度安排赢得广泛的政治支持。[①] 政治支持最大化的含义包括两个方面，一是全国人民的普遍支持，二是特殊利益集团的支持。在权力中心看来，粮食安全不仅是经济问题，还是一个政治问题。个别小产权房项目或明或暗地吞噬着农业生产耕地，不断地挑战权力中心的政治利益，因此，它们成为权力中心的整治对象就在所难免。小产权房制度的“非帕累托改进”性质严重损害了与房地产业相关的某些利益集团的利益，而这些利益集团又恰恰是权力中心的主要依靠对象，或对社会稳定起关键性作用，或在与权力中心的谈判中具有较强的讨价还价能力。因此，权力中心就会选择压制小产权房制度需求者利益而保护某些利益集团特殊利益的策略。

2. 小产权房制度自身缺陷——与家庭联产承包责任制比较分析

肇始于1978年安徽省凤阳县凤梨公社小岗村的家庭联产承包责任制是中国土地制度史上的一次伟大变革，是18位农民发现承包制度的外部利润而主动发起的一场需求诱致型制度变迁。1982年1月1日，中国共产党历史上第一个关于农村的一号文件正式出台，明确指出包产到户、包干到户都是社会主义集体经济的生产责任制。此后，中国政府不断稳固和完善家庭联产承包责任制；1983年中央下发文件，指出家庭联产承包责任制是在党的领导下我国农民的伟大创造，是马克思主义农业合作化理论在我国实践中的新发展；1991年中共十三届八中全会通过的《中共中央关于进一步加强农业和农村工作的决定》提出把家庭联产承包责任制、统分结合的双层经营体制作为我国乡村集体经济组织的一项基本制度长期稳定下来，并不断充实完善。由此看出，家庭联产承包责任制是一种典型的由点到面

---

① 杨瑞龙：《论制度供给》，《经济研究》1993年第8期。

的，最初只在极小范围内实施后被逐步推广到全国的土地经营制度。这一制度安排经历了从安徽小岗村的成功实践到以党的文件形式被正式确立下来并推广至全国的过程。显然，家庭联产承包责任制的发生发展是发轫于较小范围的非正式制度衍化成具有普适性的正式制度的典型案例。

从上文对小产权房和家庭联产承包责任制两种制度的发生发展脉络的梳理可以看出，它们都源于农村土地制度改革，改革动因均为初级行动团体获取新制度安排下的外部利润。从模式上看，二者均为需求诱致型制度变迁。既然如此，我们不禁要问：小产权房制度与家庭联产承包责任制同样是对农村土地制度的变革，为何前者一直饱受非议遭到打压而后者却上升为国家层面的正式制度？笔者认为，其原因大致有三个。

首先，小产权房制度和家庭联产承包责任制二者在土地产权的变革上不同。产权是一组权利，包括所有权、使用权、占有权、收益权和处置权等权能，这几项权能又可以相互分离或形成不同组合。家庭联产承包责任制并未改变农村集体土地所有制，而是在集体所有框架内进行的土地经营体制创新，即所有权、占有权和处置权仍为农村集体所有，农民个体（家庭）仅仅承包了土地使用权（经营权）。而农村土地所有权、占有权和处置权是产权中处于核心地位的几种权利，使用权的变更不会引起多大冲击。但小产权房制度对土地制度的冲击较大，它不仅改变了土地的使用权，而且更为重要的是改变了土地的所有权、占有权和处置权（虽然法律未予以认可，但小产权房出售后在事实上为购房者所有、占有和处置）。不言而喻，小产权房对农村土地制度的巨大冲击是对过往土地制度具有强烈路径依赖性的权力中心不能轻易接受的。

其次，小产权房制度涉及的利益主体比家庭联产承包责任制多得多，导致制度变迁的交易成本和风险被放大。小产权房制度涉及的利益主体包括权力中心（中央政府和省、市、县地方政府）、乡镇政府、农民集体经济组织和农民个体以及小产权房购买者，由于效用函数不尽相同，各利益主体之间存在不同程度的利益博弈。权力中心与乡镇政府、农民集体经济组织和个体农民之间既有整体利益与局部利益之争，又有长期利益和短期利益之别，还有政治利益和纯经济利益之分；乡镇政府、农民集体经济组织和农民个体之间看似一个利益同盟，实际上彼此之间也存在利益分割矛盾，具体表现在对建设小产权房所获利润分配比例问题上的博弈；由于国家政策环境的不确定性，小产权房出售者与购买者之间在风险分担方面也存在矛盾。小产权房相关利益主体之间矛盾错综复杂加大了小产权房制度变迁的交易成本和制度风险。反观家庭联产承包责任制，相关利益主体较少，因而衍生的矛盾也不多。在家庭联产承包责任制下，农民集体经济组织和农民个体与权力中心没有直接的经济利益冲突，而农民集体经济组织和农民个体（家庭）之间的利益矛盾也被“交够国家的，留足集体的，剩下都是自己的”制度安排有效化解。如此一来，家庭联产承包责任制的制度风险和交易成本被控制在最低限度。

最后，两种制度的效率也有明显差异。家庭联产承包责任制实施后，在较短的时间内显示出了极高的制度效率，使其迅速地被权力中心认可并被上升为国家层面的制度安排。1979 年安徽凤阳小岗村粮食总量高达 66 吨，相当于 1966～1970 年粮食产量的总和，这有力地证明了家庭联产承包责任制的制度效率和生命力。而这一点正是从诞生之日起就暴露出若干问题的小产权房制度所无法比拟的。虽然小产权房制度也产生了一系列的制度收益，但其与生俱来的制度缺陷显然无法使权力中心摒弃“后顾之忧”而将其追认为正式制度。

（三）“小产权房”合法化路径研究

从上文结论可看出，我国的小产权房是一种自下而上的制度变迁，目前仍处于非正式制度状态，尚未被权力中心认可。既然小产权房制度是由制度缺陷原因所致，那么，解决措施自然而然地也应该从制度变革着手。

1. 兼顾各方利益诉求，减少制度推行成本

正如前文所述，当前小产权房制度中相关利益主体较多，各利益主体的效用函数又不尽相同，因此它们之间利益博弈行为较为明显，这也是该制度上升为国家层面的制度安排的最大障碍。若要使小产权房制度合法化，需兼顾各方利益诉求，特别是要处理好权力中心的利益关切。

就经济利益而言，各利益主体之间的摩擦本质上是由农村土地转变为城市建设用地过程中产生的级差地租分配不均而引起的。马克思地租理论告诉我们，级差地租形成的条件有三：不同地块肥沃程度差别；不同地块

距离市场远近不同；同一地块追加投资的生产率各异。在农村土地变为城市建设用地过程中，因城市政府提供的便利交通条件以及城市基础设施的建设而发生了大幅度增值，这种增值就是级差地租的来源之一。显然，乡镇政府、农村集体经济组织和农民个体独吞级差地租在地方政府看来是断然不能容忍的。在以往的农村土地征用过程中，征地补偿制度极大地损害了农村集体经济组织和农民个体利益，这引起了它们的强烈不满，从而主动进行制度创新。这两种情况似乎都走了极端，原有征地制度下政府攫取了级差地租的大头，小产权制度下乡镇政府、农村集体经济组织和农民个体撇开了权力中心获得了“垄断利润”。因此，要解决当前各利益主体在小产权房制度上的博弈，应当兼顾各方利益诉求。尤其是，若要使权力中心为小产权房建设开绿灯，那么必须将它们的利益摆在重要位置。当然，除了级差地租分配不公外，小产权房制度下权力中心在所得税、营业税、印花税、城市维护建设税以及教育附加等各项税收方面的损失也是权力中心排斥小产权房制度的经济原因之一。因此，小产权房合法化也应处理好这些税收征收问题。建议税务部门加大宣传，针对小产权房的特殊性，做好政策宣传辅导，主管税务机关应加强监管、与土地等有关政府部门联系，加强小产权房开发企业的税收监控，除个别税种外，比照房地产企业的规定进行税收征管。

既然权力中心的效用函数除了经济因素外还有政治因素，那么小产权房建设就不能违背权力中心的政治利益。根据我国人多地少的具体国情，为了确保 13 亿人口的吃饭问题，必须坚守住 18 亿亩耕地红线。这也是权力中心的核心利益之一，不容讨价还价。因此，对于那些破坏农村耕地而建设的小产权房项目必须坚决予以取缔。另外，小产权房建设也不能与权力中心推进的城镇化和工业化背道而驰，在建设选址和规划上务必与城镇建设规划保持协调一致，唯有如此方能获得权力中心的认可和支持。

2. 深化土地制度改革，差别化处理小产权房

根据《中华人民共和国宪法》和《中华人民共和国土地管理法》规定，在农村集体所有的宅基地和集体建设用地上，农民可以自由经营，而且农民自建的住房也可以进行交易。换言之，在现有法律制度框架内，在使用农民宅基地、农村公共设施用地、农村兴办的村办企业或者联营企业，根据担保法使用农村集体用地抵押权四种情况下建设的小产权房都不涉及所谓的“违法”问题。正因为这些政策法律规定中存在很多模糊不清的地方，给小产权房建设留下了生存空间，导致小产权房建设泛滥。农村集体建设用地和城市建设用地产权地位不平等，“同地、不同权、不同价”现象较为严重，这极大地刺激了农村土地实际持有者避开权力中心直接经营土地而谋利的行为。鉴于此，要解决小产权房问题务必深化土地制度改革，高度统一各项法律法规关于土地的相关制度安排，杜绝因制度漏洞而出现打擦边球现象的发生。

当前，各地小产权房不断出现，占到了市场份额的20%左右。“小产权房”的存续迄今也近20年时间，其间，权力中心想方设法控制其发展，但效果不甚明显。与其继续进行效率低下的管制，不如主动进行制度创新，完善相关制度，规范各方利益，争取实现“帕累托改进”。因此，权力中心可以主动进行制度变迁，对小产权房的“增量”和“存量”市场实施差别化政策。对于建在农村宅基地上和集体建设用地上的且符合城镇建设规划的小产权房，在补交各项税费以后，权力中心可以将其“追认”为合法住房。

二　小产权房转化为保障性住房的可行性与具体路径

本节前面几部分论述了小产权房合法化的问题。事实上，当前，通过制度创新不仅可以使小产权房合法化，而且可以使其转化为保障性住房，以解决城乡中低收入群体的居住问题。正如前文所论及的，小产权房具有保障性住房属性的观点，虽然它与廉租房、经适房以及公租房等保障性住房存在着明显的差异，但就其社会功能而言，它与保障性住房的社会保障功能之间有一定的交叉。那么，我们可以通过系列制度创新，将小产权房转化为保障性住房，使其为我所用。

（一）小产权房转化为保障性住房的可行性分析

结合前面的分析结论，今后的保障性住房供给类型将以租赁型为主，因此，在小产权房处置方式上，本书认为小产权房宜转化为租赁型保障性住房。从理论上分析，将小产权房以租赁型保障性住房形式纳入城镇住房保障体系的可行性表现在以下几个方面。其一，从权属状态、受众群体等分析，小产权房可以转化为租赁型保障性住房。小产权房的产权是残缺的，其购买行为实质上是批租行为，和租赁型保障性住房市场的住房租赁行为在本质上是相同的。其二，二者的受众人群都是中低收入者，将小产权房纳入城镇住房保障体系可以为城市中低收入群体提供更好的住房保障。其三，小产权房的配套设施相对完善，具备纳入城市住房保障体系的条件。[①] 其四，土地类型存在差异，但也存在兼容趋势。小产权房多建在城市扩张边缘的城乡接合地带，随着城市建设用地范围的不断扩大，通过土地征用流程，集体土地会被转化为国有土地，经过这样的过程，可以将小产权房和保障性住房两者在土地类型上兼容。[②]

（二）小产权房转化为保障性住房的具体路径

以用途管制和建筑标准作为分类标准，小产权房大致可以分为三类：第一类为建在农用地上（包括耕地及基本农田）且不符合建筑标准的；第二类为建在集体建设用地之上（包括宅基地）但不符合建筑标准的；第三类为建在集体建设用地之上（包括宅基地）且符合建筑标准的。[③] 对于第一类小产权房的处置问题，社会各界的意见基本一致，即无论其是否符合建筑标准都应立即拆除。但社会各界对于第二类和第三类小产权房的处置意见分歧较大，本书认为，对于这两类小产权房的处置应秉持差别化处理原则，将其纳入租赁型保障性住房体系，以满足当前城镇住房困难群体的居住要求。另外，无论是哪一类小产权房，只要是在建的，都应立即叫停，因此，本章节不再讨论在建小产权房的处置问题。

1. 已经出租的部分小产权房转化为保障性住房[④]

各市县可先对此类房屋全面进行登记以掌握相关情况，并将符合条件

---

① 李杰、李冬浩、吕萍：《小产权房纳入城市住房保障体系的可行性分析——以北京市为例》，《中国房地产》2013 年第 14 期。

② 潘磊：《小产权房的产生原因、影响以及解决方法探讨——基于保障性住房体系的视角》，《现代城市研究》2014 年第 4 期。

③ 郑义：《探索小产权房治理之路》，《中国土地》2015 年第 2 期。

④ 苏勇：《小产权房转化为保障性住房的路径选择》，《现代经济探讨》2011 年第 2 期。

的房屋予以回购，转化为保障性住房。可予回购的房屋既要在数量及位置上符合当地城镇规划要求，也在户型上、面积上符合保障性住房相关规定的要求。住房保障部门与房屋产权人（集体经济组织）协商回购符合条件的房屋，以此种方式变更房屋的所有权，集体经济组织已经收取的租金则抵作政府回购的房屋及土地价款，政府回购后，可将该类房屋变性为经济适用房或廉租房，纳入保障性住房管理。在变更所有权后，赋予原租赁人以选择权，可有限承认原租赁合同效力，按照买卖不破租赁原则，对 20 年租期予以有限承认，承租人可选择与政府重新签订廉租房租赁合同或签订经济适用房购买合同。修改目前住房保障制度关于保障对象身份的限制性规定，将该种情况取得保障性住房视为一种例外。该类房屋购买人或者承租人应该按照保障性住房制度的相关规定享有权利及承担义务，并且被视为已经享受政府提供的住房保障福利，不得再申请保障性住房。

2. 已经出售的小产权房转化为保障性住房①

对于已经出售的小产权房，首先应明确认定该类买卖合同及产权无效。然后，对于具备转化为保障性住房条件的部分小产权房，政府应当收回原村集体或乡政府开具的产权证明，并由住房保障部门与农村集体经济组织签订协议对房屋予以回购，集体经济组织已经收取的价款抵作房屋及土地补偿款，政府不再予以补偿或另行额外支付价款。在将集体土地转性为国有土地后，将房屋所有权变更为国家所有。政府部门回购变更房屋所有权后，将回购的房屋进行保障性改造，转性为经济适用房，纳入经济适用房统一管理。对于原小产权房所有权拥有者，政府应当进行准入资格审核，对于符合保障性住房申请资格的原住房拥有者，优先签订保障性住房购买合同或租赁合同。

第六节 本章小结

当前我国保障性住房建设的最大瓶颈就是资金匮乏且来源单一，而资

---

① 潘磊：《小产权房的产生原因、影响以及解决方法探讨——基于保障性住房体系的视角》，《现代城市研究》2014 年第 4 期。

金匮乏、来源单一本质上又是由住房保障供给主体单一、责任不清所致。目前，我国保障性住房建设资金来源主要为政府的财政拨款，其他的诸如用工企事业单位、农村集体经济组织等还没有真正肩负起其应该肩负的资金供给责任。

本章首先探讨了保障性住房的产品属性，分析了我国保障性住房供给主体现状及存在的问题，在此基础上，以“四化”同步发展为视角，考察了政府、用工企事业单位、社会资本以及农村集体经济组织作为住房保障资金供给主体的必然性，然后分析了当前为实现住房保障主体多元化目标必须进行的相关制度创新。第三节分析了保障性住房供给中地方政府与中央政府的博弈行为及其治理。第四节首先以制度变迁理论为视角分析了建在农村集体土地上的“小产权房”合法化路径，然后探讨了小产权房转化为保障性住房的可行性和具体路径。从属性上看，我国公共保障性住房具有准公共产品性质。当前我国保障性住房供给主体过于单一，政府主要占据着主体而非主导地位，其他主体不能或者不愿意参与供给。供给主体单一的直接后果就是保障性住房建设资金来源单一，仅靠政府从事保障性住房建设、运营与管理，会因财政压力和经营效率低下等而具有不可持续性。从公共产品供给主体选择的公平和效率两大标准来看，当前以政府为主体的保障性住房供给模式既缺乏公平又缺少效率。在“四化”同步发展的背景下，政府、用工企事业单位、社会资本以及农村集体经济组织都应作为住房保障资金供给主体参与保障性住房的建设。

当前，要实现保障性住房建设资金来源的多样化，须从以下几个方面着手：构建新型政府间关系，使其在保障性住房建设中各司其职、相互协作；适当提高保障房租售价格，创新住房保障供给模式，吸引社会资本投资于保障房；加大政策优惠力度，完善相关制度，鼓励和监督用工企事业单位提供住房保障；实行减免税优惠政策和拨付专项资金，鼓励农村集体经济组织参与保障房建设。

第七章　我国公共保障性住房建设用地来源

当前，我国正处于城镇化加速发展阶段。一方面，按照现有城镇化速度，每年都有1000多万农村人口涌入城市。如此快速的城镇化势必给城镇住房供给带来巨大压力。据高培勇（2012）测算，2020年和2030年我国城镇新建住宅面积分别为11.33亿平方米和14.43亿平方米。若毛容积率指标取2.0，按照住宅面积毛容积率＝住宅建筑总面积/规划建设用地公式计算，2020年和2030年城镇新增住宅建设规划用地分别为5.67万公顷和7.22万公顷。另一方面，人多地少是我国的基本国情，而且人们赖以生存的可耕地正日益减少。我国人口占世界总人口的22%，耕地面积仅占世界耕地面积的7%，人均耕地面积仅为世界平均水平的40%。2009～2013年，全国耕地面积分别为20.31亿亩、20.29亿亩、20.29亿亩、20.27亿亩和20.27亿亩，呈递减趋势。2013年，全国因建设占用、灾毁、生态退耕、农业结构调整等原因减少耕地面积35.47万公顷。

可以看出，一方面，由于城镇化进程加速推进，城镇建设用地需求与日俱增；另一方面，由于我国耕地面积总量有限而且不断减少，城镇建设用地供给瓶颈日益显现。由此，我国城镇建设用地供需矛盾将在未来较长时间内成为亟待破解的难题。同样地，要有效解决城镇中低收入群体居住问题，为其提供能保证基本生活需要的住房，必须解决保障性住房建设用地来源问题。

截至目前，学术界关于保障性住房用地的研究成果较为丰硕，主要集中在以下三个方面。第一，供给模式。吕萍（2012）分析了不同保障性住房之间土地使用性质的矛盾，并指出这些矛盾将产生不同保障性住房能否实现对接或转换和不同保障性住房能否分享土地的增值两方面问题。汪晗等（2013）提出，针对不同类型的保障性住房，实行差别化的土地供应政策，对于单纯的廉租房或公共租赁房的建设用地应以划拨为主；对于经济适用房或较为高档的人才公寓等保障性住房建设用地，应以低于市价水平的价格进行出让。第二，供给制度。苏勇（2010）认为，为使城乡住房保障制度实现衔接与互补，应建立覆盖农村的住房保障制度，在保障性住房用地层面突破土地二元所有结构，将保障性住房特别是廉租房用地扩大至符合规划的集体建设用地上。郭洁和赵宁（2014）认为，为促进我国保障房用地法治化建设，必须要树立公平兼效率的土地法理念，坚持保障房用地优先性、独立性原则，创新土地法律制度。第三，供给现状。王官青（2011）分析认为，上海市保障性住房供给存在着土地闲置现象严重、土地审核漏洞较大、土地开发资金短缺等问题，并在此基础上分析了原因。

综上所述，学术界对于保障性住房用地供给研究成果较多，研究视角也较为广泛，既包括对供给现状及成因的剖析，又有对供给模式的比较研究，还有对供给制度本身的探讨。这些成果对于丰富我国住房保障理论以及指导住房保障制度实践都具有极其重要的意义。然而，遗憾的是，截至目前，学术界对于保障性住房用地来源这一更为本源的问题着墨并不多。从本质上讲，建设用地供给模式、供给结构和集约利用等均为“土地如何用”的问题。然而，如果不解决“土地从何而来”的问题，何来“土地如何用”的问题呢？另外，住房问题绝非为城镇独有，广大农村地区也面临着同样的问题，而且，城乡住房问题是同一问题的两个不同侧面。当前学术界对于住房问题的研究有较为明显的“重城轻乡”趋势，对于农村住房保障问题的研究甚为寥寥。再者，迄今为止，学术界尚无在“四化”同步发展框架下探讨城乡住房保障制度的文献。鉴于此，本节将在前人研究成果基础上，首先分析“四化”与城乡建设用地问题的辩证关系，并以城乡统筹为切入点，剖析我国保障性住房建设用地来源问题及其对策。

第一节　“四化”与城乡建设用地问题的辩证关系

2012 年党的十八大提出“坚持走中国特色新型工业化、信息化、城镇化、农业现代化道路，促进工业化、信息化、城镇化、农业现代化同步发展”。新型工业化、信息化、城镇化和农业现代化简称“四化”。“四化”同步发展是新的历史时期我党提出的经济社会发展重要方略。然而，随着“四化”的相继展开和深入推进，我国城乡建设用地紧缺问题也日益凸显。从学理上分析，“四化”与城乡建设用地问题之间存在着对立统一的辩证关系。

一方面，“四化”催生和加剧了城乡建设用地紧缺问题。伴随着城镇化的快速推进，大量农村人口涌入城镇，给城镇住房建设带来了巨大压力，而建设用地指标紧缺又是当前住房建设的瓶颈之一。工业化进程主要从两个方面加剧建设用地紧缺，农业人口大量向工业转移和集中，必将导致城镇居住用地需求猛增；目前我国绝大多数地区均处于工业化初期或中期阶段，土地的载体职能正逐步得到强化，需要大量的建设用地。农业现代化要求土地节约集约利用，实现农业规模化经营，从而要求农业剩余劳动力向城镇或者农村居民点转移，进而催生和加剧城镇建设用地紧缺矛盾。“四化”同步发展中信息化与工业化深度融合，城镇化是信息化的主要载体和依托，信息化是城镇化的助推器，因此，信息化也将在一定程度上加剧城镇住房建设用地问题。

另一方面，“四化”同步发展为解决城乡建设用地问题提供了重要契机。城乡统筹使用土地、资本、劳动力等生产要素是“四化”同步发展的内在要求。工业化与农业现代化同步发展，可以实现“以农稳工兴工，以工哺农促农，工农联动互动”目标。通过节约集约使用土地，农业现代化为工业化提供用地指标，而工业化为农业现代化提供资金和技术支持，促进农业现代化进一步发挥节地功能。城镇化与工业化是人类社会同一发展进程的两个不同侧面，二者同步发展要求统筹安排建设用地，统筹安排建设用地可提高城乡建设用地利用效率，缓解城乡建设用地矛盾。城镇化为农村剩余劳动力转移创造了前提条件，有助于农业现代化进程的顺利推进；反过来，将农业现代化节约出来的用地指标配置到城镇中来，从而助推城镇化。信息化有利于促进城乡土地整理和管理工作。

理论表明，“四化”与城乡住房保障制度之间存在着耦合关系，“四化”既是城乡住房问题的成因，同时又为城乡住房问题的解决提供了重要契机。因此，在“四化”同步发展背景下，统筹使用城乡建设用地，可在一定程度上缓解住房保障建设土地资源压力。

第二节　当前保障性住房建设用地来源及存在的问题[①]

当前，可供包括保障性住房在内的我国城市建设使用的土地来源主要有两个。一是通过城市房屋拆迁等形式形成的存量建设用地。存量土地主要指城市内部的未利用土地、企事业单位内部的低效利用及闲置土地、旧城待拆迁改造土地、污染企业搬迁及产业结构调整置换出来的土地等。[②] 按照相关法律规定，存量土地可直接用于城市建设。二是通过征收农村土地形成的增量建设用地供应。增量土地主要指新征用而来的农村集体土地转化为城市国有土地，然后通过使用权出让或者租赁进入土地市场的土地。[③] 相较于存量土地，增量土地要用于城市建设必须首先完成“身份”的转变，即由农村集体所有转变为国有。

根据国土资源部数据，尽管我国当前土地储备总量较大，但住宅建设用地的供应仍然面临着较大瓶颈。首先，新增建设用地来源有限。我国土地总面积居于世界第3位，但人均土地面积仅为0.777公顷，是世界人均土地资源量的1/3，而且，可利用土地面积正以前所未有的速度减少。土地的稀缺属性和我国人多地少的基本国情表明可用作新增建设用地的土地也并非取之不尽。而且，总量稀缺的土地资源中可用于农业的耕地数量极

① 我国住房保障制度规定，保障性住房建设用地通过行政划拨方式取得。正因为如此，不少学者认为，既然保障性住房用地是政府行政划拨而来，因此，保障性住房用地问题不是一个需要探讨的问题。事实上，保障性住房建设用地通过行政划拨方式取得这一规定仅适用于廉租房和经济适用房。目前，公共租赁和限价商品房建设用地主要通过市场取得，其用地价格的形成已具有市场化趋势。即便是廉租房和经济适用房的划拨土地，也需要政府通过市场进行储备。因此，笔者认为，住房保障建设用地来源是一个值得深入研究的问题。另外，高培勇（2012）、罗应光（2011）、王根贤（2013）、钱坤（2014）等学者认为，由于土地财政的影响，理性的地方政府必将更多的土地资源配置到经济效益较高的领域，而非住房保障。笔者认为，这些学者所研究的与本部分探讨的建设用地来源不是同一层面的问题，从本质上看，这些学者研究的是建设用地政府“如何用”的问题（即用于经济建设还是民生保障），而本部分所要考察的是建设用地“从何而来”，即本部分考察的对象是政府可通过哪些渠道获得住房保障建设用地。

② 乔荣峰：《城市土地供给的控制模型初探》，《现代城市研究》2005年第8期。

③ 张洪：《论城市土地优化利用与市场化》，《思想战线》2002年第2期。

为有限（人均耕地面积仅为世界平均水平的40%），加之农业生产力水平较低，若要扩大城市建设土地增量供给，就意味着更多的人口将面临基本生存问题。世界各国都已认识到了耕地保护的重要性，我国政府也提出了“十八亿亩耕地红线”。因此，在“十八亿亩耕地红线”硬杠子下和农业生产力尚无质的飞跃的情况下，大规模地征收农村土地并转化为城市建设用地是极不现实的想法。其次，存量建设用地供给（即挖潜式供给）的“潜力”也十分有限。存量土地必须首先经过整理和储备方能转化成城市建设用地，而土地整理过程本身又充斥着制度风险、财务资金风险和社会风险等大量风险。2007 年《中华人民共和国物权法》和 2011 年《国有土地上房屋征收与补偿条例》就房屋拆迁、补偿与安置方式进行了明确规定，使得用地单位拆迁难度加大、拆迁周期延长、拆迁成本增加，从而增加了存量土地供给的难度。“目前，土地储备资金来源主要是银行贷款。银行贷款融资由于受宏观经济政策、银行风险控制态度等因素的影响，面临着很大的不确定性，一旦相关政策改变，储备机构将面临很大风险”。[①] 此外，城市房屋征收拆迁利益补偿和分配机制尚未有效建立，近年来征收拆迁引起的纠纷、冲突乃至暴力事件时有发生。“据不完全统计，仅 2009 年 10 月至 2010 年 11 月，全国各地发生的拆迁自焚事件就多达 19 起，自焚自杀人数至少达 30 人，死亡人数 17 人。”[②] 这些风险的存在极大地降低了存量土地转化成建设用地的潜力。

尽管目前我国土地总量有限，增量供给日益枯竭，存量挖潜又孕育着各类风险，但是，我们还是可通过优化用地结构、集约节约利用土地、统筹利用城乡建设用地、改革完善现有土地制度等方式为城乡建设筹集用地。

第三节　“四化”同步发展视角下保障性住房建设用地来源问题对策分析

住房保障是当前我国最大的民生问题之一，既关乎社会和谐与稳定，

① 于芳：《城市土地储备资金短缺解决机制研究》，硕士学位论文，中国地质大学，2013。

② 方创琳：《如何纠偏：拆迁利益失衡》，《中国社会科学报》2011 年 3 月 3 日。

又牵扯到全面建设小康社会进程的推进。既然如前文所论及的，“四化”与城乡建设用地问题之间存在着对立统一的辩证关系，那么，面对城乡建设用地资源约束问题，就可以借“四化”同步发展之势，想方设法拓宽住房保障用地来源。具体说来，可从以下几方面着手。

一 在确保耕地面积不减的前提下，进一步拓展新增建设用地来源

“十八亿亩耕地红线”是全国13亿多人口的生命线，任何类型的城乡建设都不得觊觎这条“底线”。因此，只有在确保十八亿亩耕地面积不减少的前提下，另辟蹊径积极拓展城乡建设用地来源。

（一）不断完善和充分利用“宅基地换房”“增减挂钩”“地票交易”等制度，为城乡住房保障制度发展提供建设用地

2005年，国务院在《天津滨海新区综合配套改革试验总体方案》中明确提出“在符合规划并在依法取得建设用地范围内建设小城镇，实施农民宅基地换房试点”。同年，《关于规范建设城镇建设用地增加和农村建设用地减少相挂钩试点工作的意见》的出台标志着“城乡建设用地增减挂钩”政策正式启动。2008年12月，重庆市在全国率先成立了土地交易所进行地票交易，地票制度正式问世。“宅基地换房”“增减挂钩”“地票交易”都是我国土地管理制度方面的重大创新，其本质是相同的，都体现了城乡建设用地资源调剂使用的管理理念，而且，在耕地保护、城乡统筹发展、推进城镇化、工业化和农业现代化等方面成效显著。通过这三种制度模式，农村闲置废弃、低效利用的宅基地得到了复垦，通过指标置换，城镇建设用地指标压力也得以缓解；与土地整治相结合，有助于改善农业生产条件，促进农业适度规模经营，从而有助于农业产业化发展；“增减挂钩”还要求严格限制分散建房的宅基地审批和农村居民点向中心村和集镇集中，这有助于提高中心村和集镇保障性住房建设的规模效益，解决农村住房困难户的居住问题。

尽管“宅基地换房”“增减挂钩”“地票交易”三种模式在城乡建设用地供给方面成效显著，但仍存在着亟待解决的问题。首先，都有其内生

的制度缺陷。"宅基地换房"的缺陷在于置换范围较窄，仅仅适用于城市周边地区。"指标挂钩"模式下双边垄断的市场结构使得市场缺乏竞争性，定价也缺乏效率。[①] 而且，流程上要按行政报批程序走，制度运行成本仍然很高。[②] "地票"制度是在"宅基地换房"和"增减挂钩"两种模式基础上演进而来的更高级制度形态，是制度和市场程度都较为完善的城乡建设用地地权交易模式，但"地票交易"制度可能会造成建设用地成本增加而推高房价。其次，都面临着严峻的资金平衡问题，需要大量的资金支持。在城乡建设用地指标调剂使用过程中，都需要解决土地级差租金来源问题，而资金来源又是一个比建设用地更为棘手的难题。再次，三种模式都是通过市场交换途径实现建设用地指标的流转，因此，在因住房保障的准公共品性质私人不愿投资的情况下，作为理性的经济人，地方政府是否愿意将用高价置换来的土地用于经济收益较低的住房保障建设仍有待实践检验。最后，都面临着较大的社会风险。从试行试点的实际情况来看，三种模式运行过程中因利益分配矛盾引致的社会风险较大，较大的社会风险是当前深入推进和实施这些制度的绊脚石。

针对"宅基地换房""增减挂钩""地票交易"三种制度模式存在的问题，若要充分挖掘制度"红利"，使其更大程度地发挥提供城乡建设用地之功能，可从以下几个方面着手改进与完善。第一，因其适用范围大小有别，在区位条件差、经济欠发达的地区继续推行"宅基地换房"和"增减挂钩"制度，而在经济较为发达的地区推行"地票交易"制度。值得注意的是，在"地票交易"制度运行过程中，需有效规制地票价格非理性上涨。第二，多方筹措住房保障资金，解决住房保障建设用地资金来源问题。具体地讲，包括确保政府住房保障财政预算资金足额按时到位，采用BT模式或者通过发行政府公债方式进行住房保障制度融资，鼓励用工企业为其职工提供住房保障。第三，充分保障农民合法权益、化解征地纠纷、防范社会风险，确保三种筹地模式的顺利推进。在三种筹地模式实施过程

---

① 周立群：《农村土地制度变迁的经验研究：从"宅基地换房"到"地票"交易所》，《南京社会科学》2011年第8期。

② 程世勇：《"地票"交易：模式演进和体制内要素组合的优化》，《学术月刊》2010年第5期。

中，“必须尊重农民意愿，必须保证农民住有所居、劳有所业、利有所得、病有所医、老有所养”。[①]

（二）创新土地管理制度，规范“小产权房”建设，创新“城中村”改造模式，探索住房保障供给新渠道

20世纪90年代后期，随着城镇化和工业化进程不断加快，人口不断向城镇集中，城镇住房需求急剧增加，“小产权房”和“城中村”如雨后春笋般破土而出。据国土资源部2010年数据，全国“小产权房”建筑面积已超过66亿平方米，包括北京在内的很多地区小产权房已经占到房地产市场份额的20%以上，深圳等地更是高达40%～50%。“城中村”已从城市建成区内外来人口的“寄居体”演变为以外来进城务工人员为主体的低收入社区或外来人口聚居区。如深圳特区内有91个城中村（2004），户籍人口仅为7.64万，外来人口达到64.53万人。[②]

客观地说，作为我国工业化、城市化快速发展和城乡经济社会二元结构体制背景下的特殊产物，虽然“小产权房”和“城中村”存在着土地利用、居住安全、环境卫生、社会风险等方面的问题，但它们能为城镇外来人口提供住房，发挥着一定的住房保障功能。那为何政府视其为“眼中钉”欲取之而后快呢？究其原因，除了孕育着系列经济社会风险外，“小产权房”和“城中村”与当前我国土地管理制度相抵触。现行国家土地管理法明文规定，农村集体土地只有通过政府征地途径才能转变为城镇建设用地，而“小产权房”在土地买卖环节上“巧妙”地架空了地方政府，“侵吞”了原有制度安排下本属于地方政府的土地出让金。[③]“城中村”本身就是当前土地城乡二元所有制的产物，在此二元制度下，农村集体经济组织与城市政府争夺城镇化带来的土地增值收益也就不可避免。

尽管“小产权房”“城中村”存在着或这样或那样的问题，既然它们可以发挥住房保障的作用，那么我们就不应该将其一棍子打死，而是趋利避害

① 杨继瑞：《统筹城乡实践的重庆“地票”交易创新探索》，《中国农村经济》2011年第11期。

② 魏立华：《中国经济发达地区城市非正式移民聚居区——城中村的形成与演进》，《管理世界》2005年第8期。

③ 苟兴朝：《基于制度变迁理论的“小产权房”合法化研究》，《商业研究》2013年第3期。

顺势而为，创新土地管理制度，使其为我所用。具体而言，应深化土地制度改革，赋予集体土地和国有土地同等地位，实现“同地、同权、同价”；规范“小产权房”建设，兼顾各方利益诉求，在符合城市总体规划和耕地保护的前提下，对“小产权房”的增量和存量市场实行差别化政策——对于建在农村宅基地和集体建设用地上的且符合城镇建设规划的“小产权房”，在补交各项税费以后，可以将其“追认”为合法住房；对于“城中村”改造，可“以土地国有化为前提并要求作为原土地权利人的村集体和村民上缴部分公益事业用地和基础设施融资用地后，进行部分土地使用权的确权与房地产开发。在有效改造基础设施、全面提升公共服务基础上，继续让‘城中村’地段为低收入阶层和流动人口提供廉价优质住房”。[①]

二　挖潜存量建设用地，提高土地利用效率，为住房保障建设用地“开源”

在人均耕地面积较少、建设用地总量有限、经济社会事业用地需求激增背景下，完全寄希望于利用新增建设用地来解决当前巨大的供需缺口显然是不现实的，因此，必须充分挖潜、盘活存量建设用地，变“废”为宝，为住房保障建设用地“开源”。

（一）推进棚户区改造，为住房保障建设筹集用地

近年来，随着城镇化的快速推进和城市更新进程加快，我国棚户区大量涌现。棚户区不仅居住环境差、房屋建筑质量低劣，还存在着严重的土地浪费现象。据调查，棚户区占地面积大、数量多，县城（镇）棚户区约占城市土地面积的30%～35%，而且土地利用率低，户均占地面积大。[②]以辽宁省为例，“由于多年的历史欠账，全省低矮棚户区面积总量高达2000万平方米，居住着近200万人口”。[③] 在当前城镇建设用地指标奇缺的背景下，棚户区改造不仅具备民生改善功能，而且还具有节约集约利用土

① 陶然：《城中村改造与中国土地制度：珠三角的突破与局限》，《国际经济评论》2014年第3期。

② 王立东：《城市棚户区改造土地管理问题再思考》，《吉林农业》2011年第8期。

③ 赵定东：《棚户区改造中的社会资源配置逻辑与机制》，《社会科学战线》2009年第9期。

地的重要现实意义，因此，棚户区改造势在必行。

土地整理和节约集约利用是我国当前棚户区改造关键所在。作为新中国的老工业基地，辽宁省棚户区的形成具有典型性和独特性，早在21世纪初就开始了改造工作，其经验也值得借鉴与推广。其成功经验之一为，“通过盘活闲置、挖掘存量、迁村并屯、整合资源等一系列措施，整合棚户区土地，加大土地收购储备力度，形成土地储备”。[①] 经过整理和储备的棚户区土地，其中一部分通过划拨方式可直接用于保障性住房建设项目，从而在一定程度上缓解了棚户区住房保障建设土地指标紧缺压力，另一部分通过出让方式获得收益以支持棚户区改造项目。截至2014年底，辽宁省棚户区改造腾空土地130多平方千米，其中大部分用于棚户区改造（包括棚改住宅用地和棚改基础设施和公共服务设施用地）。[②]

（二）完善农村宅基地退出机制，推进农民适度集中居住，为住房保障建设赢得用地资源

近年来，随着我国城镇化、工业化、农业现代化的迅速推进，每年都有为数众多的农村人口定居城镇。由于当前土地制度约束和宅基地流转机制不健全，农村人口迁入城镇后，出现了大量宅基地闲置。“假设每年有1200多万农村人口要转移到城镇，每年将约有18.36万公顷的农村宅基地闲置。”[③] 而且，农村宅基地超标占用等浪费现象也较为突出。2010年《中国统计年鉴》显示，与1990年相比，农村人均住房面积由17.8平方米上升到33.6平方米，增加了88.76%；与2000年相比，人均住房面积增加了35.48%。[④]

大量农村宅基地闲置和浪费与城镇建设用地指标紧缺形成了鲜明对比。在“四化”同步和城乡统筹发展背景下，作为不可或缺的生产生活要

① 卜鹏飞、倪鹏飞：《低收入住区土地运作模式研究——基于辽宁棚户区改造土地运作的经验》，《经济社会体制比较》2012年第5期。

② 陈飞：《棚户区改造与城市内部空间再造——辽宁省棚户区改造的空间经济分析》，《首都经济贸易大学学报》2014年第5期。

③ 黄贻芳、钟涨宝：《不同类型农户对宅基地退出的响应——以重庆梁平县为例》，《长江流域资源与环境》2013年第7期。

④ 刘卫柏：《农村宅基地流转的模式与路径研究》，《经济地理》2012年第2期。

素，城乡土地也应统筹使用。统筹使用城乡建设用地，需要完善当前农村宅基地退出机制，深入推进宅基地整理工作，并促进农民适度集中居住。完善宅基地退出机制的关键在于明晰宅基地产权主体和权能，建立土地发展权收益分配机制，充分保障农民的合法权益，尽量规避宅基地退出引发的社会风险。同时，宅基地整理是一项耗资巨大、成本较高的工作，因此，急需建立多元化、多渠道、多形式的筹资体系，创新企业、集体、农民共同投资的多元筹资体系。农民适度集中居住，是宅基地集约化利用的重要体现，也是农业现代化的内在要求。促进农民适度集中居住，节省下来的农村宅基地可直接用于农村居民点保障性住房建设用地，或者通过市场方式将此指标配置到城镇建设中来。当然，促进农民适度集中居住是一个系统工程，必须做好包括规划、建设、公共基础设施配套、就业服务、社会保障等系列制度安排。①

（三）严格控制保障房面积标准，适当提高容积率，为住房保障建设用地“节流”

随着我国城镇化、工业化、农业现代化的快速推进，保障性住房需求量一直居高不下，各地保障性住房建设占地与日俱增。然而，从各地住房保障制度实践来看，都不同程度地存在着保障性住房用地供给效率低下的问题，具体表现在两个方面。第一，保障面积超标现象较为普遍。2013 年，“据多个省市审计报告披露，保障房建设面积超标问题大量存在，户型三房两厅，建筑面积超 110 平方米，小区配有地下车库”。② 第二，保障房小区容积率标准较低。按照我国相关制度规定，保障房容积率一般要控制在 2 ~4 区间，但部分保障性住房小区容积率相比周边商品住房小区普遍偏低。显而易见，保障房小区容积率偏低导致土地利用效率降低，造成了土地浪费现象。

从节约建设用地、提高土地利用效率角度出发，为住房保障建设用地“节流”需从以下两方面着手。首先，严格控制保障房面积，防止超标建设保障性住房。保障性住房应当以满足居住困难家庭基本居住需要为目

① 杨继瑞：《统筹城乡背景的农民集中居住及其制度重构：以四川为例》，《改革》2010 年第 8 期。

② 乌梦达：《面积大大超标，保障房也“专供”?》，《经济参考报》2013 年 8 月 7 日。

的，其面积标准应控制在较低水平上。目前我国城镇家庭以核心家庭为主，主要为三口之家，因此保障性住房在户型设计上应以两室一厅为主要户型，以45～56平方米的套型建筑面积为宜。① 其次，适当提高保障性住房小区容积率。人多地少的中国香港和新加坡均采用高层高密度的公共住宅开发模式，中国香港多数公屋在20～30层，容积率为6.0～10.0；新加坡组屋层数多为10～13层，容积率为1.6～2.3，一般不超过3.8。② 基于我国人多地少和保障房需求量巨大的实际情况，适当提高保障房的容积率标准，提高土地利用集约度，可以节约保障性住房建设用地量，从而缓解住房保障建设用地压力。

无论是完善和创新"宅基地换房""增减挂钩""地票交易"制度，还是规范"小产权房"建设、创新"城中村"改造模式，抑或推进棚户区改造，完善农村宅基地退出机制，合理确定住房保障面积和适当提高容积率，都是以"四化"同步发展为解决问题的切入点，都包含着土地资源要素城乡统筹利用的重要理念。总体上讲，解决当前我国保障性住房建设用地指标紧缺问题，共有"开源"和"节流"两种思路。两种思路的具体路径选择可用图7－1表示。

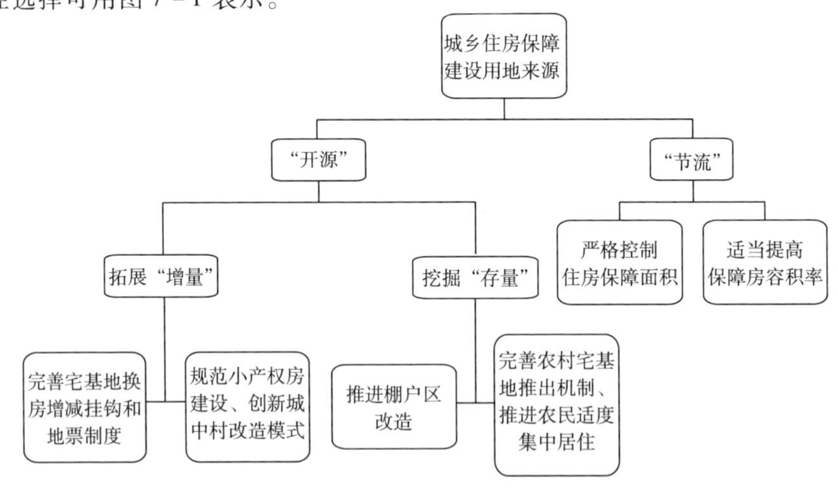

图7－1　城乡住房保障建设用地来源问题解决路径

① 焦怡雪：《关于保障性住房面积标准问题的探讨》，《生态文明视角下的城乡规划——2008中国城市规划年会论文集》，2008。

② 郭莳：《新加坡组屋规划设计的分析与启示》，《中华建筑》2008年第7期。

第四节　城乡建设用地增减挂钩中农民合法权益保障研究——基于马克思级差地租理论视角[①]

为实现2020年我国耕地保有量控制在18亿亩的目标，缓解城市建设用地紧张的压力，同时提高农村居民点用地使用的合理性和有效性，解决“保障建设”和“保障耕地”两难问题，国务院在2005年出台了《关于规范城镇建设用地增加与农村建设用地减少相挂钩试点工作的意见》。此后，增减挂钩试点工作在全国不少地方相继展开。实践表明，增减挂钩是我国土地管理方面又一重大制度创新。它在加快城镇化进程，实现城市反哺农村，促进新农村建设；推动农村土地制度改革，丰富农村土地经营形式，促进土地节约集约利用，切实有效保护耕地；促进城乡统筹发展等方面都发挥了重要作用。但在此过程中，由挂钩引发的经济与社会问题也不断出现。前不久，一些地方甚至发生了强征强拆引发的恶性和群体性事件，干群关系骤然紧张，群众上访次数急增。[②]《法制日报》2011年5月31日报道，“地方政府默许非法扩张用地，致集体进京上访增多”；同时，以城乡建设用地增减挂钩为名非法转让集体土地的现象突出。这些情况的发生，既妨碍增减挂钩工作的进一步推进，又严重影响了我国和谐社会建设的进程。

从本质上讲，任何一项改革都是利益的调整过程。利益相关者利益协调程度的高低将在很大程度上影响此项改革的推进，甚至决定着改革的成败。我们认为，绝大部分增减挂钩试点引发的恶性和群体性事件，根本原因就在于政府、农村集体经济组织、失地农民以及土地新使用者四个利益相关者之间出现了利益冲突，特别是失地农民利益受到了严重侵犯。以“促进新农村建设，统筹城乡发展”为目标的增减挂钩制度却遭到了人民群众的抵制与反抗，这不得不引起我们深刻反思。如果不协调好各种利益关系，把人民群众利益放在首位，增减挂钩工作注定将以失败告终。

---

① 本部分内容以《城乡建设用地增减挂钩中农民合法权益保障研究——基于马克思级差地租理论视角》为题发表在《农村经济》2012年第4期上。

② 《国土部急令严查强征强拆，征地拆迁要合理补偿》，《新京报》2011年5月16日。

随着增减挂钩试点工作的启动，学术界从理论上对其进行了相关研究，研究成果也较多。然而，从地租角度出发研究农民利益保障的成果却较为薄弱。截至目前，已有的成果主要有：（1）级差地租是城乡建设用地增减挂钩奥秘所在，充分利用级差土地收入规律，既合理配置了城乡空间资源，还给城乡一体化提供了坚实的资金保障。[①]（2）在统筹城乡建设用地的过程中，级差地租理论具有一定的重要意义，土地管理者可以充分利用这一理论来进行城乡土地利用结构的调整、优化。[②]（3）郊区城市化所征土地的补偿不应该按照土地面积均分给原土地使用者，又不能仅仅只给原土地使用者青苗补偿，而应该兼顾原土地使用者的经济补偿和社会保障来进行分配。[③]

综上，学术界在增减挂钩中级差从地租产生和分配，以及如何保障农民利益方面的研究基本上是蜻蜓点水式的，还不能有效指导当前增减挂钩实践。增减挂钩中利益实体就是被置换出来的土地带来的收益，即级差地租。这从理论上说明这笔收益的来源及其在各利益主体之间的分配，有助于指导当前实践工作。

一 城乡建设用地增减挂钩中的级差地租产生的原因

（一）马克思级差地租理论的简单回顾

地租理论是马克思主义经济理论的重要组成部分。马克思主义认为，地租是土地使用者由于使用土地而缴给土地所有者的超过平均利润以上的那部分剩余价值。马克思按照地租产生的原因和条件的不同，把地租分为级差地租、绝对地租和垄断地租三类。其中，级差地租是由对较好质量土地经营权的垄断而获得的超额利润转化而来的，它又可以分为两种形式，级差地租 I 和级差地租 II。级差地租 I 是由等量资本投在等面积但质量不同的土地所产生的超额利润转化而来的；级差地租 II 则由在同一块土地上

① 陈雪骅：《级差地租：城乡建设用地增减挂钩奥秘》，《国土资源导刊》2009 年第 8 期。

② 冀振松、徐海贞、张彬：《探讨级差地租理论在统筹城乡建设用地中的指导意义》，《知识经济》2010 年第 4 期。

③ 陈荣华：《城郊（农村）被征用地的级差地租及其分配问题研究》，《湖北社会科学》2006 年第 5 期。

连续追加等量投资所获得的超额理论转化而来。级差地租形成的条件有三个：(1) 不同地块肥沃程度的差别；(2) 不同地块距离市场远近的差别；(3) 同一地块的追加投资的生产率的差别。由前两个条件形成的就是级差地租I，由第三个条件形成的就是级差地租II。马克思对地租的分类，主要以农用地为例做了说明，对于城市地租问题的分析未及展开论述。然而，他在述及非农用地地租时已指出："凡是有地租存在的地方，都有级差地租，而且这种级差地租都遵循着和农业地租相同的规律。"至于城市建筑地租的特征，"首先是位置在这里对级差地租具有决定性影响"。①

马克思地租理论对于我国现阶段土地使用制度的改革具有重要的指导意义。既然地租是土地所有权的实现形式，那么，在社会主义条件下，依然存在着对质量或位置较优土地经营权的垄断，因而存在产生级差地租的条件和原因。因此，经营和使用属于不同所有者的土地，也必须支付地租（包括绝对地租和级差地租）。

（二）城乡建设用地增减挂钩中地租产生的原因

在城乡建设用地增减挂钩过程中，农村土地所有权发生了变更，由原先的农村集体所有变为国家所有。② 随着所有权的变更，使用权也发生了相应转移。

如前文所述，级差地租的产生有三个条件：土地的肥沃程度、距离市场的远近以及追加投资的生产率差别。类似的，城乡建设用地增减挂钩过程中级差地租的产生原因有：第一，增减挂钩后置换出来的地块位置发生了变化，距离市场更近；第二，置换后的地块通过新使用者追加投资后生产率得以提高。实质上，城乡建设用地增减挂钩是城乡土地的统筹使用，即将节约出来的农村建设用地指标置换到城镇。由于其位置的差异和经营范围变化，置换出来的地块既可以用于商业，也可以用于工业，相较于用于农业，此地块发生了较大增值。一般而言，城镇土地的价值由其基础设施配套完善情况和城市规划确定的条件以及追加的资本额来确定，因此，

---

① 《资本论》（第三卷），人民出版社，1975。

② 城乡建设用地增减挂钩过程中既可以是所有权和使用权同时流转，也可以单是使用权的流转。本书考察前一种情形。

被置换到城镇的地块的级差地租也可以分为级差地租 I 和级差地租 II。在置换时，级差地租 I 主要由地理位置决定，此时的地租 I 数量大小在很大程度上取决于该地块所在区域城市基础设施配套完善情况，包括交通、通信、水电设施和环境等。而置换后，级差地租 II 就由该地块的具体用途和由此追加的资本额决定。因此在城市土地上连续追加投资，也可以取得超额利润，这种连续追加投资主要指在地理位置较好的地段追加投资形成高层建筑，增加建筑容积率，可以给土地经营者带来超额利润，这部分超额利润就是级差地租 II 的实体。

二　增减挂钩中地租分配现状和农民参与分配的理论依据

（一）增减挂钩中地租分配现状及存在的问题

在增减挂钩中，土地收益如何分配一直为人争论不休，不同利益主体各执一词。原土地使用者（即失地农民）认为应该按照土地面积均分；而新土地使用者认为土地增值是因为自己的追加投资而形成的，因此应归自己所有；政府认为增值源于基础设施的修建以及城市规划，所以政府才是该宗土地价值增值部分的获得者；农村集体经济组织以失去土地所有权为由，也要求用级差收益来补偿。从理论上讲，失地农民、新土地使用者、农村集体经济组织以及政府都是该宗土地价值增值部分的分享者，都有权参与级差收益的分配。进一步地，这又涉及地租在各利益主体之间分配的比例问题。然而，在实际经济活动中，因为明确界定分配比例存在着技术困难，不可能准确区分某宗土地上资本投入的界限以及它们的不同生产结果，从而无法区分“这其中多少财富属于级差地租 I 归转让前的土地使用者所有，而又有多大比例属于级差地租 II 归那些追加投资的人所有”。[①] 比例的无法确定就产生了各利益主体的博弈空间，在一定程度上导致了分配格局的混乱和不合理。这种混乱和不合理表现为，分配的随意性大，没有相对一致的补偿标准，都是地方政府根据当地情况制定的。由作为利益相关者之一的地方政府来制定分配规则，其结果就可想而知。目前，失地农

① 何雄浪、杨继瑞：《论我国农村土地流转制度完善与农民权益保护》，《湖北经济学院学报》2010 年第 1 期。

民参与级差收益分配的方式为获得征地补偿。从征地补偿实际情况看，地租分配不合理现象比较突出，主要表现在政府和新土地使用者获得更多的利益，而农村经济组织和失地农民的利益却受到了不同程度的侵犯。

具体说来，目前地租分配中存在的问题主要表现在以下几个方面。首先，由于农村集体经济组织产权主体模糊化和农民市场主体地位的弱化现象依然存在，集体经济组织和失地农民在分配中处于被支配地位。一方面，我国《宪法》规定，“农村和城市郊区的土地除由法律规定属于国家所有的以外，属于集体所有”。但这里的“集体”却是一个模糊概念。“法律规定上的模糊必然导致实践中出现混乱，土地所有权归属不清所带来的权责不清，处置无度和权力寻租以及分配关系的模糊混乱问题日益突出”。[①] 另一方面，由于地租的具体数量完全由当事人双方谈判来确定。地方政府有可能与新土地使用者结成利益同盟，共同对付集体经济组织和失地农民，更有甚者，集体经济组织也有可能与地方政府和新土地使用者相互勾结，如此一来，农民在谈判中处于绝对弱势地位，在增减挂钩中失去话语权，无力维护自己的正当权益。

其次，现行征地补偿制度存在较大的缺陷，引发了征地矛盾。我国法律规定，建设用地需占用集体土地的，需由政府统一征地，并给予一定的补偿。目前，失地农民参与地租分配的形式是获得一定的补偿金，而这种征地补偿制度本身就存在一些缺陷。第一，以产值作为征地补偿标准偏低。现代农业集生态农业、精品农业和休闲观光农业等为一体，其产出价值早已超出原先仅被用作农业生产时的价值。以置换地块前 3 年平均产值乘以若干倍数得出的补偿标准偏低。第二，征地补偿的计算标准未包括土地增值的因素，计算补偿时没有考虑到土地位置和用途对产值的影响。第三，现行征地标准未考虑土地市场供求因素。供求因素是影响土地价格的重要因素之一。[②] 第四，土地是一种特殊的生产要素，它对于农民的意义就不仅仅是解决生计问题，而且还被赋予社会保障和满足发展需要的功能。所以，在进行补偿时仅考虑该宗地的“现值”，而忽略其“潜在价

---

① 潘光辉：《级差地租分享制度：生成、特点与出路》，《江汉论坛》2007 年第 8 期。

② 张艳萍、赵鲁、王辉：《经营城市中失地农民的级差地租分配》，《甘肃农业》2007 年第 5 期。

值”，是不合理的。

再次，纵观目前各地挂钩工作，管理模式主要为“省主管、市统筹、县申报、镇实施”。资金支付方式却五花八门，缺乏有效监管。这就给截留挪用、克扣拆迁补偿款等损害农民利益的行为留下制度漏洞。因失地农民追讨补偿款而引发的恶性和群体性事件不在少数，就是不严谨的资金管理方式所引致。

最后，现行补偿模式大多采取一次性现金补偿，其弊端在于缺乏对失地农民自身的“造血功能”培养。由于农民缺乏投资管理意识能力，拿着为数不多的补偿金的农民坐吃山空，一旦补偿金告罄没有其他收入来源时，他们就会怀念那块祖祖辈辈耕作于上的土地，进而滋生对社会不满的情绪。一次性现金补偿模式类似于 20 世纪 80 ~ 90 年代我国国企改革中买断工龄的做法，当时大批下岗工人被无情地抛向街头，就曾给社会稳定带来了巨大冲击。

（二）农民参与级差地租分配的理论依据

在地方政府和新土地所有者看来，征地过程中对农民的补偿特别是一次性货币补偿是等价交换行为，交换后土地的用途和收益就与原所有者和使用者无关。这种观点是为自己利益辩护，其错误在于混淆了土地商品和普通商品的区别。土地是“财富之母”，它可以被重复多次使用，不断地生产出财富，而普通商品的使用价值基本上是一次性的。因此，农民既应获得交换时的“等价”部分，同时还应获得部分增值。

按照上文分析结论，在增减挂钩过程中，置换出来的地块价值发生了两次增值。而这两次增值大部分为政府所有，用于城市建设和其他社会事业，这是合理的，无可厚非。[①] 因为级差地租的上涨，部分地是由于政府推行城市化战略，在许多地方投资交通、水电、通信设施。但是，地方政府不能“多吃多占”，更不能独吞级差收益，农村集体经济组织和农民也有权参与级差地租的分配。一方面，马克思主义认为，地租是土地所有权

① 石莹、赵昊鲁：《从马克思主义土地所有权分离理论看中国农村土地产权之争——对土地“公有”还是“私有”的经济史分析》，《经济评论》2007 年第 2 期。

在经济上的实现形式，任何形式的地租都以土地所有权的存在为前提。在置换过程中，土地所有权发生了变更，由农村集体所有变为国家所有，在市场经济条件下，这一所有权的变化理应按照等价交换原则进行，原所有者农村集体经济组织理应得到一定补偿。另一方面，马克思主义认为所有权是生产力发展的结果，并非永恒不变。现代产权理论就是对所有权理论的进一步丰富和发展，它认为产权是一组权利束。在市场经济下，产权权能结构可以分离。"无论是绝对地租还是级差地租都显示了所有权分离状态下的权利交换关系，即当任何一个主体在土地上取得收益时，都必须从全部收益中拿出相当于他并不拥有的权利的那一部分，以地租的形式补偿给其他权利所有者"。[①] 因此，从理论上考量，失地农民应该从土地级差收益中分得"一杯羹"。

三　保障增减挂钩级差地租分配中农民合法权益的举措

在坚守 18 亿亩耕地红线的背景下，随着我国工业化和城市化的快速推进，保护耕地和保障发展的矛盾将长期存在。为了破解"双保"难题，国土资源部创新工作思路出台了"挂钩"试点政策。从试点的整体情况看来，此项政策取得了突出的成绩，在保护耕地、统筹城乡发展等方面都发挥了重要作用。然而，作为一项新制度，其本身还存在着很多缺陷，引发了一些社会矛盾，因此需要不断地修正和完善。

（一）明确产权主体，培育土地要素市场，保障失地农民的利益

中国的问题是农民问题，农民的问题又是土地的问题。土地作为基本的生产要素，人们在土地利用中必然产生土地权利的转移及土地收益的分配问题。因此，"正确确定土地权利转移的内容、条件和方式，合理分配土地收益，是保证土地合理利用的重要手段和措施"。[②] 为此，当前亟须做好农村土地确权登记工作，为定纷止争、产权交易奠定基础，使农村集体土地所有权真正做到产权清晰、权属合法、权责明确、责权统一。通过明

---

① 杨小川：《加强项目资金监管统筹城乡经济发展——对完善城乡建设用地增减挂钩工作的思考》，《小城镇建设》2011 年第 1 期。

② 梅付春：《失地农民合理利益完全补偿问题探析》，《农业经济问题》2007 年第 3 期。

确农村集体土地的产权主体，进一步强化集体对承包土地的最终收益权和处置权。

从本质上讲，“增减挂钩”不同于以往的土地征收和征用，它所涉及的相关各方——农民、集体经济组织、政府和新的土地使用者，应该是平等的利益主体。但由于我国土地要素市场发育不充分，产权主体不明晰、农民市场主体地位被漠视和侵犯的现象较为突出。在增减挂钩中，政府和新土地使用者成了主宰，掌握了绝对话语权，而农民和集体经济组织却处于“失语”状态。根据马克思经济学理论对商品交换和市场经济的相关分析，集体经济组织和农民是否愿意以及以什么样的价格将其土地所有权和使用权拿到市场上交换，必须遵循自愿和等价交换原则。而实现这两个原则的前提是培育土地要素市场上农民真正的市场主体地位，赋予他们更多话语权，使他们具有与政府和新土地使用者同样的谈判权，参与级差地租的分配。农民话语权还表现在可以行使退出权，一旦农民意识到自己利益被侵犯，就可以采取退出增减挂钩的行为来维护自身利益。培育土地要素市场，必须做好一项基础性工作，即挂钩地块的估价。土地估价应广泛介入挂钩试点，包括前期调查及评估、土地收益分配、指标补偿价格评估等。培育土地要素市场，还牵涉到政府职能转变问题。政府对土地市场的不当干预，人为扭曲市场行为，其结果就是损害其他市场主体利益。

（二）立法修规，规范补偿行为和补偿标准

当前，国家对增减挂钩工作的指导和规范的法律法规处于极度缺失状态，这也是一些地方挂钩试点工作处于无序状态、补偿纠纷不断、群体性事件频发的重要原因之一。目前城市房屋拆迁有《城市房屋拆迁管理条例》作为依据，而对农民私人所有的房屋拆迁却只在《土地管理法》第47条第3款中（“被征收土地上的附着物和青苗的补偿标准，由省、自治区、直辖市规定”）略略提及，对同样作为公民财产权的农民私人所有的房屋保护不到位。同时，根据《土地管理法》规定，对农民在宅基地上自建房屋的拆迁补偿标准，由省、自治区、直辖市规定。“把本应由上位法规范的拆迁事项让位于下位自行规定，其本身就有背于《立法法》确定的原

则，导致在执行过程中，各级政府制定的补偿性标准随意性很大，这种随意性不但造成了补偿标准不统一，也造成了补偿标准不合理，因此也就不可避免地产生了纠纷，也直接影响了拆迁的进程和效率”。为此，应该尽快制定城乡统一的征收办法与补偿办法，形成一个完整的《不动产法》，以立法形式规范各方行为，弥补现有法律空白，杜绝在广大农村和城中村改造过程中发生的大规模违法征用、征收，违法强制拆迁、暴力拆迁，严重侵犯公民财产权的问题。[①]

在补偿标准方面，本着“维护集体和农户土地合法权益；以城带乡、以工促农，改善农民生产生活条件”的增减挂钩工作原则，坚决实行完全补偿。所谓完全补偿，“即对由于土地被征用而给失地农民带来的现实的及可预见的一切可量化的损失全部进行补偿”。[②] 完全补偿既可以充分保障失地农民的利益，又能充分体现土地要素的市场价格，合理配置土地资源，真正做到集约节约利用土地。补偿的范围涵盖以下几部分：相关土地的低价及土地收益及其未带来的升值收益，土地上附着财产的损失及收益，安置费用，转岗培训费用，社会保障。而现行的补偿制度中仅包含土地补偿费、青苗补偿费、附着物补偿费和安置补偿，忽略了升值收益、转岗培训费用和社会保障。“土地已不仅仅是农民最重要的生产资料，而且也是国家赋予农民基本生存保障的载体。土地不仅承担生产功能，还承担着体现公平原则的社会保障功能。”[③]

（三）建立征地听证制度，加强项目资金监管，最大限度地保护农民利益

要保护农民的利益，必须建立有效的监督程序，实行征地听证制度。“一是在明确农民土地产权的基础上，在征地项目的前期引入公众的参与，严格认证和监督土地是用于社会公共利益还是商业用途；二是使公众参与

---

① 安凡所：《土地模糊产权制度下失地农民权益的流失与保护》，《农业经济》2005 年第 1 期。

② 王小宁：《城市化进程中失地农民与政府之间的利益博弈分析》，《经济问题》2010 年第 5 期。

③ 朱冬梅、方纲：《城郊失地农民就业意向、就业选择与社会支持网研究——以成都市龙泉驿区、郫县、都江堰市为例》，《城市发展研究》2008 年第 1 期。

进来决定土地的补偿方式。”[①]

有效的资金监管既能保障增减挂钩工作顺利推进，又能防止资金流失、确保农民利益。现行的挂钩资金管理尚存明显的漏洞，资金补偿到镇级财政后，一些地方出现了截留挪用、克扣拆迁补偿款等损害农民财产权益的现象。为此，需要改革现有的资金支付方式，由县级财政部门“将房屋拆迁补偿款通过‘一卡通’支付给农户；将村集体发展费用直接拨付到集体经济组织的账户上”。做到资金使用去向清晰，防止政府截留挂钩资金、克扣农户拆迁补偿费用等损害农民利益的现象，最大程度地保护农民利益。

（四）补偿形式多样化，多层次、多渠道保障失地农民利益

我国绝大多数地方采取了一次性货币补偿形式。补偿形式过于单一，不可避免地会造成财政负担过重、压低补偿标准、侵占、截留、挪用补偿款等后果。按照国土资源部的规定，对于失地农民的安置形式应该是多种多样的，主要包括货币安置、农业生产安置、重新就业安置、入股分红安置、异地移民安置等多种方式。

一方面，在这些补偿形式中，就业安置尤其重要。在现行补偿制度下，给农民发放一次性货币补偿，让其自谋职业，而他们却沦为“种田无地，上班无岗”的弱势群体。一旦补偿金告罄，失地农民的生存就会受到严重威胁，势必给社会稳定埋下隐患。“授人以鱼，不如授人以渔”，因此，培养失地农民自身的“造血功能”就显得十分重要。具体而言，建议政府从地租收益中划拨一定比例的专项资金用于失地农民就业培训，“为失地农民提供免费培训，搭建就业平台，拓宽就业发展空间，加大第三产业安置失地农民就业的比重，促进失地农民就业在城乡间的无障碍流动”。[②] 培训内容包括文化知识、农科知识、经营知识和专业技能等，引导农民转变就业观念，鼓励其灵活就业。同时，统筹劳动力市场，逐步消除

① 邱铃章：《天津市、成都市城乡建设用地增减挂钩模式的启示》，《发展研究》2010 年第 10 期。

② 朱冬梅、方纲：《城郊失地农民就业意向、就业选择与社会支持网研究——以成都市龙泉驿区、郫县、都江堰市为例》，《城市发展研究》2008 年第 1 期。

对农村劳动力就业的歧视，建立统一的就业政策和制度，形成统一、开放、竞争、有序的劳动力市场，促进失地农民在城乡间的自由流动。

另一方面，入股分红安置与就业安置相辅相成。就业安置旨在使农民靠自己的劳动获得生活资料，而入股分红则可以使农民获得资本性收入，补充生存和发展所需资金。在这方面天津市的做法值得借鉴。其做法是，新区建成后，对进城农民给予合理的生活补贴，实施社区股份合作制，使村集体有自主经营的实体经济，农民在产权量化的基础上取得股权收益，增加农民收入，提高了进城农民的生产、生活水平，也解决了农民的后顾之忧。

社会保障的基本功能之一是保障公民的基本生活，免除劳动者的后顾之忧，这不仅是经济发展和社会稳定的需要，也是社会进步的体现。土地对于农民而言，不仅仅是生产资料，也是国家赋予农民基本生存保障的载体。因此，失地农民的社会保障问题也是横亘在增减挂钩工作面前的一大障碍，克服了它才能消除农民的后顾之忧，顺利推进增减挂钩。天津市和成都市在这一方面做了一些有益探索。天津市的“以宅基地换房”模式为符合条件的适龄人口提供了城镇居民社会保险。成都温江区的“拆院并院”模式安排自愿放弃土地的农民城区集中居住，并享受与城镇职工同等的社保待遇。实践表明，天津市和成都市在失地农民社保方面的制度安排效果明显，有力地推进了增减挂钩工作。

第五节　本章小结

建设用地是保障性住房建设的前提和基础。尽管当前不同类型的保障性住房供地模式殊异，廉租房和经济适用房用地采用行政划拨方式，公租房和限价房用地主要通过市场方式获得，但无论哪种模式都需要解决土地来源问题。一方面，在当前我国经济社会发展各行各业都需要大量土地和坚守“十八亿亩耕地红线”的背景下，应以“四化”同步发展为契机，以土地资源城乡统筹使用为思想指导，在积极拓展新增建设用地来源的同时，还需挖潜存量建设用地，提高土地利用效率，为保障房建设用地“开源”。另一方面，当前我国保障房建设中土地浪费现象较为严重，需加强管理，为保障房建设用地“节流”。具体说来，在新增建设用地方面，不断完善和充分利用“宅基地换房”“增减挂钩”“地票交易”等制度，创新土地管理制度，规范“小产权房”建设，创新“城中村”改造模式，探索住房保障供给新渠道；在挖潜存量土地方面，推进棚户区改造，完善农村宅基地退出机制，推进农民适度集中居住，为住房保障建设赢得用地资源；在“节流”方面，需严格控制保障房面积，适当提高保障房小区容积率。

第八章　我国农村住房保障制度发展

通过近20年的努力，我国已初步建立了以经济适用房和廉租房为主、以公共租赁房和限价房为补充的城镇住房保障体系。城镇住房保障体系的初步建立和日益完善，在解决我国城镇中低收入阶层居住问题、维护社会和谐与稳定、促进经济社会可持续发展等方面都发挥了巨大作用。然而，毋庸讳言，在城镇住房保障制度获得较大发展的同时，我国农村住房保障制度尚未真正建立，农村地区的住房困难家庭仍然被排除在住房保障制度之外。在当前我国全面建设小康社会背景下，农业农村是短板，而农村住房问题又是短板中的短板。在城镇住房问题得以较大程度缓解的当前，农村住房问题理应得到重视，统筹解决城乡住房问题是实现全面建成小康社会目标的内在要求。从供给侧结构视角来看，我国广大农村地区住房保障制度处于严重缺失状态，而在部分城镇保障性住房已呈现出供给过剩状态，因此，优化住房保障供给城乡结构也是我国“十三五”时期供给侧经济结构性改革的重要突破口和重要战场。

本部分将首先分析当前我国农村地区住房现状及存在的问题，以及农村住房保障制度发展现状，然后探讨发展农村住房保障制度的理论依据和政策依据，在此基础上研究完善我国当前农村住房保障制度的障碍及其路径。

第一节　我国农村居民住房现状、存在的问题及住房保障制度现状分析

一　当前我国农村居民居住现状及存在的问题

（一）当前我国农村居民居住现状

1. 农村住房数量迅速增长，居住空间不断扩大

改革开放以后，我国广大农村居民建房热情日益高涨，农村住房数量

迅速增加。统计资料显示，1978 年我国农村新建住宅面积仅有 1.0 亿平方米，而至 2011 年末已达到 10.26 亿平方米，增长了 9 倍多；1978 年我国农村居民人均居住面积仅为 8.1 平方米，而至 2012 年末，我国农村居民人均居住面积已达 37.1 平方米，增长了近 4 倍（见图 8－1、图 8－2）。

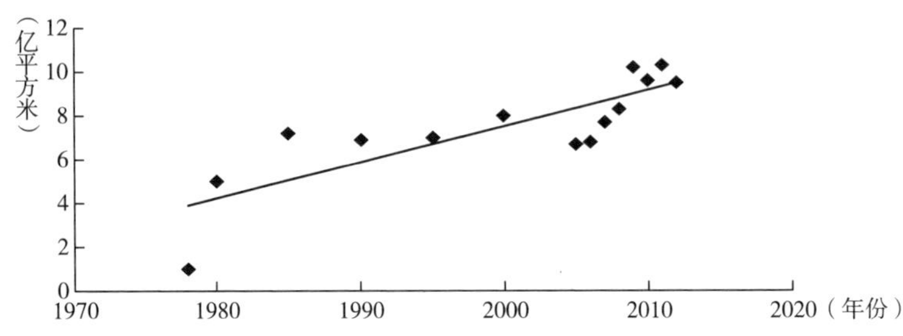

图 8－1 中国农村新建住宅面积

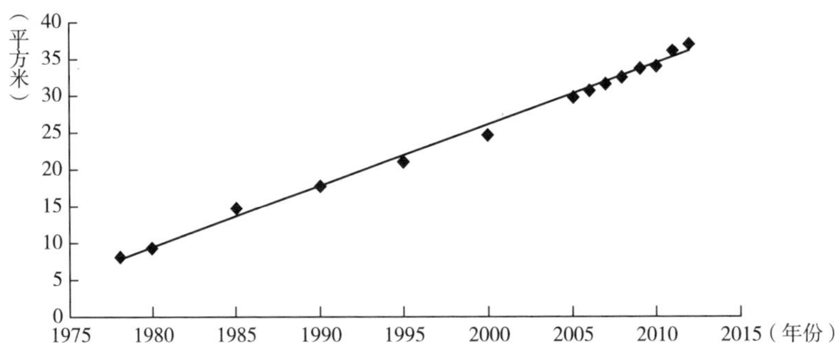

图 8－2 我国农村居民人均居住面积

资料来源：《中国统计年鉴 2014》。

2. 宅内生活设施逐渐完善，居住品质越来越好

全国第二次农业普查资料显示，许多农村居民家庭都相继用上了自来水、天然气，家里还安装了空调和卫生厕所。其中，自来水普及率达到了 48.6%，89.7% 的家庭解决了饮水困难，64.9% 的家庭主要饮用安全净化水和深井水，12.8% 的家庭拥有冲水式厕所。随着农民收入的不断增长，农村新建住房逐年增加，住宅品质越来越好，楼房代替了平房，砖混和钢筋混凝土结构代替了竹草土坯和砖木结构。截至 2006 年，全国农村住房中楼房的比重为 30.5%，砖混和钢混结构住房比重为 45.4%，房屋的抗灾性

能逐步提高。[①]

3. 公共设施日趋配套，村居环境改善明显

全国第二次农业普查资料显示，农村公共基础设施日趋配套，村居环境也得到了明显改善。截至 2006 年末，全国 72.3% 的镇实施集中供水，19.4% 的镇生活污水经过集中处理，36.7% 的镇有垃圾处理站；81.1% 的乡镇有邮电所，88.4% 的乡镇有储蓄所，68.4% 的乡镇有综合市场。全国 95.5% 的村通公路，98.7% 的村通电，97.6% 的村通电话；34.4% 的村地域内有 50 平方米以上的综合商店或超市；50.2% 的村距离医院、卫生院在 3 千米以内，74.3% 的村有卫生室；87.6% 的村在 3 千米范围内有小学，69.4% 的村在 5 千米范围内有中学，30.2% 的村有幼儿园或托儿所。

（二）当前我国农村居民居住方面存在的主要问题

1. 人均宅基地面积过大，住房消费浪费现象严重

国家住房与建设部指出，2020 年农村居民的居住面积以不超过 40 平方米。户均不超过 140 平方米为宜。[②] 然而，由于我国农村宅基地管理制度不完善和缺乏流动与退出机制，农民住房盲目扩张和土地浪费现象日益严重。近年来，农村地区兴起一股建房热潮，农民在住房消费上相互攀比，追求宽敞、气派、奢华，这种现象在发达地区农村表现更为突出。[③] 截至 2011 年底，农村居民家庭人均住房面积为 36.24 平方米，是 1985 年的 246.5% 。[④] 另外，一些农民修建了新房，却不愿拆除旧房，一户多宅现象大量存在，住房空置率也较高。2009 年农业普查资料显示，全国有 6.8% 的农村家庭拥有两处及以上的住房，其中比重最高的是河北农村住户，占 13.78% ，其次为广东、海南、浙江、天津、山东等地，分别为 12.95% 、11.93% 、11.20% 、10.76% 、9.76% 。据国家统计局资料，2013 年，我国农民工数量为 26894 万人，占农村人口的 42.7% 。大部分农

---

① 顾杰、徐建春、卢珂：《新农村建设背景下中国农村住房发展：成就与挑战》，《中国人口·资源与环境》2013 年第 9 期。

② 建设部政策研究中心课题组：《全面建设小康社会居住目标研究》，《经济研究参考》2005 年第 43 期。

③ 廖长峰、杨继瑞：《我国农村住房存在的问题与对策》，《经济纵横》2013 年第 11 期。

④ 国家统计局：《中国统计年鉴》（2001～2012），中国统计出版社，2001～2012。

民工外出务工，其农村住房长期闲置，造成了住房资源的严重浪费。安徽农业大学经济管理学院2011年初对潜山县余井镇文治村114户农户住房情况调查显示，文治村总体住房空置率为42%，打工户住房空置率约45%。[①]

2. 住房安全隐患多，部分地方公共设施和环境配套水平差

目前，我国农村贫困人口居住质量问题突出，住房安全隐患较多，公共设施不健全，居住环境脏乱差。全国第二次农业普查数据显示，我国住房结构以砖（石）木结构（44.32%）和砖混结构（39.38%）为主，钢筋混凝土结构住房仅为6.04%，仍然有2124.51万户（9.61%）的农户居住在竹草土坯结构住房中。竹草土坯结构住房在西部和东北地区部分省份占很大比重，新疆（54.31%）、西藏（44.15%）、云南（38.87%）、甘肃（36.23%）、青海（36.07%）、黑龙江（33.84%）等地占很大比重。[②]2012年末，农村居民住房砖木结构为16.35平方米/人，稍低于钢筋混凝土结构（17.12平方米/人），虽然钢筋混凝土住房建设力度不断加大，但比例有待提高。而且，住房结构地区间差异明显，华东、中南地区主要以钢筋混凝土结构为主，东北地区主要以砖木结构为主[③]（见表8－1）。

表8－1 我国农村居民住房条件分地区统计

单位：%

	全国	东部	中部	西部	东北
居住竹草土坯结构住房的农户	9.6	3.1	4.4	21.8	15.3
获取饮用水困难的农户	10.3	2.8	9.6	22.2	1.3
柴草作为炊事能源的农户	60.2	53.1	56.9	66.2	88.2
使用简单厕所或无厕所的农户	42.9	35.7	39.9	53.2	49.5

资料来源：《第二次全国农业普查主要数据公报》。

同时，由于农村建筑施工队伍缺少专业训练，既没有营业执照和施工

① 刘宝香：《我国农村居民住房问题研究》，《现代管理科学》2015年第12期。

② 顾杰、徐建春、卢珂：《新农村建设背景下中国农村住房发展：成就与挑战》，《中国人口·资源与环境》2013年第9期。

③ 黄玉玺：《我国农村住房发展的主要矛盾及影响因素分析》，《现代经济探讨》2015年第7期。

资质，又没有施工许可证和建筑施工图纸，缺乏必要的工程监理，房屋建设质量难以保障。2013 年我国第三次经济普查数据显示，当前我国农村住房配置简易厕所或无厕所的达 9467 万户，占全部农户的 24.9%；饮用水存在困难的农户达 2265 万户，占 10.3%；村饮用水经过集中净化处理的仅有 24.5%，实施垃圾集中处理的农村仅占 15.8%，村里有幼儿园、托儿所的仅占 30.2%，只有 10.7% 的农村建有健身场所。①

3. 农村阶层间住房水平分化严重，住房困难户大量存在

受农村居民的经济收入、农村城镇化和城乡一体化政策、房屋商品化政策以及农村宅基地和建房政策等因素的影响，不同层次的农村居民获取住房资源的机会和能力存在明显差异，住房消费的实际水平出现了较大差别。② 一方面，部分高收入家庭大量占有住房，造成有房无人住的住房资源闲置与浪费现象；而另一方面，少数底层农村居民却无房可住。据 2009 年农业普查资料，尽管全国 99.3% 的住户拥有自己的住宅，其中 6.8% 的农户拥有多处住宅，但仍有 0.7% 的农户没有住宅。在北京市，8.77% 的农村家庭拥有 2 套以上住房，而仍有 3.15% 的农村家庭没有住房。再就农村住房水平分化严重的西藏而言，1.32% 的农村家庭拥有 3 套以上住房，6.35% 的农村家庭拥有 2 套住房，但仍有 1.35% 的农村家庭没有住房。2010 年《国民经济和社会发展统计公报》表明，当年有 5228.4 万农村居民需要得到政府的最低生活保障，554.9 万农村居民需要得到政府的五保救济。毫无疑问，这一数量庞大的低收入群体也面临着严峻的居住困难问题。

二　当前我国农村住房保障制度现状及存在的问题分析

住房保障是社会保障的重要组成部分，它指的是一个国家或地区政府和社会为满足中低收入家庭的基本居住需要而采取的特殊政策，包括供应、分配、补贴、协调机制等的总称。建立和发展农村住房保障制度，其

① 王明刚：《完善农村贫困人口住房保障制度的对策研究》，《产业与科技论坛》2015 年第 9 期。

② 曾武成：《农村住房消费问题研究：一个阶层分析的视角》，硕士学位论文，湖南师范大学，2007。

意义主要在于以下几个方面。第一，有利于推进我国社会主义新农村建设。社会主义新农村建设要求立足城乡平等，建立和完善农村社会保障制度，使城乡居民共享发展成果。农村住房保障制度是推进社会主义新农村建设的有力措施。第二，建立和发展农村住房保障制度，是城乡统筹发展的需要。城乡统筹发展战略的目标在于消除长期以来形成的城乡二元体制，使城乡居民享有均等的基本公共服务和社会福利，最终实现城乡经济社会协调可持续发展。统筹城乡住房保障制度是统筹城乡发展的重要内容。第三，有利于维护农村地区的社会稳定。农村地区的社会稳定之于我国整个社会的稳定意义重大，农村和农民不稳定，就没有全国的稳定。因此，旨在解决农村住房困难问题的农村住房保障制度有助于保障农村地区的社会稳定，进而促进农村地区的发展。

通过多年的艰苦努力，我国初步建立起了以廉租房、公共租赁房等为主要内容的城镇住房保障体系，此体系基本覆盖了城镇所有中低收入阶层，解决了大部分城镇中低收入群体的住房问题。然而，对于广大的农村地区而言，住房保障制度近乎空白，尚未正式建立，大量农村住房困难人口长期被排斥在住房保障体系之外。概而言之，当前我国农村住房保障制度发展现状及存在的问题主要表现在以下几个方面。

（一）现行农村住房制度的住房保障功能严重缺失

我国现行农村住房制度主要由住房用地供应制度、住房建设制度和住房产权制度三部分组成。住房用地供应制度即宅基地供应制度。当前我国的宅基地供应制度以“一户一宅”为基础，每一户农村家庭可以无偿无期限地获得一处宅基地使用权。此种宅基地供应制度具有所有权和使用权两权分离的特征，宅基地的所有权归农村集体所有，而宅基地的使用权归农村居民所有。住房建设制度的主要特征为“自主、自行、自力”，即房屋建设由农户自主确定、建设资金由农户自主筹集。住房产权制度的核心是“一宅两制，权能残缺”，即农户拥有宅基地使用权和房屋所有权，但两项权利的权能都残缺不全。[①]

① 崔永亮：《农村住房保障制度缺失及其未来改善》，《改革》2013 年第 12 期。

如果说现行农村住房制度具备一定的住房保障功能，那么，这种功能也主要体现在宅基地供应制度上。特别是在农户自身抗风险能力差的情况下，宅基地制度确保了其基本居住权。然而，对于农村贫困家庭而言，由于建设资金的极度匮乏，即便是他们无偿获得了宅基地使用权，仍然不能解决好居住问题，也只能“望地兴叹”。近年来，尽管我国农村贫困人口急剧减少，但仍然大量存在，特别是对于那些深度贫困的农户家庭，其微薄的年收入连衣食问题尚不能完全解决，更遑论住房问题了。因此，对于农村贫困家庭而言，宅基地制度的住房保障功能也就大打折扣，保障功能严重缺失。

（二）宅基地住房保障功能的可持续性面临着严峻挑战

我国法律规定，农村集体居民在建设住房时可无偿无期限地获得一块土地用作宅基地，宅基地面积不得超过省（区、市）制定的标准。宅基地制度的本意是鼓励和帮助农村居民自建住房，然而，一方面，在其运行过程中，由于缺乏配套的退出机制和监督机制，农村住房建设超标占用宅基地、建新不拆旧以及宅基地大量闲置的浪费现象日盛，农村人口不断减少但宅基地占用总量不减反增，从而严重影响到了宅基地住房保障功能的可持续性。在国家严格的耕地保护政策下，农村新增农户将面临无处可建住房的困境。1995 年我国农村人口为 85947 万人，农村住房建设占地 1640 万公顷；2010 年农村人口减至 67113 万人，比 1995 年减少了 18834 万人，但农村住房建设占地增至 1653 万公顷，比 1995 年增加了 13 万公顷。[①] 同时，现行法律严格限制宅基地使用权流转，严厉禁止将宅基地使用权转让给城镇居民。因此，那些在城镇已有稳定工作并长期居住的村民的宅基地就只能长期处于闲置状态。另一方面，严格说来，我国当前的宅基地保障制度具有明显的普惠功能，凡是农村居民都有权从农村集体组织获得一块住宅建设用地，无法有针对性地解决农村低收入群体的住房问题。其原因在于，农村居民建房除了要有宅基地之外，还要求有一大笔房屋建设费用。事实上，农村贫困家庭（特别是低保和五保户）年收入中除去必要的

① 崔永亮：《农村住房保障制度缺失及其未来改善》，《改革》2013 年第 12 期。

日常生活开支外，完全没有能力自建住房。如此一来，农村的宅基地住房保障制度对于这部分农村居民而言形同虚设，宅基地制度的住房保障功能也就大打折扣。

（三）现行农村住房保障制度具有明显的临时性和碎片化特征

我国现行农村住房保障制度除了宅基地制度外，还有农村危房改造工程、抗震安居、游牧民定居以及自然灾害倒损农房恢复重建等住房扶助政策。2008 年 11 月国务院决定安排 2 亿元专项用于贵州省农村 4 万户危房改造；2009 年住房和城乡建设部、国家发改委、财政部联合开展了扩大农村危房改造试点工作，正式拉开了对农村贫困化危房大规模改造的序幕。截至 2014 年底，全国共改造农村危房 1500 余万户，中央安排补助资金 1200 亿元。[①] 农村危房改造主要是针对农村建造时间较长、年久失修的危房进行改建或者改造，危房改造补助对象的重点是农村分散供养的五保户、低保户、贫困残疾人家庭和其他贫困户，为解决农村住房困难群体的居住问题发挥了重要作用。[②] 近年来，我国局部地区地质灾害频发，给城乡居民特别是农村居民居住安全带来了巨大隐患。为解决灾民居住问题，中央和部分地方政府高度重视，陆续推出抗震安居工程。例如，2010 年以来，新疆持续将安居工程列为“民生建设年”的重要民生工程，截至 2013 年底，累计开工建设安居富民工程 94.84 万户，竣工 92.49 万户。安居工程极大地改善了农牧民的居住条件，同时也改变了贫困乡村的落后面貌。进入 21 世纪以后，我国游牧民定居工程进展迅速。2008 年 11 月 5 日国务院召开的常务会议将实施游牧民定居工程列为加快建设保障性安居工程的重要内容；2010 年 3 月 5 日温家宝总理在政府工作报告中指出，2009 年我国成功使 9.2 万户游牧民实现了定居，并进一步提出要加快完成边境一线地区危旧房改造、实施游牧民定居工程。[③]

尽管我国农村地区住房保障制度包括宅基地制度、农村危房改造工程、抗震安居工程以及游牧民安居工程，然而，客观地讲，宅基地安居工

① 裴慧敏：《农村危房改造工程调研》，《宏观经济管理》2015 年第 1 期。
② 叶佩娣：《城乡统筹背景下中国农村住房保障政策研究》，《农业经济》2016 年第 11 期。
③ 包振宇：《游牧民定居与住宅保障问题研究》，《青海民族研究》2012 年第 4 期。

程存续历史较长，其余三项制度均带有较为明显的临时性色彩，农村住房保障制度缺乏长效机制。无论是农村危房改造工程，还是抗震工程和游牧民安居工程，都是在特定时期、特定经济社会环境下出台的带有临时救济性和阶段性的政策，政策稳定性较差。而且，城镇住房保障制度业已形成制度体系，覆盖了几乎所有的中低收入群体，而农村住房保障制度覆盖面极为有限，特别是危房改造工程、抗震安居工程和游牧民安居工程仅针对部分特定群体。比如，截至 2013 年底，全国各地共改造危房 1122 万户，住房救助人群约 3600 万人，占农村总人口的 5.7%，占农村贫困人口的 43.6%，覆盖面非常有限。[①] 再者，这几项农村住房保障制度相互割裂，碎片化明显。当前，在农村住房及住房保障制度方面涉及民政部、建设部、农业部、国土资源部等国家有关部门，各部门制定的相关政策相互割裂，甚至相互抵触，从而致使政策合力较小，不能有效地解决农村贫困居民的居住问题。

（四）现行农村住房保障制度难以满足多样化的住房保障需求

崔永亮（2013）认为，农村常住人口可以大致分为本地农村户籍人口和人户分离人口两大类，其中，本地农村户籍人口主要包括无劳动力农户、仅有半劳动力农户以及有整劳动力农户，人户分离人口包括城镇户籍人口和外地农村户籍人口。本地农村户籍人口包括的三类人口的住房保障需求又有所不同：无劳动力户需要免费的住房实物保障以及基本的生活与公共服务设施；半劳动力户需要免费或租赁型住房实物保障及租赁补贴和基本的生活与公共服务设施；整劳动力农户需要租赁型住房实物保障、宅基地实物保障、规划设计及施工的技术保障以及建房与修房的货币保障、基本的生活与公共服务设施。按理说，针对不同类别的农村常住人口的不同住房保障需求，政府或社会应该提供与其需求基本相匹配的住房保障，应该针对性地提供住房实物保障、租赁补贴、宅基地保障、规划设计和施工技术保障以及建购房资金借贷。事实上，农村现行住房保障中，带有普惠性质的宅基地住房保障的主要受益群体为有整劳动力农户和极少数半劳

---

① 叶佩娣：《城乡统筹背景下中国农村住房保障政策研究》，《农业经济》2016 年第 11 期。

动力户，对于无劳动力户（即老弱病残家庭）和大部分半劳动力户没有任何实际意义。同样的，农村危房改造工程、抗震安居、游牧民定居以及自然灾害倒损农房恢复重建等住房扶助政策的受益者也主要是有相对较高的经济收入、建房资金主要靠自筹的农村家庭。比如，在游牧民定居工程中，建房资金由国家、地方和个人三方共担，个人实际承担比例为20%～40%。[①] 20%～40%的承担比例对于低收入家庭而言仍然是一笔天文数字。总之，当前农村地区住房保障模式单一，难以满足住房困难家庭多样化的住房保障需求。

（五）现行农村住房保障对象存在着一定程度的错位现象

正如城镇住房保障制度保障城镇中低收入群体的基本住房需求一样，农村住房保障制度目标应该是解决农村住房困难群体的基本住房需求。然而，毋庸讳言，由于农村住房保障制度本身不健全、不完整、漏洞较多以及相关监管制度的缺失，当前我国现行农村住房保障对象存在着一定程度的错位现象，即应保的没有得到保障，而不应成为保障对象的家庭却得到了住房保障资源。按照《住房和城乡建设部仇保兴副部长在2009年农村危房改造试点工作会上的讲话》要求，农村危房改造的对象必须同时符合两个条件：一是经济上最困难的农户，二是居住在最危险的农房中的农户。但曹小琳（2015）的调查结果表明，农村危房改造中存在着系列乱象：受补助对象的瞄准度不够，拿补助指标送人情，一房多户接受多份补助占用资金，补助对象评选的公平性不够，村干部操作中以权谋私（如索取回扣、截留资金、出卖指标），补助对象大多是有较强自筹能力的农户，部分确需帮助但缺乏劳动力和筹资能力的贫困村民没能得到补助。章卫良（2012）也认为，由于政府补助资金没有根据困难程度进行细分或细分程度不够，因此相对困难的农户最终成为危房改造政策的最大受益者，而最困难最需要住房救助的农户因自身拿不出资金实施危房改造而丧失政府补助资金。毫无疑问，农村危房改造中的种种乱象特别是保障对象的错位严重影响到了制度效率，有损社会公平。

① 包振宇：《游牧民定居与住宅权保障问题研究》，《青海民族研究》2012年第4期。

第二节　农村住房保障制度发展的国内外实践

一　发达国家或地区的农村住房保障制度实践

作为一项重要的社会制度安排，住房保障制度历来就备受西方发达国家或地区政府的高度重视，不仅是城镇住房问题，农村住房问题也同样得到了西方发达国家或地区政府的高度关注。西方发达国家或地区的住房保障制度由来已久，在得到了一些值得借鉴的教训的同时也形成了一套完整的符合自己国情的住房保障制度建设经验。

（一）美国农村住房保障制度实践

1937 年美国通过了一项《农场租户法案》，旨在帮助租户和佃农解决基本居住问题。1949 年夏季通过的《住房法案》正式确定使所有家庭得到质量优良的住房和舒适的生活环境是国家的目标，该法案建立了一个新的贷款计划帮助农民获得“合适的住房”和农场建筑物，同时包括一项小额补助金计划，此计划主要针对低收入无力还贷的农户维修住房。1954 年的《住宅法》则要求地方政府在有资格取得联邦政府对兴建公共住房的帮助之前，必须先制定处理贫民窟和社区发展的可行性计划。20 世纪 60 年代初，美国联邦政府开始大量投资农村中低收入者的住房建设。1962 年联邦议会专门针对乡村出租房的开发建设设立了“515 条款项目”，项目的主要内容是为开发商提供为期 50 年、利率 1% 的贷款。只有收入不超过当地平均收入 80% 的低收入户才可以租用 515 条款住房项目，其中一般收入低于平均收入的住户可以得到额外的租金补贴。[①]

美国早期的农村住房贷款计划有美国农业部所属的农民住家委员会管理。该计划为农民提供低息贷款以购买、建造或修缮“合适住房”。该贷款计划有两个特色：一是与其他贷款形式形成互为补充的关系，它们的政策目的均为帮助贫困农民解决住居问题；二是除了提供贷款和补助金以

① 刘文斐：《论我国农村住房保障法律制度的构建》，硕士学位论文，海南大学，2015。

外，该机构还为农户直接提供诸如房屋规划、设计、造价、合同、建筑监理等方面的建议与帮助。美国农业部还鼓励低收入农户以互助组形式解决住房问题。6～12 户农户联合起来，互相提供劳动和帮助，农民住家委员会提供免费的专家服务，专家全程为住房互助组提供组织、规划以及技术指导。除了这些专门针对农村的福利政策，农村居民还可以享受到城市住房福利政策，如美国住房和城市发展部的低租金公共住房项目、联邦住房委员会的租金补贴项目等。

随着社会经济条件的进步，美国农村住房问题得到了更多关注。目前资助和服务农村住房改善的机构很多，主要有美国农业部所属的“农村住房服务中心”（RHS）（取代了其前身“农民住家委员会”）、“全国农村住房联合会”、“美国住房与城市发展部”（HUD）、“联邦住房金融委员会”、“全国低收入家庭住房联合会”以及“住房辅助委员会”等。农村住房委员会致力于农村社区发展，目标是帮助农民获得体面、安全、卫生和支付得起的住房和必要的社区设施。该结构提供的扶助措施主要包括直接贷款、贷款保证和补助金三种，但形式较多（见表 8－2）。

表 8－2　美国农业部住房服务中心提供的扶助项目①

	项　目	说　明
住房自有项目	直接贷款	RHS 直接为农村地区的特低和低收入户提供贷款，帮助他们购买、建造自己的房屋
	贷款担保	为中低收入家庭提供贷款担保，保证 90% 的价值
	自助互助住房服务	非营利组织或地方政府为 6～12 户的一组家庭提供无偿的建房技术服务，RHS 为这些组织提供补助金
租房扶助项目	农村廉租房贷款	发展商为特低和低收入户建造廉租房，RHS 为发展商提供低至 1% 的贷款
	农场工人住房建设贷款	RHS 为建造农场工人住房的公共机构、非营利机构或农场主提供贷款或补助金
	租房补贴	使低收入户的租金负担不超过其收入的 30%
	农村廉租房贷款担保	发展商为中低收入户建造廉租房，RHS 为发展商提供贷款担保

① 盛荣：《借鉴美国经验，构筑中国农村住房扶助体系》，《中国农村建筑与环境技术创新学术研讨会论文集》，2006。

续表

	项　目	说　明
房屋修缮项目	房屋修缮贷款和补助金	主要为老年人和低收入户维修改善住房
	房屋维修补助金	面向非营利组织、公共机构和土著社区，使其能为特低和低收入户维护住房
社区设施项目	直接贷款	以低于市场利率的利率为社区贷款提供其建设必要的公共基础设施，如幼托中心、消防设施等
	贷款担保	为公共设施建设提供贷款担保
	补助金	主要面向欠发达地区和土著社区

美国是住房保障政策起步较早的国家之一，其政策发展道路曲折。根据美国联邦法律的规定，住房政策的着力点和住房管理部门的主要任务是帮助中低收入家庭解决住房问题，而对中高收入者采取灵活的政策。美国农村住房保障制度主要有四个特点：由政府提供福利贷款，根据不同情况对保障人群给予低息长期贷款；政府为建房者提供各种形式的住房补贴；鼓励住房自助和合作；结合住房贷款提供全面的住房建设服务。美国农村住房保障政策发展给予我国的启示意义如下。第一，中央政府出面建立农村住房信贷制度。住房信贷制度包括直接贷款和贷款担保两部分，直接贷款利息较低，贷款担保则意在鼓励商业贷款进入农村地区。第二，鼓励农户合作建房，鼓励农村住房开发市场化。农村住房开发的主体只能是农户，要实现市场化开发就必须提高合作化水平。第三，组建农村住房专家服务体系。组织专家和其他资源无偿地提供给农户帮助，专家的工资由政府支付。

（二）英国农村住房保障制度实践①

英国是最早开始工业化的西方国家，也是住房问题产生最早和政府干预最早的国家之一，自20世纪中期开始形成了一套以规划手段为基础的住房保障措施。早在1851年，英国政府就颁布了《劳动阶级公寓法》，授权地方机构为低收入阶层建设住房。英国政府对于住房领域的影响体现在许多方面，包括住房数量、质量、区位、成本和住房所有权等。

英国政府对于农村住房领域的干预主要体现在以下几个方面。第一，

① 刘子龙：《我国农村居民住房保障制度研究》，硕士学位论文，河北大学，2014。

不断完善住房相关的法律和政策制度。1929 年英国政府颁布了《地方政府法》，规定所有的农业土地和建筑都予以免税，以扶持农村和农业的发展；1947 年英国政府出台了《城镇与乡村规划法案》及《城乡规划法》等一系列相关法律法规，从而开创了世界上第一个完整的城乡规划体系；1957 年出台了《租金法》，对私人住宅出租租金进行管制；2000 年英国政府出台了农村白皮书，要求各部门在制定任何政策时必须考虑这些政策对于农村的影响，以免侵害农民权益；2001 年英国出台《农村政策宣言》，赋予农村社区更大权力，在建设公租房、发展基础设施等方面享有更大的自主决策权；2004 年英国又针对农村提出了重要的战略，从农村的经济社会发展、社会公共服务落后、机会不均等以及提升农村价值几个方面对农村进行改革。[①] 第二，采取措施降低农村居民的住房成本。英国政府采取措施加大农村的住房供应量，包括增加农村商品房和公租房的新建，住宅户型包括独栋和单元房等。同时，通过空置房产政府化收购闲置住房，再提供给困难居民居住，加大鼓励农村集资建房的力度，包括在土地的使用和房屋建设审批以及住房贷款等方面都提出了很大幅度的优惠政策。自 20 世纪初开始，英国政府利用住房协会提供经济适用房等渠道鼓励住房发展。第三，注重改善农村公共服务设施，提高农村居民生活质量。英国政府按照农村社区人口数量的多少建立医疗机构、商店、学校以及图书馆等公共设施，同时利用税收优惠的方法，不断扩大农村管道燃气网络建设，对农村老年人和低收入者提供住宅节能改造补贴。

经过多年的实践与改革，英国的住房保障制度已日趋成熟。住房供应逐渐转向市场机制，国家干预逐渐减少；通过社会部门保证了弱势群体的住房问题，实现了市场机制与政府干预的较好结合，既发挥了市场机制的效率，又弥补了市场解决居民住房特别是低收入者住房困难的缺憾。英国农村住房保障可资借鉴的主要经验如下。第一，不断完善住房方面的立法。1890 年开始创建的《住宅法》以及 1929 年颁布的《地方政府法》等都对农村住房建设给予了极大的支持。第二，明确政府在农村住房建设中的主导作用。英国政府高度重视农村地区的发展，制定了很多政策以降低

---

① 蒋浙安：《英国政府在战后住宅业发展中的作用》，《史学月刊》1999 年第 4 期。

农村居住成本，提高农村居住质量。第三，建立农村住房信用贷款制度。英国通过住房协会向农民发放抵押贷款，政府对该项抵押贷款实行减免税政策。第四，加大对农村公共基础设施建设力度，改善农村居住环境。英国在农村人口密集的地区设立医院、商店、学校等公共设施，以及有针对性地解决了农村能源和通信等问题。

（三）中国台湾地区农村住房保障制度实践

以时间为序，中国台湾住房保障政策可分为三个阶段："国宅政策时期"（1957～2000 年）、贷款补贴政策时期（2000～2008 年）、政策调整和《住宅法》时期（2008 年至今）。[①] "国民住宅政策"是台湾住房保障政策中持续时间最长、影响最为深远的政策。狭义上的"国宅"指台湾当局直接兴建、以融资或补贴的方式提供给低收入家庭居住的住宅，而广义上的"国宅"指受"国宅政策"资助的住宅。"国宅政策"的目标是达到"一家户一住宅，一人一居室"的理想状态，是迅速提高住房供给、缓解社会压力的公共政策，在 20 世纪 60 年代的台湾是具有积极意义的。2000 年，台湾地区"行政院"通过了"健全房地产市场措施"，台湾当局开始暂缓直接兴建或奖励民间投资兴建"国宅"，转向以优惠贷款为主要方式的经济补贴行为，即实施贷款补贴政策。在此政策下，居民有更多的自由度去选择适合的社区区位和住房品质。2011 年 12 月，台湾地区第一部《住宅法》获得通过，台湾住房保障政策进入了一个新的发展时期。

台湾地区对农村住宅的援助主要有对农村住宅给予补助、对农渔住宅的整合建设提供补贴、为修建农渔住宅提供优惠贷款以及提供"农宅标准图"减轻农民负担。[②] 台湾地区住宅相关规定指出，农村地区、"原住民"聚居村落或实施农村地区更新重划地区，兴建具有农村特色、"原住民"聚居村落特色或当地风格之住宅，由台湾当局另予补助。台湾地区农渔住宅整合建设获得补贴的前提条件是拥有整建房屋之所有权、具有渔民身

① 万涛：《台湾住房保障政策演变与启示》，《新常态：传承与变革——2015 年中国城市规划年会论文集（16 住房建设规划）》，2015。

② 张璐：《我国农村住房保障制度研究》，硕士学位论文，山东财经大学，2012 年。

份，且5年内未获得补助，在当地居住6个月以上，收入较低。1957年台湾当局制定了“兴建国民住宅贷款条例”，以提供低利贷款支持劳工、农民、渔民、公教人员或一般民众兴建房屋。[①] 有资格接受优惠住宅贷款的是直接从事农、林、渔、牧生产的农渔民，年龄在20岁以上，且在当地居住6个月以上。另外，为了减少农民兴建住宅时在设计费方面的负担及减轻地方工程主管机关审批的工作，台湾当局陆续制作了多种“住宅标准图”供农民使用。

台湾住房保障政策发展的六十年，也是市场经济发展、社会民主进程的六十年，住房保障政策在较大程度上解决了台湾居民的居住问题。纵观台湾住房保障政策发展史，各个时期都呈现出各自的时代特征：“国宅贷款”时期的住房保障政策具有行政干预度低、主要由私人自行解决、属于社会救助层次的住房保障水平等特点；2000年后的住房保障政策具有住宅理念从住宅商品化向住宅社会化转变、住房保障层次属于改善型的社会福利等特点。台湾地区住房保障政策之于大陆地区住房保障政策的启示在于：合理定位政府角色，强调保障职能；引入社会力量，推进多元治理。

纵观发达国家和发达地区的住房保障制度发展历程，我们认为有以下几个方面的经验值得借鉴。首先，完善的住房立法是农村住房保障发展的重要保障。无论是美国的《国民住房法》《农场租户法案》和英国的《地方政府法》《农场住宅宣言》，还是中国台湾地区的《住宅法》，都有力地保障了这些国家或地区农村住房保障制度的顺利发展。其次，政府在农村住房保障制度发展中发挥了至关重要的作用。这些国家或地区的政府当局为农村地区住房保障制度发展提供了大量的财政资金支持和房屋建设技术支撑。再次，建设资金筹集渠道多元化和不断完善农村基础设施建设水平。这些国家或地区政府当局想方设法破解农村地区保障房建设的资金问题，助推农村保障房建设；其资金来源主要有财政预算拨款、出售土地、公有房屋、出租保障房及附属商业楼所获得的收入以及政府住房基金收入、社会保障和社会捐赠。同时，政府当局不断完善农村地区的基础设施建设水平，提高农村居民的居住环境。

① 詹云燕：《台湾住房保障体系的变迁与评析》，《现代台湾研究》2013年第6期。

二　国内农村住房保障制度实践与探索

住房保障制度目标旨在解决低收入群体的基本居住问题，保障其基本人权居住权。尽管我国农村住房保障制度尚未正式建立，但近年来国内个别省份已经开始积极探索如何解决农村贫困居民的居住问题，在农村住房保障制度建设方面迈出了重要的一步。

（一）浙江省农村住房保障制度的实践与探索

为了解决农村居住困难群众的住房问题，2006年浙江省建设厅、民政厅以及财政厅三个部门联合出台了《关于实施农村困难群众住房救助工作的意见》。[①] 该意见从救助对象、救助方式、救助标准、工作程序、资金保障以及管理等方面对农村困难群众的住房问题进行了详细规划。该意见将不宜实行集中供养的五保户、接受农村最低生活保障且住房困难家庭、房屋因灾受损导致不能继续居住且没有自救能力的家庭以及县级以上政府规定的其他困难家庭纳入保障对象。在救助方式方面，该意见明确规定，政府可以采取新建、改建、扩建、修缮、置换以及租用等方式。同时，《住房救助意见》还规定了救助住房的建筑面积和质量标准，新建、改建和扩建房屋面积原则上每户不得超过100平方米。救助住房的资金主要来源于政府，各级政府需将住房救助资金纳入财政预算。在申请程序方面，该意见规定农村居民获得保障性住房须经过申请、评议、审查和核准四个程序。农村居住困难家庭向村委会提出住房保障申请时同时提交户籍、住房和最低生活保障等证明材料；村委会接到申请后召开村民代表会议对申请进行评议，经会议评议符合条件的进行公示，并报乡镇一级政府审查；乡镇一级政府组织人员对申请人员家庭经济收入和住房情况通过入户调查、走访邻里等方式进行核实，对于符合条件的上报县级建设部门和民政部门审批；县级建设部门和民政部门再上报县级政府批准并组织实施。

对于农村居住贫困家庭而言，出于提高制度效率和节约经济资源的角

① 《关于实施农村困难群众住房救助工作意见的通知》，2006年7月10日，http://www.zj3n.gov.cn/html/main/syzcview/18078.html。

度考虑，政府不可能为每户单独新建或者扩建住房，而是集中大规模地为其提供住房。因此，在农村住房制度发展中，在新建、扩建、置换等救助模式的运行中，首先需要解决的是保障性住房建设用地问题。在实际的农村住房制度改造中，浙江省摸索出了一系列住房制度改革模式，主要包括嘉兴“两分两换”模式、义乌模式、慈溪三集中三置换模式以及杭州二选一置换模式。浙江省各个宅基地置换试点工作进展顺利，取得了不小成绩，其经济和社会效益日益凸显。首先，集约节约使用了建设用地，为农村住房保障制度发展提供了可靠的建设用地保障。2009 年浙江省实施农村住房改造建设项目 1530 个，改造建设农村住房 31.8 万户，其中完成农村困难家庭危房改造 3 万多户；新增开展村庄宅基地整理的行政村 1470 个，盘活存量建设用地 2 万亩。其次，浙江省宅基地置换的各个试点地区在开展宅基地置换工作的同时，把现代城镇建设与宅基地置换工作有机结合，进行村镇布局规划。村镇建设规划按照现代城市、现代家园、现代市民的标准要求，着力于打造现代城镇和建设城乡一体的社会主义新农村。[①] 因此，浙江省农村居民居住环境得到了极大的改善。

（二）成都市农村住房保障制度的实践与探索[②]

作为国家统筹城乡综合配套改革试验区，成都市政府于 2011 年发布了《关于建立农村住房保障体系的实施意见（试行）》（以下简称《实施意见》），要求在 2012 年底前住房保障体系覆盖广大农村地区，基本实现全市符合保障条件家庭的“应保尽保”。

《实施意见》明确规定，建立成都市农村住房保障制度遵循全域覆盖、基本保障以及统一管理三大原则。具体而言，在各区（市）县辖区内，符合当地住房保障条件的农村住房困难居民均纳入当地住房保障覆盖范围；提供基本居住条件，满足符合保障准入条件居民的基本住房需求；农村居民住房保障统一纳入全市住房保障体系，实施动态管理，实行统一的申

---

① 周训国：《浙江省农村宅基地置换城镇住房改革问题研究》，硕士学位论文，浙江农林大学，2011。

② 《成都市人民政府办公厅关于建立农村住房保障体系的实施意见（试行）》，2011 年 4 月 8 日，http://www.chengdu.gov.cn/GovInfo opens 2/detail_ ruleOflaw。

请、审核、公示、租售和监督管理制度。在保障范围和方式方面，《实施意见》规定，家庭年收入和家庭财产符合当地规定的廉租住房保障标准、家庭人口在两人（含两人）以上的家庭或年满35周岁的低收入单身居民，人均自有产权住房（含城镇和农村）面积在16平方米以下的家庭纳入农村住房保障制度覆盖对象。廉租住房实行租赁补贴和实物配租两种模式，租赁补贴以货币形式直接补贴保障对象，由其自主租赁住房，实物配租以保障对象租赁政府提供的廉租住房并缴纳租金的方式提供保障。在保障标准方面，《实施意见》规定，廉租住房租赁补贴面积计算标准由各郊区（市）县政府按照当地人均住房面积的一定比例确定，租赁补贴标准应与当地城乡住房市场租赁水平相适应，按年度进行动态调整，并向社会公布。另外，申请实物配租的保障对象在轮候期间可领取租赁补贴。在房源和保障资金筹集方面，《实施意见》规定农村保障性住房房源由郊区（市）县政府和市房产管理部门负责，郊区（市）县政府负责当地乡镇及农民集中居住区新建、采购和配建保障性住房。资金来源包括三个方面：不低于当年土地出让净收益10%的保障资金、住房公积金增值收益中计提的廉租住房保障资金以及上级财政安排用于城乡廉租住房保障的专项补助资金。在准入审查和监管方面，《实施意见》明确了农村住房保障的审批程序，即由乡镇政府或村（社区）受理村民申请，并对申请人家庭人口、住房、收入进行核实，民政部门负责审查申请人的家庭收入和财产情况，房管部门负责审查申请人的住房情况并将所有审查意见汇总，最终确认申请人保障资格，然后向社会公布。在监管方面，成都市房产管理部门会同乡镇政府、民政部门，通过定期走访、实时监控、年度复查等方式加强监管。在组织保障方面，《实施意见》规定，农村住房保障体系建设实行市和区（市）县政府负责制，市房管局负责全市行政区域内住房保障体系的建设、政策制定和工作指导；市财政局负责市级保障资金筹集、监管并督促区（市）县财政部门落实相应保障资金；市民政局负责指导区（市）县民政部门审查保障对象的家庭收入和家庭财产；区（市）县政府负责管理当地住房保障工作；区（市）县房产管理部门负责具体落实当地住房保障工作。

综上所述，无论是浙江省还是成都市的农村住房保障制度都较为完善，可操作性强。首先，都明确指定了农村住房保障的基本原则。既要做到应保尽保，又要做到“因地制宜”和“量力而行”；既鼓励农民自力更生，又广泛动员社会力量的参与。其次，都有明确的保障对象遴选标准和形式多样的保障形式。明确的保障对象遴选标准可以杜绝住房保障资源分配中的腐败现象，使真正需要社会和政府保障的困难家庭得到及时的帮助；形式多样的保障形式可以满足不同保障对象的不同住房需求，提高其居住满意度。再次，都明文规定了农村住房保障建设的资金来源和房源。稳定的资金来源是住房保障供给的基础，房源筹集也是政府提供住房保障的前提，浙江省和成都市在这两方面的制度规定确保了住房保障制度的顺利推进。最后，都有严格的审批和监督程序。浙江省和成都市住房保障制度中都有严格的审批和监督程序，有力地确保了住房保障制度在阳光下顺利运行。总之，尽管目前浙江省和成都市两地的住房保障制度都有瑕疵，但它们更多的是为其他各地发展住房保障制度提供了有益的经验借鉴，提供了住房保障制度发展的模板。

第三节　我国农村住房保障制度的建构

一　我国农村住房保障制度建构的原则

当前，尽管我国部分地区正在建立和逐步完善农村住房保障制度，但总体上看来仍处于摸索阶段，即便是发达国家或地区的住房保障制度也远远没有达到完善的程度，因此，我们在探索建立我国农村住房保障制度的时候，必须吸取和借鉴国内外农村住房保障制度发展中的经验和教训，结合我国当前经济社会实际情况，按照一定的原则来推进。具体说来，本书认为当前建立我国农村住房保障制度建设需遵循城乡统筹发展、政府与市场相结合、适度保障和保障形式多样化四大基本原则。

（一）坚持城乡统筹发展原则

当前我国正在奋力推进城乡统筹发展，其目的在于消除长期以来形成的城乡二元经济体制，逐渐缩小城乡发展差距，使城乡居民享有均等的基本公共服务和社会福利，最终实现城乡居民共同富裕的目标。正如本书前文所论及的，城乡住房问题之间既对立又统一；在城镇住房问题得以缓解的当前，农村住房问题更应该得到重视；统筹解决城乡住房问题是全面实现小康社会目标的内在要求。坚持城乡统筹发展原则是节约高效使用住房保障资源的需要。当前我国住房保障资源十分有限，因此有必要统筹使用以达到高效使用的目的。因此，在今后我国住房保障制度发展中务必遵循城乡统筹发展原则，统筹解决城乡居住困难群体的居住问题。具体说来，在住房保障制度顶层设计中，须统筹考虑保障性住房城乡两个市场、城乡居民两个群体，统筹安排城乡保障性住房建设用地，统筹解决城乡保障性住房建设资金等问题。

（二）坚持政府与市场相结合原则

在农村住房保障供给主体选择和住房保障资金筹集问题上，坚持政府与市场相结合的原则。作为社会公益人，政府提供住房保障等公共产品具有不可推卸的责任。纵观世界各国，无论是发达国家还是发展中国家，无论是资本主义社会还是社会主义社会，其政府都不同程度地肩负着为居民提供必要的居住条件的责任。因此，政府应该是农村住房保障供给主体，而且还应发挥其主导作用。然而，在市场经济条件下，在社会资源配置方面，现代社会的政府不可能取代市场的基础性调节作用。因此，在农村住房保障发展中需要市场力量的积极参与，不是排斥市场机制而单独依靠政府运用政策手段，而是在发挥政府主导作用的同时动员社会资源等非政府力量共同促进农村住房保障制度的发展。

（三）坚持适度保障水平原则

社会保障是政府通过法律手段强制实行的一种国家制度，又是给受保人提供基本生活保障的一种社会福利制度，还是通过保障社会成员的经济安全来达到保证社会稳定与安全目的的一种安全制度。社会保障水平应该与经济社会发展水平相适应，不能过高也不能过低。类似的，住房保障水平也应该与经济社会发展水平相适应。适度的住房保障既能保障社会公平，又能提高经济社会发展效率；不适度的住房保障水平将阻碍经济社会的正常发展从而影响居民生活水平的提高。因此，在发展农村住房保障制度时，应坚持适度保障原则，以满足农村住房困难家庭基本居住需求为目标，在坚持保障基本居住水平的条件下做到应保尽保。具体而言，与城镇住房保障制度一样，农村住房保障制度保障对象也应该是经济收入水平低且居住条件差的农村家庭，在经济发展水平和财政承受能力允许的前提下，尽量满足农村住房困难群体的基本居住需求。当然，坚持适度保障水平原则还有另外一层含义，即坚持循序渐进地解决农村住房困难家庭住房问题的原则，首先解决好农村最困难的无房家庭的居住问题，然后逐步扩大至较为困难家庭以及一般困难家庭。

（四）坚持保障形式多样化原则

实际上，按照困难层次划分，农村住房困难群体大致可以分为最困难家庭（家庭主要劳动力为痴呆傻，无劳动能力且子女未成年的生活特别困难的五保户和低保户）、较困难家庭（因灾、因病及其他原因导致家庭生活困难家庭）以及一般困难家庭（有较为稳定的经济收入但尚不能自住其力）。不同层次农村住房困难家庭的住房保障需求各不相同，因此，在进行农村住房保障制度顶层设计时需要分类施保，尽量满足其住房保障需求。相应的，在农村住房保障形式上应该实现多样化，根据住房困难家庭的实际情况采取诸如新建、改建、扩建、重建、修缮和置换等多种形式；在保障方式上，实行宅基地保障、实物保障、货币保障以及建房技术保障相结合。

二　我国农村住房保障制度建构的路径分析

鉴于我国当前正处于统筹城乡经济社会建设、建设社会主义新农村等经济社会建设新时期，以及当前我国农村面临的住房问题现状，农村住房保障制度的构建已刻不容缓。本书认为，我国农村住房保障制度构建须从以下几个方面着手。

（一）建立城乡统一的住房保障及其相关法律法规体系

当前我国城乡住房保障发展水平差距较为明显，其主要表现之一即与城镇较为完善的住房保障法律法规体系相比，涉及农村住房保障的法律法规严重缺失。在当前我国正处于统筹城乡经济社会建设以及建设社会主义新农村的时代大背景下，为了有效破解我国城乡住房问题，须尽快建立一套城乡统一的住房保障法律法规体系。建立城乡统一的住房保障法律法规体系，具体说来，包括以下几个方面。

第一，尽快制定《住房保障法》。现行的城乡住房保障制度法律法规依据散见于各级政府的政策文件，缺乏一部由全国人大以法律形式出台的法律规范。由于缺乏层次较高的立法依据，仅仅依靠地方政府或部门法规来推动住房保障制度发展，其效果必然很差。《基本住房保障法》的起草已列入十一届全国人大常委会立法规划和国务院2010年立法计划，并已形成基本住房保障法征求意见稿。该法规定了城镇基本住房保障的标准、范围、方式，保障性住房的规划、建设与管理，基本住房保障的组织落实以及农村住房保障制度等。《基本住房保障法》尽管涉及农村住房保障制度，但仅限于《土地管理法》关于宅基地管理的有关条文，保障形式主要是发放建设补贴与危房改造补贴，与城市住房保障制度相比，不仅条文单薄而且内容也无新意。[①] 因此，在当前城乡统筹发展的时代背景下，须尽快制定一部全国统一适用的《住房保障法》，并明确规定该法的定位为建立城乡统一的住房保障制度和信息平台，实现城乡住房保障资源随人口自由流动而灵活调配，而且在此部法律中对住房保障的标准、范围、方式、建设规划与管理、组织落实等事宜做出统一的规定。

第二，修改和完善我国现行的土地管理制度。当前要建立城乡统一的住房保障制度，当务之急必须建立城乡统一的土地使用制度。统一的、城乡统筹的土地使用制度有利于扫除农村宅基地在农村内部、农村集体之间和城乡之间流动的巨大障碍。实现农村内部和农村之间宅基地的合理流动，农民可以利用自家宅基地或其他家庭宅基地（经过必要程序、付出相应代价后）进行就地原有基础上的扩建和改建，从而实现节约建设用地的目的。实现城乡之间宅基地合理流动，有助于城乡居民对土地资源的合理

① 洪运：《构建城乡统筹农村住房保障制度基本思路——以成都市为例》，《中国房地产》2010年第8期。

利用，促进解决进城务工人员对农村宅基地浪费而在城市居所没有着落等问题。[①] 既然城市土地所有权属于国家，城市居民可通过取得土地使用权的方式，让自己的房屋所有权拥有完整的法律地位和经济内涵；农村土地属于集体所有，同是公有制，也应该获得与城市土地同等的权益。农村住房产权制度改革可参照城市房改的做法，应该允许宅基地使用权的有偿转让，农村住房交易收取土地出让金，并规定收取的土地出让金一定比例用于农村人居环境基础设施建设，一部分用于农民社会保障。[②] 再者，构建城乡统筹的住房保障制度，还要突破当前保障性住房只能建设在国有土地上的制度规定，应该允许在集体建设用地上建设保障性住房，而且要优先满足应保尽保。

第三，探索建立城乡统一的户籍制度。当前，建立城乡统筹的住房保障制度的另一障碍为城乡二元户籍制度。城乡二元户籍制度造成了城乡居民在公共资源和服务上获取的不平等，是整个社会不平等的制度性根源之一。在城乡住房保障制度发展方面，城乡二元户籍制度阻止了城乡住房保障资源的高效配置与合理利用，城镇居民被禁止到农村购房置业，相反，农村居民也被城镇住房保障制度排除在外。因此，政府应转变城乡二元管理的思维模式，让户籍制度恢复其本来面目是改革的首要任务；应充分发挥市场在调控人口流动中的作用，弱化户籍上附着的资源配置、利益再分配功能以及社会控制功能。[③] 当然，为了建立城乡统筹住房保障制度打破城乡二元户籍制度，并不意味着城市和农村居民可以随意到农村或城市购置房产。城市和农村居民到农村或城市购置房产的前提条件之一为按照严格的准入和退出制度执行，而且必须放弃自己在城市或农村的房产。

第四，构建完善的农村住房保障产品体系。正如前文所论及的，鉴于当前我国农村住房保障制度碎片化现象严重，农村危房改造工程、抗震安居工程、游牧民定居以及自然灾害致损农房恢复重建等住房扶助政策都带

---

① 刘宝香：《我国农村居民住房问题研究》，《现代管理科学》2015 年第 12 期。

② 周大研：《新农村建设中农民住房保障政策研究》，《经济问题探索》2009 年第 2 期。

③ 彭小辉、史清华、朱喜：《城乡二元户籍制度的认知、现实影响与改革取向——基于上海的实证调查》，《中国软科学》2013 年第 5 期。

有明显的临时性，因此建立统一完善的农村住房保障产品体系势在必行。根据崔永亮（2013）的研究结论，我国农村住房保障产品体系应该包括分别针对常住人口和进城农民的保障房产品。对于常住人口而言，住房保障形式分为直接保障和间接保障，直接保障主要为福利房、廉租房等住房实物保障以及购房补贴、租房补贴以及购房信贷优惠等货币保障。福利房无偿提供给没有住房支付能力的住房困难人口，主要为无劳动力农户；廉租房主要提供给不具备建房或购房能力的住房困难人口；购房补贴、购房信贷优惠及住房补贴主要提供给拟在本地农村住房市场上购买、租赁住房的住房困难家庭。间接保障主要包括宅基地、基础设施以及公共设施等实物保障和建（修改改造）房补贴、建（修缮改造）房信贷优惠等货币保障及规划设计、施工指导等技术保障。间接保障主要提供给建（修缮改造）房能力不足的住房困难人口（见图 8－3）。需要特别指出的是，间接保障中包括基础设施、公共设施、规划设计及施工指导等技术保障。尽管基础设施和公共设施的受益者是全体村民，但也是改善住房困难家庭居住质量的必要举措，而且公共基础设施、公共设施、规划设计水平也是衡量农村居住环境的重要指标。再者，尽管本书建议建立城乡统一的住房保障体系，但毕竟由于农村住房保障资源稀缺性的客观存在以及城镇化的客观趋势，城乡住房保障体系之间实行有条件的相互开放，特别是，农村住房保障制度体系对于城镇居民需要有序的适度开放，意即并非符合农村住房保障制度准入门槛的城镇居民都可以到农村来申请住房保障，而是要根据农村经济社会资源承载能力来有序开放。

（二）促进和引导农民适度集中居住，在农村居民点集中建设保障性住房

众所周知，我国广大农村地区住房资源闲置及低效利用现象较为普遍，一户两宅甚至多宅的现象大量存在。为提高农村住房保障资源利用效率和统筹解决城乡住房问题，有必要促进和引导农民适度集中居住。农民适度集中居住，是宅基地集约化利用的重要体现。通过“拆院并院”、宅基地整理，将农户适度集中起来居住，将多余的宅基地复耕，可以扩大耕地面积；农民适度集中居住，可以减少户均公共设施用地的面积，提高宅

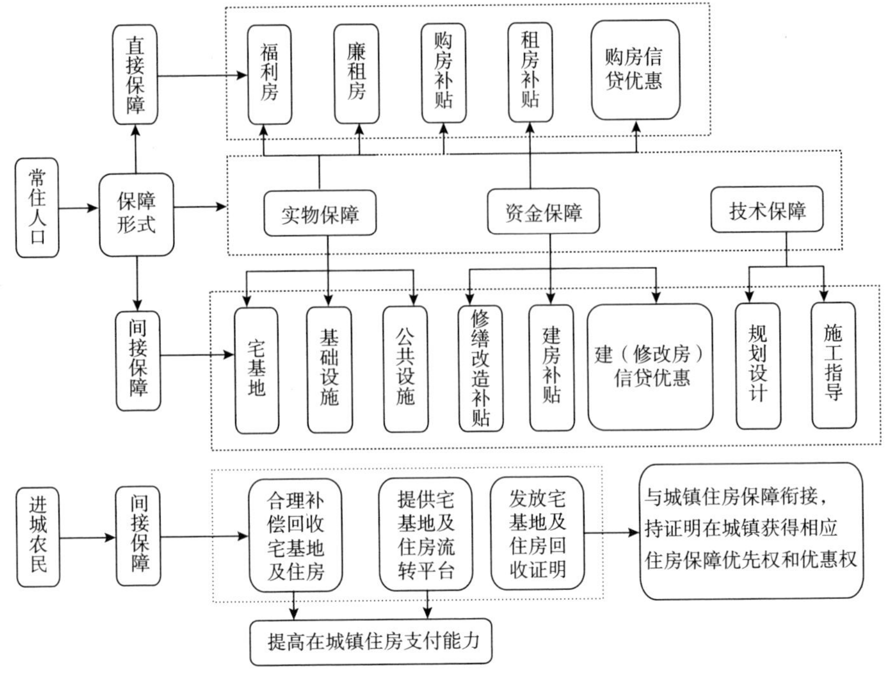

图 8－3　农村住房保障产品体系

资料来源：崔永亮《农村住房保障制度缺失及其未来改善》，《改革》2013 年第 12 期。

基地的容积率，从而有助于遏制农村宅基地的过度扩张。[①] 进一步地讲，通过引导和促进农民适度集中居住，可以通过城乡建设用地增减挂钩模式，将农村富余的住房建设用地配置到城镇建设中来，以期缓解城镇住房建设指标紧张的问题，同时可为农村住房保障换回建设资金。当然，在推进农民适度集中居住工作中，一方面，需因地制宜，科学规划设计；坚持城乡统筹、因地制宜、节约土地等原则，国土、建设等部门搞好协调，及时修编土地利用规划。另一方面，广泛宣传，激发农民意愿；争取广大农民群众的理解和支持，激发农民主动参与的意愿；完善政策，确保农民利益；广泛听取农民的意见，认真对待他们的利益诉求，积极解决动迁人员的后顾之忧。

① 杨继瑞、周小蓉：《统筹城乡背景的农民集中居住及其制度重构：以四川为例》，《改革》2010 年第 8 期。

同时，尽量在农村居民点集中建设保障性住房。在居民点集中建设保障性住房有利于节约和集约利用土地，有利于降低城镇基础设施供给的边际成本从而提高供给效率，也有利于提高保障性住房的供给效率。这又涉及农村居民点优化问题。布局优化是解决当前农村居民点布局分散与土地低效利用的重要途径。整体上讲，新建保障性住房的农村居民点的选址应尽量考虑住户数量规模、距离道路的远近、耕作半径、距离中心城镇以及河流的远近等重要因素。同时，在农村居民点建设保障性住房还牵扯到建设用地指标问题，这需要通过整理农村废弃工矿用地、闲置宅基地等实现占补平衡等方式解决。

（三）政府、农村集体经济组织和农户家庭共担农村住房保障建设资金筹集任务

农村保障性住房既然具有准公共产品属性，那么，建设资金主要来源应为地方政府的财政预算资金。农村集体经济组织是城镇化、工业化和农业现代化成果的受惠者，它们也有义务为农村贫困家庭提供必要的住房保障。为了增强农村集体经济组织保障房建设筹资能力，政府应将因新增建设用地指标而获得的部分土地出让金拨付给农民集体经济组织，专款用于农村保障性住房建设。同时，对于经济欠发达地区的农村集体经济组织实行税收减免，提高其支持农村保障房建设的能力。再者，农户家庭作为住房保障的直接受益者，理应力所能及地承担部分保障房建设资金成本。总之，唯有地方政府、农村集体经济组织和农户共担农村住房保障建设资金，农村住房保障制度才能得以顺利推进。

第四节　本章小结

毋庸讳言，在城镇住房保障制度获得较大发展的同时，我国农村住房保障制度尚未真正建立，农村地区的住房困难家庭仍然被排除在住房保障制度之外。在当前我国全面建设小康社会背景下，农业农村是短板，而农村住房问题又是短板中的短板。在城镇住房问题得以较大程度缓解的当前，农村住房问题理应得到重视，统筹解决城乡住房问题是实现全面建成

小康社会目标的内在要求。

本部分首先分析了当前我国农村地区住房现状及存在的问题，以及农村住房保障制度发展现状。当前，我国农村住房保障制度存在的主要问题包括：现行农村住房制度的住房保障功能严重缺失，宅基地住房保障功能的可持续性面临着严峻挑战，现行农村住房保障制度具有明显的临时性和碎片化特征，难以满足多样化的住房保障需求以及保障对象存在一定的错位现象。其次探讨发展国内外农村住房保障制度发展现状，在此基础上研究完善我国当前农村住房保障制度遵循的基本原则及其路径。建构原则包括城乡统筹、政府与市场相结合、适度保障与保障形式多样化四大原则；构建路径有：建立城乡统一的住房保障及其相关法律法规体系，促进和引导农民适度集中居住，在农村居民点集中建设保障性住房，政府、农村集体经济组织和农民家庭共担保障房建设资金。

附表 1　2010 年全国 31 个省份国民经济和社会发展统计数据

省　份	住房保障财政支出（亿元）	各地城镇最低生活保障人数（万人）	各地人均 GDP（元）	城镇居民恩格尔系数（%）	城镇居民人均住房建筑面积（平方米）	城镇化率（%）
北　京	45.81	13.70	73586	32.1	28.94	85.96
天　津	6.32	8.30	72994	35.9	31.50	79.55
河　北	52.00	88.60	28668	32.3	30.50	44.50
山　西	53.30	91.50	26283	31.2	28.02	48.05
内蒙古	83.72	90.50	47347	30.1	27.43	55.50
辽　宁	83.79	126.00	42355	35.1	26.90	62.10
吉　林	86.84	16.60	31599	29.4	28.41	53.35
黑龙江	108.94	151.10	27076	35.4	25.70	55.66
上　海	52.45	24.57	76074	33.5	33.40	89.30
江　苏	72.77	13.60	52840	36.5	33.39	60.58
浙　江	29.60	9.00	51711	34.3	35.39	61.62
安　徽	93.36	88.40	20888	38.0	31.55	43.01
福　建	28.13	18.00	40025	39.3	38.50	57.10
江　西	68.08	17.40	21253	38.4	38.88	44.06
山　东	35.25	66.70	41106	37.9	32.09	49.70
河　南	77.25	149.72	24446	33.0	33.30	39.40
湖　北	56.59	137.00	27906	35.8	33.20	50.20
湖　南	81.75	145.00	24719	36.5	31.20	44.20
广　东	88.57	40.90	44736	36.5	34.13	65.80
广　西	58.93	60.20	20219	36.1	39.00	40.30
海　南	23.83	16.98	23831	44.8	28.88	49.40
重　庆	79.91	60.41	27596	37.6	31.69	53.02
四　川	107.03	187.00	21182	39.5	30.74	40.18
贵　州	87.62	53.90	13119	40.3	27.42	33.70
云　南	112.12	92.60	15752	40.6	29.45	34.80
西　藏	10.46	4.20	17027	42.1	34.72	20.76
陕　西	68.72	86.40	27133	39.5	28.00	46.50
甘　肃	58.10	88.10	16113	40.5	28.37	36.12
青　海	61.09	22.45	24115	39.4	25.87	45.38
宁　夏	28.05	20.63	26860	33.2	29.10	48.40
新　疆	90.02	85.10	25034	36.2	27.25	42.70

附表 2　2011 年全国 31 个省份国民经济和社会发展统计数据

省　份	住房保障财政支出（亿元）	各地城镇最低生活保障人数（万人）	各地人均GDP（元）	城镇居民恩格尔系数（%）	城镇居民人均住房建筑面积（平方米）	城镇化率（%）
北　京	54.56	11.70	81658	31.4	29.38	86.20
天　津	20.82	17.93	85213	36.2	32.77	80.50
河　北	142.56	88.08	33969	33.8	31.80	45.60
山　西	84.85	91.70	31357	31.3	30.16	49.68
内蒙古	140.35	88.30	57974	31.3	28.37	56.62
辽　宁	152.44	118.40	50760	35.5	27.30	64.05
吉　林	124.15	15.70	38460	32.7	28.88	53.40
黑龙江	183.17	155.60	32819	36.1	26.40	56.50
上　海	82.46	23.53	82560	35.5	34.00	89.30
江　苏	118.92	12.83	62290	36.1	34.72	61.90
浙　江	58.05	8.80	59249	34.6	36.90	62.30
安　徽	161.22	84.20	25659	39.8	32.48	44.80
福　建	56.45	18.12	47377	39.2	37.90	58.10
江　西	108.28	16.90	26150	38.7	39.39	45.70
山　东	67.56	61.70	47335	38.3	33.18	50.95
河　南	142.64	141.90	28661	34.1	34.10	40.57
湖　北	103.06	136.80	34197	36.3	35.50	51.80
湖　南	126.76	144.00	29880	36.9	32.30	45.30
广　东	146.42	40.20	50807	36.9	34.40	66.50
广　西	106.85	57.50	25326	39.5	39.20	41.80
海　南	34.52	17.10	28898	44.9	29.48	50.50
重　庆	157.47	56.85	34500	39.1	31.77	55.02
四　川	231.26	189.02	26133	40.7	31.18	41.83
贵　州	121.65	54.34	16413	40.8	27.83	35.00
云　南	151.75	93.11	19265	41.3	30.36	36.80
西　藏	60.79	4.30	20017	43.3	36.61	21.63
陕　西	150.28	83.12	33464	40.6	29.30	47.30
甘　肃	92.58	89.64	19595	41.3	29.40	37.15
青　海	106.15	23.50	29522	38.9	25.98	46.20
宁　夏	33.86	19.88	33043	34.8	30.29	49.80
新　疆	170.04	84.80	30087	37.1	28.37	43.50

附表 3　2012 年全国 31 个省份国民经济和社会发展统计数据

省　份	住房保障财政支出（亿元）	各地城镇最低生活保障人数（万人）	各地人均 GDP（元）	城镇居民恩格尔系数（%）	城镇居民人均住房建筑面积（平方米）	城镇化率（%）
北　京	44.79	11.00	87475	31.3	29.26	86.20
天　津	9.58	16.64	93173	36.7	33.10	81.55
河　北	135.81	77.34	36584	33.6	32.50	46.80
山　西	85.65	89.00	33628	31.6	30.64	51.26
内蒙古	164.83	87.40	63886	30.8	29.56	57.74
辽　宁	120.90	105.30	56649	35.0	27.30	65.65
吉　林	145.19	14.50	43415	31.7	29.09	53.70
黑龙江	218.78	152.50	35711	36.1	29.00	56.90
上　海	112.71	19.84	85373	36.8	34.60	89.30
江　苏	133.94	11.45	68347	35.4	35.15	63.00
浙　江	65.25	7.80	63374	35.1	37.10	63.20
安　徽	248.58	81.90	28792	38.7	33.71	46.50
福　建	52.85	16.89	52763	39.4	38.20	59.60
江　西	134.43	15.80	28800	39.2	40.10	47.51
山　东	123.53	53.00	51768	39.3	33.44	52.43
河　南	185.65	133.44	31499	33.6	34.70	42.43
湖　北	140.57	129.70	38572	36.8	35.80	53.50
湖　南	185.91	143.10	33480	37.3	33.10	46.65
广　东	180.37	37.10	54095	36.9	34.40	67.40
广　西	134.49	51.50	27952	39.0	39.70	43.53
海　南	44.76	15.60	32377	45.4	29.34	51.60
重　庆	177.14	51.53	38914	41.5	32.17	56.98
四　川	227.41	186.20	29608	40.4	32.25	43.53
贵　州	129.20	53.05	19710	40.5	27.86	36.40
云　南	231.42	93.60	22195	41.6	31.42	39.31
西　藏	41.14	4.80	22936	43.8	36.14	22.75
陕　西	151.51	74.80	38564	41.2	29.40	50.02
甘　肃	102.17	87.56	21978	35.8	30.60	38.75
青　海	84.59	23.04	33181	37.8	26.08	44.74
宁　夏	56.23	17.78	36394	33.9	30.30	50.67
新　疆	199.45	85.00	33796	37.6	29.03	44.00

附表4　2013年全国31个省份国民经济和社会发展统计数据

省　份	住房保障财政支出（亿元）	各地城镇最低生活保障人数（万人）	各地人均GDP（元）	城镇居民恩格尔系数（%）	城镇居民人均住房建筑面积（平方米）	城镇化率（%）
北　京	48.48	10.40	94648	31.1	31.31	86.30
天　津	14.99	16.04	10015	35.4	34.50	82.01
河　北	135.01	72.50	38909	32.3	33.60	48.12
山　西	95.63	85.00	34984	27.9	31.09	52.56
内蒙古	169.54	86.20	67836	31.7	30.78	58.71
辽　宁	152.46	96.00	61996	32.2	28.80	66.45
吉　林	139.14	13.20	47428	29.2	30.13	54.20
黑龙江	180.98	143.70	37697	35.8	30.00	57.40
上　海	105.24	16.77	90993	34.9	35.00	89.60
江　苏	169.32	10.20	75354	34.7	36.82	64.11
浙　江	81.59	7.30	68805	34.4	38.80	64.00
安　徽	225.77	78.20	32001	39.1	34.86	47.86
福　建	51.67	15.75	58145	32.7	38.70	60.77
江　西	200.02	14.30	31930	38.1	40.06	48.87
山　东	126.54	48.70	56885	38.0	36.39	53.75
河　南	191.11	131.05	34211	33.2	34.40	43.80
湖　北	123.11	126.00	42826	35.3	38.80	54.51
湖　南	174.58	145.10	36943	35.1	34.50	47.96
广　东	206.39	34.09	58833	36.7	34.57	67.76
广　西	108.87	49.40	30741	37.9	36.08	44.81
海　南	36.30	14.53	35663	44.8	30.33	52.74
重　庆	77.22	45.81	43223	40.7	33.60	58.34
四　川	223.54	183.50	32617	39.6	33.47	44.90
贵　州	190.45	51.28	23151	39.3	33.42	37.80
云　南	206.98	104.10	25322	40.2	32.56	40.48
西　藏	51.94	4.90	26326	40.1	42.81	23.71
陕　西	167.59	66.60	43117	41.0	30.40	51.31
甘　肃	102.82	85.43	24539	36.8	31.50	40.13
青　海	62.75	22.52	36875	36.3	27.50	48.50
宁　夏	55.62	17.97	39613	32.0	30.90	52.01
新　疆	200.19	82.45	37553	36.4	30.61	44.50

附表5　2014年全国31个省份国民经济和社会发展统计数据

省　份	住房保障财政支出（亿元）	各地城镇最低生活保障人数（万人）	各地人均GDP（元）	城镇居民恩格尔系数（%）	城镇居民人均住房建筑面积（平方米）	城镇化率（%）
北　京	66.96	8.90	99995	30.8	31.54	86.35
天　津	15.57	13.28	105231	34.8	35.30	82.27
河　北	126.86	62.80	39984	31.5	34.50	49.33
山　西	93.38	72.60	35070	26.0	32.30	53.79
内蒙古	157.61	84.80	71046	28.7	30.65	59.51
辽　宁	174.33	80.40	65201	28.3	29.00	67.05
吉　林	137.30	12.00	50160	26.1	31.40	54.81
黑龙江	147.19	127.30	39226	27.5	31.20	58.01
上　海	119.30	15.92	97370	35.0	35.60	89.60
江　苏	189.53	8.90	81874	33.6	37.51	65.21
浙　江	99.82	6.40	73002	33.2	40.90	64.87
安　徽	232.76	72.40	34425	33.3	35.13	49.15
福　建	91.46	14.66	63474	33.2	40.70	61.80
江　西	197.11	12.80	34674	37.3	41.00	50.22
山　东	181.15	44.60	60879	37.2	37.30	55.01
河　南	247.57	118.90	37072	32.5	38.18	45.20
湖　北	147.06	107.00	47145	34.2	41.90	55.67
湖　南	208.13	101.00	40271	30.5	35.60	49.28
广　东	264.88	32.00	63469	36.3	31.88	68.00
广　西	114.67	44.80	33090	35.2	37.72	46.01
海　南	39.37	12.67	38924	38.0	31.09	53.76
重　庆	64.39	40.98	47850	39.3	34.50	59.60
四　川	307.62	173.00	35128	40.1	34.36	46.30
贵　州	289.00	47.63	26437	38.5	36.58	40.01
云　南	164.84	100.90	27264	39.4	33.79	41.73
西　藏	70.49	4.70	29252	41.0	28.90	25.75
陕　西	227.89	57.80	46929	38.9	30.60	52.57

续表

省份	住房保障财政支出（亿元）	各地城镇最低生活保障人数（万人）	各地人均GDP（元）	城镇居民恩格尔系数（%）	城镇居民人均住房建筑面积（平方米）	城镇化率（%）
甘　肃	113.66	83.65	26433	36.8	32.70	41.68
青　海	67.73	20.30	39671	35.4	28.80	49.70
宁　夏	81.39	17.40	41843	31.3	30.99	53.61
新　疆	199.31	79.25	40648	35.2	31.50	46.07

资料来源：2011～2015年《中国统计年鉴》和2010～2014年各省份国民经济和社会发展统计公报。

参考文献

[1]〔美〕道格拉斯·C. 诺思:《制度、制度变迁与经济绩效》,刘守英译,上海三联书店,1994。

[2]《马克思恩格斯全集》(第3卷),人民出版社,1960。

[3]《马克思恩格斯选集》(第1卷),人民出版社,1995。

[4] 巴曙松:《我国保障性住房建设存在结构性缺失》,《中国房地产报》2011年12月12日。

[5] 包振宇:《游牧民定居与住宅保障问题研究》,《青海民族研究》2012年第4期。

[6] 毕世杰:《发展经济学》,高等教育出版社,1999。

[7] 卜鹏飞:《低收入住区土地运作模式——基于辽宁棚户区改造土地运作的经验》,《经济社会体制比较》2012年第5期。

[8] 曹小琳:《农村危房改造的影响因素分析及对策建议》,《重庆大学学报》(社会科学版)2015年第5期。

[9] 陈伯庚:《中国特色住房保障体系构想》,《住宅产业》2011年第3期。

[10] 陈春、冯长春:《农民工住房状况与留城意愿研究》,《经济体制改革》2011年第1期。

[11] 陈飞:《棚户区改造与城市内部空间再造——辽宁省棚户区改造的空间经济分析》,《首都经济贸易大学学报》2014年第5期。

[12] 陈鸿彬:《城乡统筹发展定量评价指标体系的构建》,《地域研究与开发》2007年第4期。

[13] 陈杰、郭继:《“小产权房”持有主体状况的实证分析——基于4省12市的实地调查》,《河南科技学院学报》2012年第3期。

[14] 陈龙乾:《我国城镇住房制度改革的历程与进展》,《中国矿业大学学报》(社会科学版)2002年第3期。

[15] 陈章喜、林子毅、刘炫妤:《住房保障影响城镇化进程的实证分析》,《西安财经学院学报》2013年第5期。

[16] 程世勇:《“地票”交易:模式演进和体制内要素组合的优化》,《学术月刊》2010年第5期。

[17] 褚超孚:《城镇住房保障规模影响因素的相关分析研究》,《浙江大学学报》(人文社会科学版)2005年第7期。

[18] 褚超孚:《城镇住房保障模式及其在浙江省的应用研究》,博士学位论文,浙江大学,2005。

[19] 褚超孚:《城镇住房保障模式研究》,经济科学出版社,2005。

[20] 崔永亮:《基于城乡统筹的农村住房保障体系构建研究》,《农村经济》2012年第1期。

[21] 崔永亮:《农村住房保障制度缺失及其未来改善》,《改革》2013年第12期。

[22] 邓宏乾:《地价、信贷与房价的关联性研究》,《武汉大学学报》(哲学社会科学版)2012年第9期。

[23] 邓宏乾、王贤磊、陈锋:《我国保障住房供给体系并轨问题研究》,《华中师范大学学报》(人文社会科学版)2012年第5期。

[24] 邓磊、杜爽:《我国供给侧结构性改革:新动力与新挑战》,《价格理论与实践》2015年第12期。

[25] 丁祖昱:《中国房价收入比的城市分异研究》,《华东师范大学学报》(哲学社会科学版)2013年第3期。

[26] 杜红艳、马永开:《我国房价与租金Granger因果关系的实证研究》,《管理评论》2009年第21期。

[27] 杜文:《我国城镇住房保障制度研究》,博士学位论文,四川大学,2006。

[28] 范柏乃、张鸣:《基于面板分析的中国省级行政区域获取中央财政转移支付的实证研究》,《浙江大学学报》(人文社会科学版)2011年第1期。

[29] 范海燕、李洪山:《城乡互动发展模式的探讨》,《中国软科学》2005 年第 3 期。

[30] 方蔚琼:《我国农民工城镇住房保障研究》,博士学位论文,福建师范大学,2015。

[31] 高广春:《棚户区改造的融资模式研究——基于中国辽宁的案例分析》,《财贸经济》2014 年第 2 期。

[32] 高培勇主编《新型城市化背景下的住房保障》,中国财政经济出版社,2012。

[33] 高拓、王玲杰:《构建农民工市民化成本分担机制的思考》,《中州学刊》2013 年第 5 期。

[34] 苟兴朝:《基于制度变迁理论的"小产权房"合法化研究》,《商业研究》2013 年第 3 期。

[35] 苟兴朝:《我国公共保障性住房供给结构优化研究》,《内江师范学院学报》2013 年第 1 期。

[36] 顾杰、徐建春、卢珂:《新农村建设背景下中国农村住房发展:成就与挑战》,《中国人口·资源与环境》2013 年第 9 期。

[37] 顾益康、邵峰:《全面推进城乡一体化改革——新时期解决"三农"问题的根本出路》,《中国农村经济》2003 年第 1 期。

[38] 郭建军:《日本城乡统筹发展的背景和经验教训》,《调查研究报告》2006 年第 11 期。

[39] 郭洁、赵宁:《论保障房用地法律制度的创新》,《法学杂志》2014 年第 1 期。

[40] 郭庆旺、贾俊雪:《中央财政转移支付与地方公共服务提供》,《世界经济》2008 年第 9 期。

[41] 郭勇:《发展中国家城乡关系演化:文献与述评》,《经济问题》2005 年第 7 期。

[42] 郭玉坤:《中国城镇住房保障制度研究》,博士学位论文,西南财经大学,2006。

[43] 国家统计局:《中国统计年鉴》(2001~2012),中国统计出版社,2013。

[44] 韩长赋：《城乡统筹解决“三农”问题》，《时事报告》2003年第5期。
[45] 韩俊：《统筹城乡经济社会发展改变城乡二元结构》，《红旗文稿》2003年第12期。
[46] 郝寿义、安虎森：《区域经济学》，经济科学出版社，1999。
[47] 胡鞍钢、周绍杰、任皓：《供给侧结构性改革——适应和引领中国经济新常态》，《清华大学学报》（哲学社会科学版）2016年第2期。
[48] 胡晨光：《市场超垄断特性与房地产企业经营业绩——基于中国省（市）面板数据的分析》，《经济学家》2015年第2期。
[49] 胡金星：《社会资本参与公共租赁房建设、运营与管理：荷兰模式与启示》，《城市发展研究》2013年第4期。
[50] 黄庆华：《城乡统筹发展水平测度及动态研判——以重庆市为例》，《农业技术经济》2012年第2期。
[51] 黄维芳：《产权理论框架下小产权房的开发管制研究》，《经济体制改革》2011年第1期。
[52] 黄贻芳、钟涨宝：《不同类型农户对宅基地退出的响应——以重庆梁平县为例》，《长江流域资源与环境》2013年第7期。
[53] 黄玉玺：《我国农村住房发展的主要矛盾及影响因素分析》，《现代经济探讨》2015年第7期。
[54] 纪念改革开放40周年系列选题研究中心：《重点领域改革节点研判——供给侧与需求侧》，《改革》2016年第1期。
[55] 贾康：《供给侧结构性改革要领》，《中国金融》2016年第1期。
[56] 贾康、刘军民：《我国住房改革与住房保障问题研究》，《财政研究》2007年第7期。
[57] 贾康、苏京春：《供给学派溯源与规律认识》，《全球化》2016年第2期。
[58] 贾康：《运用PPP模式提供保障性住房的建议》，《中国建设信息》2011年第9期。
[59] 江小国：《我国房地产市场垄断程度的变动趋势分析——来自全国及35个大中城市的经验数据》，《云南财经大学学报》2015年第5期。
[60] 姜作培：《从战略高度认识农民市民化》，《现代经济探讨》2002年

第 12 期。
[61] 蒋俊毅：《农业现代化与农民增收：一个新的理念框架》，《农村经济》2008 年第 6 期。
[62] 蒋来用：《住房保障财政政策研究》，中国社会科学出版社，2011。
[63] 况伟大：《土地出让方式、地价与房价》，《金融研究》2012 年第 8 期。
[64] 李宏瑾：《我国房地产市场垄断程度研究——勒纳指数的测算》，《财经问题研究》2005 年第 3 期。
[65] 李辉婕：《各地区廉租住房保障水平测算及其与经济发展的适应性分析》，《当代财经》2008 年第 11 期。
[66] 李农、张凤娟：《城市化过程中住房保障非均等化难题化解之道》，《财政经济评论》2013 年第 6 期。
[67] 李培：《经济适用房住户满意度及其影响因素分析》，《南方经济》2010 年第 4 期。
[68] 李泉：《中外城乡关系问题研究综述》，《甘肃社会科学》2005 年第 4 期。
[69] 李佑军：《统筹城乡发展的五大对策》，《理论导报》2008 年第 2 期。
[70] 李智、原锦凤：《基于中国经济现实的供给侧改革方略》，《价格理论与实践》2015 年第 12 期。
[71] 李佐军：《统筹城乡发展的五大对策》，《理论导报》2008 年第 2 期。
[72] 梁鸿、杨小亭：《当前房地产业宏观调控政策思考》，《江西社会科学》2012 年第 12 期。
[73] 廖长峰、杨继瑞：《我国农村住房存在的问题与对策》，《经济纵横》2013 年第 11 期。
[74] 林卫斌、苏剑：《供给侧改革的性质及其实现方式》，《价格理论与实践》2016 年第 1 期。
[75] 林毅夫：《制度、技术与中国农业发展》，上海三联书店，1992。
[76] 刘宝香：《我国农村居民住房问题研究》，《现代管理科学》2015 年第 12 期。
[77] 刘传江：《当代农民发展以及面临的问题（二）：农民工生存状态的

边缘化与市民化》，《人口与计划生育》2004 年第 11 期。
[78] 刘琳：《房地产市场互动机理与政策分析》，中国经济出版社，2004。
[79] 刘润秋、曾祥凤、于蕴芳：《经济适用房制度的存废之争及其路径选择——基于和谐社会和包容性增长的视角》，《西南民族大学学报》（人文社会科学版）2011 年第 5 期。
[80] 刘通：《加快转变城市棚户区改造模式》，《宏观经济管理》2015 年第 2 期。
[81] 刘卫柏：《农村宅基地流转的模式与路径研究》，《经济地理》2012 年第 2 期。
[82] 刘子操：《城市化进程中的社会保障问题》，人民出版社，2006。
[83] 柳思维、宴国祥、唐红涛：《国外城乡统筹发展理论研究综述》，《财经理论与实践》2007 年 10 月。
[84] 柳松、李大胜：《农村集体经济组织的公共开支与税赋负担——来自广东的案例分析》，《经济问题探索》2007 年第 2 期。
[85] 卢海阳、钱文荣：《就业状况、社会保障与农民工城市间再流动意愿》，《南方人口》2013 年第 2 期。
[86] 卢现祥：《西方新制度经济学》（修订版），中国发展出版社，2003。
[87] 路晓昆：《新中国城乡关系 60 年——历程、特征与启示》，《中共成都市委党校学报》2009 年第 5 期。
[88] 吕萍：《保障性住房用地方式比较及改革思路探索》，《中国土地科学》2012 年第 4 期。
[89] 吕萍、甄辉：《城乡统筹发展中统一住房保障体系的建设》，《城市发展研究》2010 年第 1 期。
[90] 马红旗：《我国省际流动人口的特征——基于全国第六次人口普查数据》，《人口研究》2012 年第 6 期。
[91] 马珂：《城乡统筹发展评价体系的构建及应用》，《城市问题》2011 年第 8 期。
[92] 马曙松：《我国保障性住房建设存在结构性缺失》，《中国房地产报》2011 年 12 月 12 日。
[93] 马晓亚：《保障性住房制度与城市空间的研究进展》，《建筑学报》

2011 年第 8 期。
[97] 毛泽东：《论十大关系（节选）》，人民出版社，1991。
[95] 苗杰、吴海峰：《国内外工业化、城镇化和农业现代化协调发展的经验及其当代启示》，《毛泽东邓小平理论研究》2012 年第 11 期。
[96] 穆怀中：《社会保障国际比较》，中国劳动社会保障出版社，2007。
[97] 欧阳华生、黄智聪：《区域经济发展、城镇化与住房保障财政供给——基于空间计量模型框架的实证研究》，《财贸经济》2014 年第 6 期。
[98] 潘爱民、韩正龙：《经济适用房、土地价格与住宅价格——基于我国 29 个省份面板数据的实证研究》，《财贸经济》2012 年第 2 期。
[99] 裴慧敏：《农村危房改造工程调研》，《宏观经济管理》2015 年第 1 期。
[100] 彭小辉等：《城乡二元户籍制度的认知、现实影响与改革取向——基于上海的实证调查》，《中国软科学》2013 年第 5 期。
[101] 乔荣峰：《城市土地供给的控制模型初探》，《现代城市研究》2005 年第 8 期。
[102] 申兵：《“十二五”时期农民工市民化成本测算及其分担机制构建——以跨省农民工集中流入地区宁波市为案例》，《城市发展研究》2012 年第 1 期。
[103] 沈坤荣：《供给侧结构性改革是经济治理思路的重大调整》，《南京社会科学》2016 年第 2 期。
[104] 宋伟轩：《大城市保障性住房空间布局的社会问题与治理途径》，《城市发展研究》2011 年第 8 期。
[105] 苏明：《城乡经济社会统筹发展机制和宏观政策研究》，《地方财政研究》2006 年第 2 期。
[106] 苏勇：《农村地制创新与住房保障制度的变革》，《求索》2010 年第 7 期。
[107] 谭术魁：《住房信贷对住房市场运行的影响与政策取向》，《学习与实践》2007 年第 5 期。
[108] 陶然：《城中村改造与中国土地制度：珠三角的突破与局限》，《国

际经济评论》2014 年第 3 期。

[109] 田传浩：《对目前房地产泡沫研究的几点评析》，《浙江经济》2003 年第 8 期。

[110] 田代贵、陈悦：《新型城镇化条件下的“两重两轻”摆脱与下一步》，《改革》2013 年第 12 期。

[111] 田东海：《住房政策：国际经验借鉴与中国现实选择》，清华大学出版社，1998。

[112] 田美荣、高占喜：《城乡统筹发展内涵及评价指标体系建立研究》，《中国发展》2009 年第 8 期。

[113] 田珍：《农民群体分化与农民工市民化》，《宁夏社会科学》2009 年第 5 期。

[114] 童伟：《城市化进程中城乡住房保障服务均等化研究——以北京市为例》，《中央财经大学学报》2012 年第 12 期。

[115] 完世伟：《区域城乡一体化测度与评价研究——以河南省为例》，博士学位论文，天津大学，2006。

[116] 汪锋、刘旗、张宗益：《经济体制改革与中国城乡经济发展不平衡》，《中国软科学》2007 年第 5 期。

[117] 汪晗：《基于差别化土地供应政策的保障性住房建设——以“黄石模式”为案例研究》，《理论月刊》2013 年第 6 期。

[118] 王官青：《上海市保障性住房的土地供给问题研究——以徐汇区华泾镇为例》，硕士学位论文，华东理工大学，2011。

[119] 王宏新、张健铭：《经济适用房“内循环”制度——住房政策社会保障性的回归》，《北京行政学院学报》2007 年第 2 期。

[120] 王华、陈烈：《西方城乡发展理论研究进展》，《经济地理》2006 年第 26 期。

[121] 王磊：《公共产品供给主体选择与变迁的制度经济学分析——一个理论分析框架及在中国的应用》，经济科学出版社，2009。

[122] 王晓东：《中国城镇居民消费结构和住房消费》，学苑出版社，1999。

[123] 王新：《可持续发展之住房保障制度研究》，《郑州大学学报》（哲

学社会科学版）2010 年第 3 期。
[124] 王志铭：《中国住房市场分层次调控体系研究》，博士学位论文，江西财经大学，2012。
[125] 魏立华：《中国经济发达地区城市非正式移民聚居区——城中村的形成与演进》，《管理世界》2005 年第 8 期。
[126] 吴志宇：《我国农村多元化住房保障体系构建探析》，《现代经济探讨》2012 年第 5 期。
[127] 谢树锋、庞永师：《国内外住房保障体系比较及其启示》，《广州大学学报》2008 年第 9 期。
[128] 谢岳来：《基于房价租金比的京沪穗杭房价研究》，《浙江经济》2004 年第 10 期。
[129] 熊景维：《我国进城农民工城市住房问题研究》，博士学位论文，武汉大学，2013。
[130] 徐同文、王郡华：《城乡经济协调发展概论》，山东大学出版社，2006。
[131] 许安拓：《构建我国住房保障体系：本土实践与国际经验》，《中央财经大学学报》2012 年第 5 期。
[132] 宣朝庆、赵芳婷：《工业化时代的住房保障——基于民国时期劳工住宅问题的分析》，《南开学报》（哲学社会科学版）2011 年第 4 期。
[133] 雪秋：《党的三代领导核心统筹城乡发展思想之演进》，《毛泽东思想研究》2004 年第 3 期。
[134] 亚当·斯密：《国民财富的性质和原因研究》（下卷），商务印书馆，1996。
[135] 杨翠英、何文炯：《社会保障水平与经济发展的适应性关系》，《公共管理学报》2004 年第 1 期。
[136] 杨继瑞：《“十二五”开局质量的我国房地产市场走向评估》，《改革》2011 年第 1 期。
[137] 杨继瑞：《统筹城乡背景的农民集中居住及其制度重构：以四川为例》，《改革》2010 年第 8 期。
[138] 杨继瑞：《统筹城乡实践的重庆“地票”交易创新探索》，《中国农

村经济》2011 年第 11 期。

[139] 杨瑞龙:《论制度供给》,《经济研究》1993 年第 8 期。

[140] 杨瑞龙:《社会主义经济理论》(第二版),中国人民大学出版社,2008。

[141] 姚玲珍:《中国公共住房政策模式研究》,上海财经大学出版社,2003。

[142] 叶佩娣:《城乡统筹背景下中国农村住房保障政策研究》,《农业经济》2016 年第 11 期。

[143] 叶双瑜:《关于供给侧结构性改革的几点思考》,《发展研究》2015 年第 12 期。

[144] 于芳:《城市土地储备资金短缺解决机制研究》,硕士学位论文,中国地质大学,2013。

[145] 余呈先:《我国房地产市场供给侧管理的动因与对策》,《宏观经济研究》2016 年第 5 期。

[146] 余凌志、屠梅曾:《廉租住房保障水平测度指标设置及应用》,《武汉理工大学学报》(信息与管理工程版)2007 年第 7 期。

[147] 曾国安、胡晶晶、张河水:《中国城镇住房保障制度改革和创新的基本构想》,《黑龙江社会科学》2012 年第 2 期。

[148] 曾国安、胡晶晶:《中国现行城镇住房保障体系的基本特征与问题》,《黑龙江社会科学》2011 年第 2 期。

[149] 曾国安、李少伟:《关于中国住房社会保障的几个问题的宏观思考》,《西北大学学报》(哲学社会科学版)2008 年第 5 期。

[150] 曾万明:《我国统筹城乡经济发展的理论与实践》,博士学位论文,西南财经大学,2011。

[151] 詹花秀:《论我国住房保障体系建设》,《湖南省社会主义学院学报》2009 年第 6 期。

[152] 张超:《城镇化与“三农”问题的实证分析》,《金融发展评论》2011 年第 3 期。

[153] 张国胜:《基于社会成本考虑的农民工市民化:一个转轨中发展大国的视角与政策选择》,《中国软科学》2009 年第 4 期。

[154] 张洪:《论城市土地优化利用与市场化》,《云南大学人文社会科学学报》2002 年第 2 期。

[155] 张丽凤:《中国城镇住房制度变迁中政府行为目标的逻辑研究(1949~2008)》,博士学位论文,辽宁大学,2009。

[156] 张迁平、周文兴:《关于房地产业宏观调控措施的有效性分析》,《统计与决策》2008 年第 3 期。

[157] 张伟:《中国房地产业宏观调控措施评价——基于 Poterba 住房市场模型》,《经济与管理》2009 年第 2 期。

[158] 张宇:《中国住房信贷政策对城市住房价格的影响》,《清华大学学报》(自然科学版)2010 年第 3 期。

[159] 张赟:《我国加快政府保障性住房建设的金融对策研究》,硕士学位论文,上海财经大学,2009。

[160] 张志:《国内外城乡协调发展理论与模式研究》,《资源开发与市场》2014 年第 30 期。

[161] 章卫良:《从“经济刺激”到“社会救助”——关于农村危房改造政策的分析与建议》,《中共浙江省委党校学报》2012 年第 3 期。

[162] 赵修芳:财政分权与转移支付改革探析,《地方财政研究》2006 年第 4 期。

[163] 郑锐捷:《新时期发展壮大农村集体经济组织的实践与探索》,《毛泽东邓小平理论研究》2011 年第 5 期。

[164] 周大研:《新农村建设中农民住房保障政策研究》,《经济问题探索》2009 年第 2 期。

[165] 周建群:《我国新型工业化、城镇化和农业现代化“三化”协调发展理论与实证研究》,《科学社会主义》2013 年第 2 期。

[166] 周立群:《农村土地制度变迁的经验研究:从“宅基地换房”到“地票”交易所》,《南京社会科学》2011 年第 8 期。

[167] 周琳琅:《统筹城乡发展理论与实践》,中国经济出版社,2005。

[168] 周素红、程璐萍、吴志东:《广州市保障性住房社区居民的居住——就业选择与空间匹配》,《地理研究》2010 年第 10 期。

[169] 周晓津:《1978—2007 年中国隐性失业、劳动力流动与整体失业率

估计》,《西部论坛》2011 年第 1 期。

[170] 左翔:《土地一级市场垄断与地方公共品供给》,《经济学(季刊)》2013 年第 1 期。

[171] Clayton, S., "Rational Expextations, Market Fundermentals and House Price Volatility", *Real Estate Economics*, 1996 (24): 441 – 470.

[172] DeFrances, C. J. and Smith, S. K., "Percptions of Neibourhood Crime", 1995 (Special Report) Washinton, D. C.: Department of Justice, Bureau of Justice Statistics, 1998.

[173] Fields, G. S., "A Welfare Economics Analysis of Labor Market Policies in the Harris Todaro Model", *Journal of Development Economics*, 76 (2005): 127 – 146.

[174] Gallin, S., "The Long Run Relationship between House Prices and Rents", Finance and Economics Discussions Series, Federal Reserve Board, Washington D. C., 2004.

[175] Graeml, K. S. and Graeml, A. R., "Urbanization Solutions of A Third World Country's Metropolis to Its Social Environment Challenges", *Journal of Urban Economics*, 8 (2004): 36 – 51.

[176] Raphael, J., "Public Housing and Domestic Violence", *Violence Against Women*, 7 (2001): 699 – 706.

[177] Temple, J., "Growth and Wage Inequality in a Dual Economy", *Bulletin of Economics Research*, 57 (2005): 145 – 149.

[178] Tveitdal, S., "Urban – Rural Interrlationshhip: Condition for Sustainable Development", United Nations Enviroment Programme, 19 (2004): 145 – 167.

图书在版编目（CIP）数据

中国城乡公共住房供给侧改革与结构优化 / 苟兴朝著. --北京：社会科学文献出版社，2018.9
ISBN 978-7-5201-2952-7

Ⅰ. ①中… Ⅱ. ①苟… Ⅲ. ①住房制度-社会保障制度-研究-中国 Ⅳ. ①F299.233.1

中国版本图书馆 CIP 数据核字（2018）第 134086 号

中国城乡公共住房供给侧改革与结构优化

著　　者 / 苟兴朝

出 版 人 / 谢寿光
项目统筹 / 史晓琳
责任编辑 / 史晓琳　林　尧　闫　利

出　　版 / 社会科学文献出版社·国际出版分社（010）59367243
地址：北京市北三环中路甲 29 号院华龙大厦　邮编：100029
网址：www.ssap.com.cn
发　　行 / 市场营销中心（010）59367081　59367018
印　　装 / 天津千鹤文化传播有限公司

规　　格 / 开 本：787mm × 1092mm　1/16
印 张：18.75　字 数：296 千字
版　　次 / 2018 年 9 月第 1 版　2018 年 9 月第 1 次印刷
书　　号 / ISBN 978-7-5201-2952-7
定　　价 / 89.00 元

本书如有印装质量问题，请与读者服务中心（010-59367028）联系